Die Objektorientierte Entwicklung eines parallel arbeitenden Materialflußsimulators

Inauguraldissertation

zur Erlangung des Grades eines
Doktors der Wirtschaftswissenschaft (Dr. rer. pol.)
des Fachbereichs Wirtschaftswissenschaft
der FernUniversität - Gesamthochschule in Hagen

vorgelegt von
Dipl.-Inform.
Stefan Bock

Hagen 1999

Erstgutachter: Prof. Dr. H. Gehring
FernUniversität Hagen
Zweitgutachter: Prof. Dr. G. Fandel
FernUniversität Hagen

Tag der mündlichen Prüfung: 8.12.1999

Stefan Bock

Objektorientierte Entwicklung eines parallel arbeitenden Materialflusssimulators

Mit einem Geleitwort von Prof. Dr. Hermann Gehring

Springer Fachmedien Wiesbaden GmbH

Die Deutsche Bibliothek – CIP-Einheitsaufnahme

Bock, Stefan:
Objektorientierte Entwicklung eines parallel arbeitenden
Materialflusssimulators / Stefan Bock. Mit einem Geleitw.
von Hermann Gehring. – Wiesbaden : DUV, Dt. Univ.-Verl., 2000
 (DUV : Wirtschaftsinformatik)
Zugl.: Hagen, Fernuniv., Diss., 1999
ISBN 978-3-8244-0512-1   ISBN 978-3-663-08795-3 (eBook)
DOI 10.1007/978-3-663-08795-3

Alle Rechte vorbehalten
© Springer Fachmedien Wiesbaden 2000
Ursprünglich erschienen bei Deutscher Universitäts-Verlag GmbH, Wiesbaden, 2000.

Lektorat: Ute Wrasmann / Ronald Dietrich

Das Werk einschließlich aller seiner Teile ist urheberrechtlich
geschützt. Jede Verwertung außerhalb der engen Grenzen des
Urheberrechtsgesetzes ist ohne Zustimmung des Verlages unzulässig und strafbar. Das gilt insbesondere für Vervielfältigungen,
Übersetzungen, Mikroverfilmungen und die Einspeicherung und
Verarbeitung in elektronischen Systemen.

www.duv.de

Höchste inhaltliche und technische Qualität unserer Produkte ist unser Ziel. Bei der
Produktion und Verbreitung unserer Bücher wollen wir die Umwelt schonen. Dieses Buch
ist deshalb auf säurefreiem und chlorfrei gebleichtem Papier gedruckt. Die Einschweißfolie besteht aus Polyäthylen und damit aus organischen Grundstoffen, die weder bei der
Herstellung noch bei der Verbrennung Schadstoffe freisetzen.

Die Wiedergabe von Gebrauchsnamen, Handelsnamen, Warenbezeichnungen usw. in
diesem Werk berechtigt auch ohne besondere Kennzeichnung nicht zu der Annahme,
dass solche Namen im Sinne der Warenzeichen- und Markenschutz-Gesetzgebung als
frei zu betrachten wären und daher von jedermann benutzt werden dürften.

Geleitwort

Mit der Verfügbarkeit moderner, benutzerfreundlicher und bausteinorientierter Simulatoren hat die Simulation als Gestaltungsmethode erheblich an praktischer Bedeutung gewonnen. So z.B. auch im Bereich der Gestaltung von Materialflußsystemen in Produktion und Logistik, dem fachlichen Fokus der vorliegenden Schrift. Andererseits stoßen Simulatoren bereits heute an ihre Grenzen, die vor allem durch Laufzeitprobleme im oberen Problemgrößenbereich sowie durch Probleme bei der Anpassung an veränderte praktische Bedingungen gegeben sind. Zur Entschärfung dieser Probleme schlägt der Verfasser zwei Grundkonzepte vor: die objektorientierte Gestaltung und die Parallelisierung von Simulatoren.

Was die Frage der Anpassung von Simulatoren anbelangt, wird der Nutzen des objektorientierten Ansatzes am Beispiel des objektorientierten Reengineering eines existierenden Materialflußsimulators demonstriert. Dies geschieht gezielt in Bezug auf den Simulatorkern, da hier die Differenzierung allgemeiner Modellkonstrukte in verschiedene spezifischere Konstrukte - und damit das Anliegen der Simulatoranpassung - verdeutlicht werden kann. So wird z.B. gezeigt, wie aus der allgemeinen Klasse „Modellbaustein" benötigte spezielle Klassen (Bearbeitungs-, Lager, Förderbausteine usw.) abgeleitet werden können. Anwendung und Vorteilhaftigkeit des zentralen Konzeptes des objektorientierten Ansatzes, der Vererbung, werden damit evident.

Als kritischen Punkt bei der Parallelisierung von Simulationsverfahren stellt der Verfasser zu Recht die Ereignisliste heraus. Sie gilt als zentrales Hindernis für die feingranular-massive Parallelisierung von Simulatoren. Der für die Synchronisierung der abhängigen Ereignisse erforderliche enorme Aufwand macht die verteilte Verwaltung der Ereignisliste obsolet. Damit ist auch der Weg der Parallelisierung mittels Modellpartition verbaut, von der im oberen Modellgrößenbereich noch am ehesten eine Laufzeitreduktion zu erwarten ist. Eben der Weg der Modellpartitionierung wird allerdings gangbar, wenn die Synchronisierung nicht auf einer Ereignisliste, sondern auf dem vom Verfasser verwendeten Ereigniszeitraumkonzept beruht. Seine Handhabung ist zwar im Vergleich mit dem Ereignislistenkonzept rechenintensiver, läßt aber eine Modellpartitionierung zu. Dies führt, wie an einem Testbeispiel gezeigt wird, im Falle großer Simulationsmodelle insgesamt zu einem Rechenzeitvorteil, der zudem mit der Modellgröße wächst.

Nun stand dem Verfasser zur Demonstration seines Ansatzes kein massiv-paralleles Rechnersystem zur Verfügung. Die empirischen Untersuchungen konnten daher nur mit einem als Parallelrechner genutzten PC-LAN und unter rechnerischer Neutralisierung des höheren Kommunikationsaufwandes durchgeführt werden. Trotz dieser relativen Einschränkung ist es der besondere Verdienst des Verfassers, einen gangbaren Weg zur Parallelisierung von Simulatoren aufgezeigt zu haben, dessen Potential freilich dann erst recht zur Geltung kommt, wenn massiv-parallele Rechnerkapazitäten am Arbeitsplatz Normalität sein werden - eine keinesfalls unrealistische Vision.

Hermann Gehring

Vorwort

Die vorliegende Arbeit entstand im Rahmen meiner Tätigkeit als wissenschaftlicher Mitarbeiter am Lehrstuhl Wirtschaftsinformatik der FernUniversität Hagen und als Projektingenieur bei der STAHL*werke* BREMEN GmbH.

Mein besonderer Dank gilt Herrn Univ.-Prof. Dr. Hermann Gehring, dem Inhaber des Lehrstuhls Wirtschaftsinformatik, für die vertrauensvolle Zusammenarbeit sowie die fruchtbaren Diskussionen und konstruktiven Anregungen, die zum Gelingen dieser Arbeit ganz wesentlich beigetragen haben. Insbesondere danken möchte ich auch für die Bereitstellung der umfangreichen technischen Ausstattung ohne die diese Arbeit nicht möglich gewesen wäre.

Herrn Univ.-Prof. Dr. Günter Fandel danke ich für die kritische Durchsicht des Manuskripts und Begutachtung der Arbeit.

Bei der Umsetzung und Fertigstellung meiner Arbeit haben mir schließlich alle Mitarbeiter des Lehrstuhls durch ihre Diskussions-, Einsatz- und Hilfsbereitschaft geholfen. Ihnen allen gilt mein Dank.

Weiterhin möchte ich mich bei Frau Dragana Stojadinovic und bei Herrn Norbert Köhler, STAHL*werke* BREMEN GmbH, für die fortwährende Unterstützung bedanken. Schließlich möchte ich mich herzlich bei all denjenigen namentlich nicht aufgeführten Personen bedanken, die zur Erstellung der vorliegenden Arbeit beigetragen haben.

Stefan Bock

Inhaltsverzeichnis

Abbildungsverzeichnis XI
Tabellenverzeichnis XVII
Abkürzungsverzeichnis XIX

1 Einleitung 1
   1.1 Einführung in die Problemstellung 1
   1.2 Gang der Untersuchung 2

2 Objektorientierte Systementwicklung 5
   2.1 Defizite der strukturierten Systementwicklung 5
   2.2 Die Entstehung des objektorientierten Paradigmas 14
   2.3 Grundlagen objektorientierter Vorgehensweisen 20
   2.4 Nutzen der objektorientierten Systementwicklung 48
   2.5 Auswahl einer objektorientierten Entwicklungsmethode 51

3 Die Gestaltung von Materialflußsystemen 55
   3.1 Grundlagen und Abgrenzung eines Materialflußsystems 55
   3.2 Anforderungen an Materialflußsysteme 60
   3.3 Bewertung von Materialflußsystemen 61
   3.4 Methoden und Modelle zur Bewertung von Materialflußsystemen ... 64
   3.5 Die Simulationsmethode zur Bewertung von Materialflußsystemen ... 74

4 Die objektorientierte Analyse eines Materialflußsimulators 95
   4.1 Modellierung grundlegender Subjekte 96
   4.2 Erweiterungsmöglichkeiten 104
   4.3 Modellierung des Subjektes Simulator 107
   4.4 Das Simulationssystem FSS 128

5 Parallelisierung des ereignisorientierten Simulationsverfahrens 135
   5.1 Parallelrechnerarchitektur 137
   5.2 Parallelverarbeitung 146
   5.3 Parallelität von Simulationsberechnungen 150
   5.4 Parallele Simulation mit dezentraler Synchronisation und Ereignisliste 157

5.5 Parallele Simulation mit zentraler Synchronisation und ohne Ereignisliste 162
5.6 Versuchsaufbau 176

6 Anwendung des parallelen Materialflußsimulators 181
   6.1 Modell „EuroSim" 181
   6.2 Modell „PAL" 186
   6.3 Zusammenfassung der Ergebnisse 196

7 Zusammenfassung und Ausblick 199

Literaturverzeichnis 201
Anhang 211
   Anhang 1: Syntax der FSS-Sprache 211
   Anhang 2: Fallbeispiel „EuroSim" 216
   Anhang 3: Detaillierte Experimentergebnisse und Berechnungen 229
Glossar 235
Sachverzeichnis 245

Abbildungsverzeichnis

Abb. 1. Getrennte Modellierung der Funktionen und der Daten. 8
Abb. 2. Übergang vom DFD zum Modoldiagramm. 11
Abb. 3. Unterschiedliche Notationsformen der Minispezifikation und der Modulbeschreibung. 11
Abb. 4. Unterschiedliche Notationsformen des Moduldesigns und der Modulprogrammierung. 12
Abb. 5. Strukturbrüche in den Phasenübergängen bei der strukturierten Systementwicklung. 13
Abb. 6. Die Entwicklung des objektorientierten Paradigmas in Programmiersprachen (angelehnt an BEHDJATI u.a. 1991, S. 13). 18
Abb. 7. Darstellung von Klassen. 24
Abb. 8. Darstellung von Attributen. 25
Abb. 9. Definition der Klasse *Bearbeitungsbaustein* in einem objektorientierten Pseudocode. 28
Abb. 10. Komprimierte Darstellungsform von Subjekten. 29
Abb. 11. Mögliche Darstellung einer Mensch/ Maschine-Interaktion. 29
Abb. 12. Einfache Vererbung der Klasse *Bearbeitungsbaustein* an die Klasse *Montagebaustein*. 31
Abb. 13. Mehrfache Vererbung der Klasse *Listenelement* und der Klasse *Baustein* an die Klasse *Bearbeitungsbaustein*. 32
Abb. 14. Wiederholte Vererbung. 33
Abb. 15. Definition der Klasse *Bearbeitungsbaustein* durch einfache Vererbung aus der Klasse *Baustein* in einem objektorientierten Pseudocode. 34
Abb. 16. Darstellung einer Assoziation zwischen Objekten der Klasse *Baustein* und Objekten der Klasse *Verteilung*. 36
Abb. 17. Definition einer Assoziation zwischen der Klasse *Baustein* und *Verteilung* in einem objektorientiertem Pseudocode. 37
Abb. 18. Darstellung einer 1:m-Aggregation zwischen Objekten der Klasse *Modell* und Objekten der Nachfahren der Klasse *Baustein*. 38
Abb. 19. Definition einer 1:m-Aggregation zwischen der Klasse *Modell* und *Baustein* in einem objektorientiertem Pseudocode. 39
Abb. 20. Darstellung einer Nachrichtenverbindung zwischen Objekten der Klassen *Modell*, *Bearbeitungsbaustein* und *Gleichverteilung*. 40

Abb. 21.	Gegenüberstellung eines monomorph und polymorph formulierten Programmierbeispiels.	42
Abb. 22.	Beispiel für die Modellierung von Zustandsübergängen mit Zustandsdiagrammen.	44
Abb. 23.	Schichtenmodell nach COAD und YOURDON.	46
Abb. 24.	Die vier Komponenten einer Anwendung.	47
Abb. 25.	„Baseball-Modell" des objektorientierten Softwareentwicklungsprozesses nach COAD und NICOLA (1993, S. 12).	49
Abb. 26.	Phasenübergänge bei der objektorientierten Systementwicklung.	51
Abb. 27.	Prinzipieller Aufbau eines Produktionssystems nach FELDMANN und SCHMIDT (1988, S. 12).	56
Abb. 28.	Modellbildungsmöglichkeiten für Materialflußsysteme.	69
Abb. 29.	Simulation von Systemen in einem Modell (nach PAGE 1990, S. 7).	75
Abb. 30.	Simulation eines Systems S durch ein zweites System M (nach KOHLAS 1976).	76
Abb. 31.	Konstante Zeitintervalle bei der zeitgesteuerten Simulation.	77
Abb. 32.	Variable Zeitintervalle bei der ereignisgesteuerten Simulation.	78
Abb. 33.	Beispiel zur Demonstration der Formen der ereignisorientierten Simulation.	81
Abb. 34.	Vorgangskettendiagramm „Simulationsuntersuchung".	83
Abb. 35.	Qualitative Beziehung zwischen Modellerstellungsaufwand und Flexibilität bei den verschiedenen Klassen von Simulationswerkzeugen.	92
Abb. 36.	Objektorientierte Analyse eines Simulators: Subjekte (Auszug).	96
Abb. 37.	Objektorientierte Analyse eines Simulators: Subjekt Modell (Auszug).	98
Abb. 38.	Darstellung der Definition bzw. Schnittstelle der abstrakten Klasse *Baustein* auf Pseudocodeebene.	99
Abb. 39.	Analyse eines objektorientierten Simulators: Subjekt Werkstueck (Auszug).	101
Abb. 40.	Analyse eines objektorientierten Simulators: Subjekt Stochastik (Auszug).	102
Abb. 41.	Darstellung der Definition bzw. Schnittstelle der abstrakten Klasse *Verteilung* auf Pseudocodeebene.	103
Abb. 42.	Benutzung der Methode *Verteilung.ErmittleZufallswert* im Rahmen der Methode *Baustein.Aktualisiere*.	104

Abb. 43.	Spezialisierung der Klasse *Montagebaustein* aus der Klasse *Bearbeitungsbaustein*.	105
Abb. 44.	Darstellung der Klasse *Montagebaustein* auf Pseudocodeebene.	106
Abb. 45.	Pseudocode zur Aktualisierung aller Bausteine eines Modells.	107
Abb. 46.	Klassifikation von Ablaufsteuerungen der diskreten Simulation.	108
Abb. 47.	Beispielhaftes Simulationsmodell.	108
Abb. 48.	Ereignisliste als einfach verkettete Liste.	110
Abb. 49.	Szenario der objektorientierten Simulation mit einer Ereignisliste.	110
Abb. 50.	Strukturdiagramm der Methode *Simuliere* der Klasse *Simulator* für das sequentielle Simulationsverfahren mit Verwendung einer Ereignisliste.	111
Abb. 51.	Inhalt der Ereignisliste nach der Initialisierung.	112
Abb. 52.	Inhalt der Ereignisliste nach dem ersten Durchlauf bzw. der ersten Aktualisierung.	114
Abb. 53.	Ereignisliste als „Calendar-Queue".	116
Abb. 54.	Szenario der objektorientierten Simulation ohne Verwendung einer Ereignisliste.	118
Abb. 55.	Strukturdiagramm der Methode *Simuliere* der Klasse Simulator ohne Verwendung einer Ereignisliste.	119
Abb. 56.	Diagramm des Modellzustands über die Zeit für das gegebene Beispiel.	123
Abb. 57.	Beispiel für eine Codeoptimierung.	127
Abb. 58.	Aufbau des Simulationssystems FSS.	128
Abb. 59.	Schematische Darstellung des Modells „EuroSim" (nach BREITENECKER und HUSINSKY 1991, S. 28).	131
Abb. 60.	Layouts des EuroSim-Modells bei FSS und unter DOSIMIS.	132
Abb. 61.	Aufbau eines Parallelrechners.	141
Abb. 62.	Die Benutzung eines Einzelprozessorrechners mit Multitasking-Betriebssystem als virtueller Parallelrechner.	142
Abb. 63.	Die Benutzung eines Rechnernetzes mit angebundenen Rechnern als Parallelrechner.	144
Abb. 64.	Ausdrucksmittel für parallel auszuführende Programmabschnitte.	150
Abb. 65.	Inhärente Sequentialität von Ereigniszeitpunkten.	151
Abb. 66.	Methoden der parallelen, ereignisorientierten Simulation (angelehnt an: LUKSCH 1993, S. 78).	154
Abb. 67.	Beispielhaft partitioniertes Simulationsmodell.	163

Abb. 68.	Spezialisierung eines Bausteins in einen Verbindungsbaustein.	164
Abb. 69.	Abbildung der gemeinsamen Strecke in Teilmodell *A*.	165
Abb. 70.	Abbildung der gemeinsamen Strecke in Teilmodell *B*.	165
Abb. 71.	Pseudocode zur Aktualisierung aller Bausteine eines Modells.	165
Abb. 72.	Pseudocode der modifizierten Methode *Baustein.Aktualisiere* zur Aktualisierung von Verbindungsbausteinen zwischen Teilmodellen.	166
Abb. 73.	Parallele Simulation mit zentraler Synchronisation.	167
Abb. 74.	Szenario „Parallele Simulationsdurchführung ohne Verwendung einer Ereignisliste".	168
Abb. 75.	Strukturdiagramm der Methode *Simuliere* der Klasse Simulator für das parallele Simulationsverfahren ohne Verwendung einer Ereignisliste.	168
Abb. 76.	Pseudocode-Notation der Methode *Simuliere* der Klasse Simulator für das parallele Simulationsverfahren ohne Ereignisliste.	169
Abb. 77.	Diagramm des Modellzustands bzw. der Zustände der Teilmodelle über die Zeit für das gegebene Beispiel.	174
Abb. 78.	Klassifizierung des entwickelten parallelen Simulationsverfahrens nach LUKSCH (1993) und FRANKLIN u.a. (1984)	175
Abb. 79.	Die Benutzung eines lokalen Rechnernetzes mit acht Personalcomputern als Parallelrechner.	177
Abb. 80.	Modellpartitionierung des EuroSim-Modells in zwei, vier und acht Teilmodelle.	182
Abb. 81.	Vergleich der Experimentdateien für das parallele Simulationsverfahren von FSSP und das sequentielle Simulationsverfahren von FSSS.	183
Abb. 82.	Fallbeispiel „EuroSim": Aufteilung der Rechenzeiten für die Synchronisierung und die Simulationsdurchführung.	186
Abb. 83.	Schematische Darstellung des Fallbeispiels des komplexen Materialflußsystems „PAL".	187
Abb. 84.	Detaillierte Darstellung des PAL-Modells.	188
Abb. 85.	Fallbeispiel „PAL": Paletteneinschleusung in Linie *A* und Linie *B* sowie Eingang in das Modell.	189
Abb. 86.	Fallbeispiel „PAL": Übergabe der Werkstücke von Linie *A* nach Linie *B*.	190
Abb. 87.	Fallbeispiel „PAL": Einsatz von Heberbausteinen.	190
Abb. 88.	Fallbeispiel „PAL": Reparaturschleife.	191

Abbildungsverzeichnis

Abb. 89. Fallbeispiel „PAL": Ausgang aus dem Modell in Linie B..................192

Abb. 90. Modellpartitionierung des PAL-Modells in zwei, vier und acht Teilmodelle. 193

Abb. 91. Fallbeispiel „PAL": Aufteilung der Rechenzeiten für die Synchronisierung und die Simulationsdurchführung. 196

Abb. 92. Schematische Darstellung des Modells „EuroSim" (nach BREITENECKER und HUSINSKY 1991, S. 28). 217

Abb. 93. Entnahme der Werkstücke von den Paletten....................219

Abb. 94. Beschreibung der Arbeitseinheit zur Entnahme der Werkstücke von den Paletten. 220

Abb. 95. Steuerungsstrategie an den Verteilweichen vor den Arbeitsstationen A2. 221

Abb. 96. Abbildung der Steuerungsstrategie als FSS-Verzweigungsweiche. 221

Abb. 97. Symboldarstellung des Simulationsmodells „EuroSim"....................223

Abb. 98. Reduzierte Systemstruktur des Simulationsmodells „EuroSim", wenn die Stationen der Engpaß sind....................223

Abb. 99. Reduzierte Systemstruktur des Simulationsmodells „EuroSim", wenn die Paletten der Engpaß sind....................224

Abb. 100. Beispiel einer Suchdatei....................225

Abb. 101. Beispiel einer Experimentdatei. 226

Abb. 102. Beispiel einer Bildschirmausgabe unter MS-DOS. 226

Abb. 103. Grafische Darstellung der Ergebnisse für das Modell „EuroSim". 228

Tabellenverzeichnis

Tab. 1. Zusammenhang zwischen den Kardinalitätsangaben bei OO-Diagrammen und bei ER-Diagrammen. 35

Tab. 2. Objektorientierte Methoden der Systementwicklung. 52

Tab. 3. Ordnungen des Materialflusses nach DOLEZALEK und WARNECKE (1981). 57

Tab. 4. Allgemeine Vor- und Nachteile von Modellbildungsmethoden. 71

Tab. 5. Simulationsaktivitäten bei verschiedenen Modellsichtweisen 81

Tab. 6. Zustand des Simulationsmodells zum Zeitpunkt *simulationszeit* = 0. 113

Tab. 7. Zustand des Simulationsmodells zum Zeitpunkt *simulationszeit* = 103. 114

Tab. 8. Zustand des Simulationsmodells zum Zeitpunkt *simulationszeit* = 0. 121

Tab. 9. Zustand des Simulationsmodells zum Zeitpunkt *simulationszeit* = 103. 122

Tab. 10. Symbolische Darstellung von FSS-Bausteinen 129

Tab. 11. Rechenzeitvergleich des sequentiellen Verfahrens FSSS 133

Tab. 12. Klassifizierung von Rechnerarchitekturen nach FLYNN (1966). 138

Tab. 13. Parallelitätsebenen von Rechnerarchitekturen (angelehnt an BURKHARDT u.a. 1993, S. 11). 139

Tab. 14. Klassifizierung von parallelen Simulationsverfahren nach LUKSCH (1993) und FRANKLIN u.a. (1984). 154

Tab. 15. Zustand des partitionierten Simulationsmodells zum Zeitpunkt *simulationszeit* = 0. 171

Tab. 16. Zustand des partitionierten Simulationsmodells zum Zeitpunkt *simulationszeit* = 103. 173

Tab. 17. Klassifizierung des entwickelten parallelen Simulationsverfahrens nach LUKSCH (1993) und FRANKLIN u.a. (1984) 175

Tab. 18. Leistungswerte der verwendeten Personalcomputer im Rechnernetz 179

Tab. 19. Fallbeispiel „EuroSim": Absoluter Rechenzeitvergleich 184

Tab. 20. Fallbeispiel „EuroSim": Relativer Rechenzeitvergleich und Speed-Up 185

Tab. 21. Fallbeispiel „PAL": Absoluter Rechenzeitvergleich. 194

Tab. 22. Fallbeispiel „PAL": Relativer Rechenzeitvergleich und Speed-Up. 195

Tab. 23. Daten des Materialflußsystems „EuroSim". 218

Tab. 24. Entscheidungstabelle zur Steuerung der Bearbeitungsschritte anhand des Werkstückcodes. 220

Tab. 25.	Beispiele für die Codierung der Werkstücke.	221
Tab. 26.	Entscheidungstabelle zur Abbildung der Steuerungsstrategie.	222
Tab. 27.	Minimale Durchlaufzeit einer Palette.	224
Tab. 28.	Tabellarische Auflistung der Ergebnisse für das Modell „EuroSim".	227
Tab. 29.	Rechenzeitvergleich zwischen FSS Version 1.3 und FSSS.	229
Tab. 30.	Fallbeispiel „EuroSim": Detaillierte Ergebnisse.	230
Tab. 31.	Fallbeispiel „EuroSim": Berechnung der Aufteilung der Rechenzeiten für die Synchronisierung und die Simulationsdurchführung.	231
Tab. 32.	Fallbeispiel „PAL": Detaillierte Ergebnisse.	232
Tab. 33.	Fallbeispiel „PAL": Berechnung der Aufteilung der Rechenzeiten für die Synchronisierung und die Simulationsdurchführung.	233

Abkürzungsverzeichnis

ACM	-	American Chapter of Computing Machinery
ALGOL	-	Algorithmic Language
ANSI	-	American National Standards Institute
CACM	-	Communications of the American Chapter of Computing Machinery
COBOL	-	Common Business Oriented Language
DD	-	Data Dictionary
DFD	-	Data Flow Diagram, Datenflußdiagramm
DIN™	-	Deutsche Industrienorm
DIN	-	Deutsches Institut für Normung e.V.
DOSIMS	-	Dortmunder Simulationssystem für innerbetriebliche Materialflußsysteme
DV	-	Datenverarbeitung
ER	-	Entity-Relationship
FLOPS	-	Floating point operations per second
FORTRAN	-	Formula Translator
FSS	-	FertigungsSimulationsSystem
FSSP	-	FertigungsSimulationsSystem mit parallelem Simulationsverfahren
FSSS	-	FertigungsSimulationsSystem mit sequentiellem Simulationsverfahren
IEEE	-	Institute of Electrical and Electronics Engineers, Inc.
OO	-	Objektorientiert
OOA	-	Objektorientierte Analyse
OOD	-	Objektorientiertes Design
OOP	-	Objektorientierte Programmierung
SCS	-	Society for Computer Simulation
VDI	-	Verein Deutscher Ingenieure
VLSI	-	Very Large Scale Integration
ZwF	-	Zeitschrift für wirtschaftliche Fertigung

1 Einleitung

1.1 Einführung in die Problemstellung

Internationalisierung der Märkte, zunehmender Wettbewerbsdruck und beständige Verkürzung der Innovationszyklen stellen für viele Unternehmen Herausforderungen dar, von deren erfolgreicher Bewältigung der langfristige Unternehmenserfolg abhängt. In den Unternehmen reagiert man auf diese Herausforderungen mit einer Vielzahl von Maßnahmen, welche die Unternehmensziele, -strukturen und -prozesse betreffen. Häufig basieren diese Maßnahmen auf Konzepten wie Lean Production, Total Quality Management, Geschäftsprozeßmodellierung usw., und sie zielen insbesondere auf flexible Unternehmensstrukturen und rationelle Unternehmensprozesse ab. Dies gilt speziell auch für den Bereich des Materialflusses, der den Untersuchungsgegenstand der vorliegenden Arbeit bildet.

Die Anforderungen an die Planung und Gestaltung von Materialflußsystemen werden in Zukunft eher zunehmen als abnehmen. Die unter diesen Rahmenbedingungen zu fällenden Gestaltungsentscheidungen werden zudem von einer Vielzahl und zukünftig noch steigenden Anzahl von Faktoren beeinflußt. Sie müssen außerdem in immer kürzer werdenden Zeiträumen getroffen werden. Zur Unterstützung der Entscheidungsfindung werden daher zunehmend unterschiedliche, an die jeweilige Aufgabenstellung angepaßte und in der Regel DV-gestützte Gestaltungsmethoden eingesetzt.

Die Simulation stellt eine dieser Methoden dar. Zwar ist der personelle wie auch der technische Aufwand für die Durchführung von Simulationsuntersuchungen noch immer relativ hoch, doch ist eine hinreichend genaue Analyse komplexer Problemstellungen oft nur mit der Simulation möglich. Mit der Entwicklung von an die jeweilige Problemstruktur angepaßten Simulationswerkzeugen versucht man, den beträchtlichen Aufwand zu minimieren. Im Bereich der Materialflußplanung ist in dieser Hinsicht in den achtziger Jahren mit der Entwicklung einer neuen Generation von sogenannten bausteinorientierten Simulationswerkzeugen ein Durchbruch gelungen. Diese speziellen Simulationswerkzeuge ermöglichen auch dem gelegentlichen Anwender die Nutzung der Simulation, da tiefergehende Programmierkenntnisse nicht erforderlich sind. Diese Simulationswerkzeuge haben zwar die Anwendung der Simulation wesentlich erleichtert, die mit ihnen eingeleitete spezielle Richtung der Werkzeugentwicklung ist aber bei weitem noch nicht abgeschlossen. Speziell zwei noch offene Probleme werden in dieser Arbeit genauer beleuchtet und es werden Ansätze zu ihrer Lösung entwickelt:

1. Benutzerfreundliche, bausteinorientierte Simulatoren stellen komplexe Softwaresysteme dar, die aufgrund der beständig wachsenden praktischen Anforderungen der ständigen Erweiterung um neue Bausteine bedürfen. Die Entwicklung, Wartung und Erweiterung von komplexer Software und insbesondere auch von bausteinorientierten Simulatoren erfordert einen sehr hohen Aufwand, der mit herkömmlichen Softwareentwicklungsmethoden und insbesondere dem Ansatz der strukturierten Analyse kaum zu bewältigen ist. Erforderlich ist vielmehr der Einsatz moderner und leistungsfähiger Entwicklungsmethoden. Ausgehend von den Defiziten traditioneller Ansätze soll daher demonstriert werden, wie der moderne objektorientierte Ansatz zur Entwicklung eines bausteinorientierten Simulators sinnvoll eingesetzt werden kann.
2. Die Simulation mittels benutzerfreundlicher, bausteinorientierter Simulatoren ist hinsichtlich des Einsatzes von Ressourcen, wie Speicherplatz und Rechnerzeit, so aufwendig, daß bei praxisrelevanten Anwendungsfällen oftmals Einschränkungen in Kauf genommen werden müssen. Diese können z.B. die Anzahl der durchführbaren Simulationsläufe und damit die Qualität der Simulationsergebnisse oder die Genauigkeit der Abbildung eines Materialflußsystems in einem Simulationsmodell betreffen. Neben der Steigerung der Rechnerleistung und der Entwicklung effizienterer Algorithmen und Datenstrukturen für die Durchführung von Simulationen wird in Zukunft mit Sicherheit auch die Parallelisierung der Simulationsverfahren einen wesentlichen Beitrag zur Relativierung der genannten Einschränkungen leisten. Es soll daher untersucht werden, wie ein paralleler Simulationsansatz konzipiert werden kann, der zu einer signifikanten Reduzierung der Rechenzeit führt.

1.2 Gang der Untersuchung

Die vorliegende Arbeit gliedert sich in insgesamt sieben Kapitel. Ein ganz wesentlicher Teil dieser Arbeit besteht in der Entwicklung eines Softwaresystems unter Verwendung eines objektorientierten Entwicklungsansatzes. In Kapitel 2 werden daher zunächst die Schwächen der herkömmlichen Methoden der strukturierten Systementwicklung behandelt, um davon ausgehend die objektorientierte Systementwicklung zu begründen. Im Anschluß an die Darstellung der Entstehung der objektorientierten Vorgehensweise im Bereich der Softwareentwicklung werden deren grundlegenden Ele-

1.2 Gang der Untersuchung

mente und Beschreibungsmethoden behandelt. Das Kapitel endet mit der Darstellung der Vorteilhaftigkeit einer objektorientierten Vorgehensweise gegenüber einer strukturierten Vorgehensweise und der Auswahl einer konkreten objektorientierten Methode. Sie dient als Basis für die in der Arbeit vorgenommenen Entwicklungsarbeit.

Das spezielle Anwendungsgebiet dieser Arbeit stellen Materialflußsysteme dar, deren Charakterisierung und Gestaltungsmöglichkeiten Gegenstand des Kapitels 3 sind. Zu diesem Zweck wird abgegrenzt, was unter einem Materialflußsystem im Sinne dieser Arbeit verstanden wird und welche Gestaltungsmöglichkeiten bei Materialflußsystemen bestehen. Es werden Anforderungen und Bewertungskenngrößen für Materialflußsysteme abgeleitet. Darauf aufbauend werden grundlegende Methoden und Modelle vorgestellt, die eine Bewertung von Materialflußsystemen hinsichtlich der gestellten Anforderungen erlauben. Als eine mögliche und leistungsfähige Methode wird schließlich die Simulation beschrieben. Nach der Erläuterung verschiedener Sichtweisen bei der ereignisorientierten Simulation und der prinzipiellen Vorgehensweise bei der Durchführung von Simulationsstudien, werden die im Bereich der Materialflußsimulation besonders gravierenden Defizite von bausteinorientierten Simulatoren aufgezeigt: die schlechte Erweiterungsfähigkeit und der hohe Rechenzeitbedarf. Ansätze zur Beseitigung dieser Defizite werden in den folgenden Kapiteln vorgestellt.

In Kapitel 4 wird das grundlegende objektorientierte Modell eines bausteinorientierten Simulators entwickelt. Neben der Erläuterung der Leistungsfähigkeit der objektorientierten Methode im Falle von Systemerweiterungen, wird der Schwerpunkt der Betrachtung hierbei auf den Simulatorkern, die sogenannte Ablaufsteuerung, gelegt. Es werden sowohl der übliche Ansatz der Abbildung des Zeitablaufes, die Verwendung einer Ereignisliste mit Ereigniszeitpunkten, als auch ein alternativer Ansatz vorgestellt, der ohne Ereignisliste auskommt und statt dessen mit Ereigniszeiträumen arbeitet. Ein abschließender Vergleich dieser beiden unterschiedlichen sequentiellen Simulationsverfahren hinsichtlich ihres Rechenzeitbedarfs macht deutlich, daß sequentielle Verfahren, die mit Ereignislisten arbeiten, zwar wesentlich effizienter sind, jedoch bei sehr komplexen Simulationsmodellen auch zu erheblichen Rechenzeitproblemen führen.

Inwieweit dem Rechenzeitproblem durch die parallele Ausführung von Simulationsverfahren überhaupt begegnet werden kann, wird in Kapitel 5 untersucht. Dazu werden zunächst die Parallelrechnerarchitektur und die Parallelverarbeitung von Berechnungsverfahren ganz allgemein beschrieben. Danach werden die spezifischen Probleme, die bei der massiv-parallelen Ausführung von ereignisorientierten Simulationsverfahren auftreten, herausgearbeitet. Im Gegensatz zu bestehenden Parallelverfahren, die mit Ereignislisten arbeiten, ist die Parallelisierung des Simulationsverfahrens ohne Ereignisliste wesentlich unproblematischer. Sie stellt einen gänzlich neuen Weg der massivparallelen Simulation von Materialflußsystemen dar. Schließlich wird ein Versuchsaufbau beschrieben, der als Basis für die Anwendung des entwickelten massiv-parallelen Verfahrens dient.

Die Analyse des Rechenzeitverhaltens des parallelen Verfahrens ohne Ereignisliste wird in Kapitel 6 vorgenommen. Durchgeführt wird ein komparativer Test, in dem - mangels Verfügbarkeit parallel arbeitender bausteinorientierter Simulatoren - ein äußerst schnelles sequentielles und bausteinorientiertes Simulationsverfahren einbezogen wird. Der Test wird anhand zweier Fallbeispiele vorgenommen. Bei dem ersten Beispiel handelt es sich um ein kleineres hypothetisches Materialflußsystem aus der Literatur. Das zweite Fallbeispiel, das sich an ein aus der Praxis stammendes Simulationsproblem anlehnt, ist hinsichtlich der Modellgröße und damit auch des Rechenzeitbedarfs wesentlich umfangreicher. Die insgesamt vielversprechenden Ergebnisse werden abschließend aggregiert und differenziert bewertet.

Das Kapitel 7 schließt die Arbeit mit einer Zusammenfassung und mit Anregungen für eine Fortführung der Untersuchungen in diesem Forschungsgebiet ab.

2 Objektorientierte Systementwicklung

Die Entwicklung eines bausteinorientierten Simulators zur Lösung von Simulationsaufgaben, wie sie im Bereich der Materialflußplanung auftreten, ist ein anspruchsvolles und komplexes Softwareentwicklungsvorhaben. Zur Bewältigung solcher Vorhaben stellt das Fachgebiet „Software Engineering" leistungsfähige Konzepte und Methoden zur Verfügung.

Für die Weiterentwicklung des in dieser Arbeit beschriebenen bausteinorientierten Simulators für Materialflußsysteme wird ein objektorientierter Entwicklungsansatz gewählt. Im Kapitel 2.1 werden zur Motivation der objektorientierten Systementwicklung die Defizite der strukturierten Systemanalyse herausgearbeitet. Im folgenden Kapitel 2.2 wird dann die Weiterentwicklung der strukturierten zur objektorientierten Systementwicklung dargestellt. In Kapitel 2.3 werden die grundlegenden Elemente und Konzepte der objektorientierten Systemanalyse vorgestellt. In Kapitel 2.4 wird schließlich gezeigt, wie die in Kapitel 2.1 genannten Probleme der strukturierten Systemanalyse mittels der objektorientierten Systementwicklung überwunden werden können. In Kapitel 2.5 wird dann die Auswahl einer objektorientierten Vorgehensweise für den in dieser Arbeit vorzunehmenden Softwareentwicklungsprozeß aus der Vielzahl der veröffentlichten Methoden begründet.

2.1 Defizite der strukturierten Systementwicklung

Die Methoden und die Konzepte der objektorientierten Programmiersprachen, wie Smalltalk, C++ oder Eiffel, flossen erst sehr spät in die Phasen der Analyse und des Designs der etablierten Softwareentwicklungsmethoden ein. Die Entwicklung durchgängiger, alle Entwicklungsphasen überdeckender objektorientierter Vorgehensweisen der Softwareentwicklung ist einerseits durch die Verbreitung objektorientierter Programmiersprachen begünstigt und andererseits durch die Defizite der strukturierten Systemanalyse motiviert worden. Im folgenden werden vier wesentliche Defizite der strukturierten Systemanalyse diskutiert, nämlich
- die vergleichsweise starren Phasenkonzepte,
- die unterschiedlichen Sichtweisen auf ein Modellierungsproblem,
- die Darstellungsbrüche zwischen verschiedenen Entwicklungsphasen und
- die unzureichende Übertragbarkeit von Analyse- und Designergebnissen in objektorientierte Programmiersprachen.

a) Starres Phasenkonzept

Die Einteilung der Softwareentwicklung in unterscheidbare Phasen ist eine Vorgehensweise, die bereits Ende der sechziger Jahre postuliert und von BOEHM (1976a) erstmals in ein allgemein anerkanntes und sogenanntes „Wasserfallmodell" umgesetzt wurde. Die Entwicklung komplexer Software läßt sich demnach grob in die folgenden Phasen unterteilen:

- Analyse,
- Design,
- Implementierung,
- Test und
- Wartung.

Auf die in den einzelnen Phasen wahrzunehmenden Aufgaben wird im folgenden im Detail nicht weiter eingegangen. Der interessierte Leser findet z.B. in SCHADER und RUNDSHAGEN (1994, S. 5 f.) eine weiterführende Beschreibung. Die in den Phasen Analyse, Design und Implementierung zu verwendenden Methoden werden weiter unten erläutert. Die Ziele dieser allgemein als Phasenkonzepte bezeichneten Vorgehensweisen sind die phasenspezifische Unterstützung der jeweils auszuführenden Aufgaben, die Dokumentation phasenspezifischer Entwicklungsergebnisse und die zeitliche und finanzielle Steuerung und Kontrolle des ganzen Entwicklungsvorhabens.

Die Phasenkonzepte sind ebenso wie die in den einzelnen Phasen anzuwendenden Methoden einer kritischen Betrachtung zu unterziehen. Im Wasserfallmodell von BOEHM (1976a) z.B. werden die Phasen streng sequentiell durchlaufen und es sind Rückschritte von späteren zu früheren Phasen zunächst nicht vorgesehen. Aber auch die spätere Modifizierung des Wasserfallmodells, die Rücksprünge in frühere Entwicklungsphasen explizit gestattet, war in der Praxis keineswegs immer eine geeignete Vorgehensweise. Diesem Defizit begegnete BOEHM (1986) mit der Entwicklung des sogenannten „Spiralmodells". Die in der Praxis häufig zu beobachtende iterative Ausführung einzelner Phasen kommt in diesem Modell bereits sehr viel stärker zum Ausdruck. Den Risiken einer Fehlentwicklung wird bereits mit der Methode des „Prototypings" begegnet. Allerdings soll auch bei dieser Vorgehensweise eine neue Entwicklungsphase nur begonnen werden, wenn die aktuelle Phase vollständig beendet ist. Dies hat zur Folge, daß die erste ablauffähige Software erst recht spät zur Verfügung steht und das Risiko einer fehlerhaften softwaretechnologischen Umsetzung der zugrundeliegenden Problemstellung recht groß bleibt. Das bereits erwähnte

2.1 Defizite der strukturierten Systementwicklung

„Prototyping", das auch in anderen Ingenieursdisziplinen erfolgreich eingesetzt wird, spielt als Ansatz zur Reduzierung derartiger Risiken allerdings eine entscheidende Rolle (vgl. KIEBACK u.a. 1991).

Im Grunde basieren alle Phasenkonzepte auf Idealvorstellungen, die in der Praxis nur selten vollständig zutreffen. Eine Konsequenz dieser Diskrepanz kann man allerdings auch beobachten: die Phasenkonzepte und die praktische Anwendung solcher Konzepte nähern sich im Laufe der Zeit einander an. Festzuhalten ist jedoch, daß bestehende Phasenkonzepte noch zu starr sind. Es wäre daher wünschenswert, wenn die Phasenkonzepte in Bezug auf ein iteratives und flexibles Vorgehen eine noch stärkere Erweiterung erfahren würden.

b) Verschiedene Sichtweisen innerhalb einer Phase

Ein weiteres Defizit der strukturierten Systemanalyse stellt die unterschiedliche und zum Teil redundante Betrachtungsweise ein- und desselben Modellierungsproblems dar. So wird die zu entwickelnde DV-Anwendung in der Regel aus zwei Blickwinkeln betrachtet, nämlich zum einem aus dem Blickwinkel der eher dynamischen Funktionen und zum anderen aus dem Blickwinkel der eher statischen Daten. Beide Aspekte, d.h. die Funktions- und die Datensicht, sind - gemäß dem Ansatz der strukturierten Analyse - für die Entwicklung einer komplexen DV-Anwendung unverzichtbar.

Probleme können sich ergeben, wenn eine der Sichten zu sehr betont wird. Beispielsweise wurde der dieser Arbeit als ein Ausgangspunkt zugrundeliegende Simulator FSS (vgl. LUCAS und RÖMMERMANN 1987, BOCK und MEYER 1988 sowie NOCHE und WENZEL 1991, S. 64) schwerpunktmäßig aus dem Blickwinkel der Funktionen betrachtet, da zu der Entwicklungszeit das funktionale Problem zu Lasten des Problems der Datenhaltung in den Vordergrund gerückt wurde. Diese Akzentsetzung lag zu jener Zeit vielleicht nahe. Sie wird zudem verständlich, wenn man berücksichtigt, daß es bis in den Anfang der neunziger Jahre keinen bedeutenden bausteinorientierten Simulator auf dem Markt gab, dessen Datenverwaltung auf einer „sauber" definierten Datenbank basiert (vgl. NOCHE und WENZEL 1991). Diese Tatsache ist um so erstaunlicher, als neben den zum Teil sehr komplexen Funktionen eben auch sehr umfangreiche und komplexe Datenmengen von den Simulationswerkzeugen zu verwalten sind. So stellen Simulationsmodelle bei bausteinorientierten Simulatoren jeweils Mengen von verschiedenen, komplexen und teils mehrfach verknüpften Entitätsmengen (u.a. z.B. Bausteine, Verteilungen, Werkstücke) dar. Neben Simulationsmodellen verwalten solche Simulatoren ferner auch noch Datenmengen, die insbesondere Simulationsstudien oder Experimentreihen betreffen. Die Gesamtmenge der zu verwaltenden Daten wird mit zunehmender Anzahl von Simulationsstudien sehr schnell sehr umfangreich. Die übliche, flache, dateiorientierte Datenorganisation vieler Simulatoren stößt folglich schnell an ihre Grenzen. Ein nicht unerheblicher Teil von Verwaltungsaufgaben wird daher zwangsläufig auf den Benutzer des Simulators und seine Fähigkeiten zur Organisation von Datenbeständen verlagert. Die gestiegene Leistungsfähigkeit von Datenbanksystemen und insbesondere von objektorientierten Datenbanksystemen mit objektorientierten Datenmodellen, die nach GABRIEL und RÖHRS (1994) auch als Non-Standarddatenbanken bezeichnet werden, führt jedoch dazu, daß auch bisher noch nicht erschlossene Anwendungsgebiete in der Zukunft mit einer datenbankgestützten Verwaltung der zugrundeliegenden Daten ausgerüstet werden können. Von daher ist eine einseitige Sicht nur auf die Funktionen oder nur auf das Datenmodell bei der Entwicklung komplexer DV-Anwendungen bzw. Simulationswerkzeuge immer weniger zu rechtfertigen.

Aber auch die ausgewogene Berücksichtigung beider Aspekte, der Funktions- und der Datensicht, birgt bei Verwendung der strukturierten Systemanalyse Probleme in sich, wie es in Abb. 1 verdeutlicht werden soll.

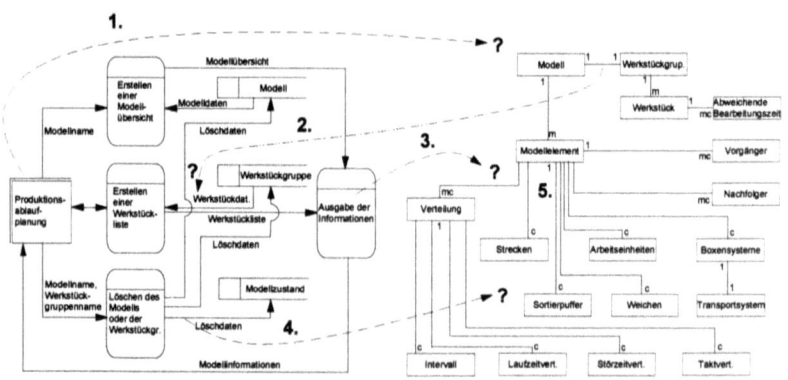

Abb. 1. Getrennte Modellierung der Funktionen und der Daten.

Obwohl eigentlich ein Softwaresystem modelliert werden soll, muß man sich bei der strukturierten Systemanalyse zweier unterschiedlicher Methoden bedienen, die jeweils nur einen der genannten Blickwinkel berücksichtigen. So sind im linken Teil der Abb.

2.1 Defizite der strukturierten Systementwicklung

1 die Funktionen eines Simulators am Beispiel der Verwaltung von Materialflußsystemen bzw. Modellen und Werkstücken in Form eines groben Datenflußdiagramms (DFD) nach GANE und SARSON (1979) auszugsweise dargestellt. Im rechten Teil ist das dem gleichen Ausschnitt zugehörige ER-Diagramm (zur Notation vgl. GEHRING 1993) aufgeführt. Durch die Verbindungspfeile soll zum Ausdruck gebracht werden, daß in diesen beiden Sichten der Modellierung Elemente und Beziehungen einerseits redundant verwendet und andererseits völlig außer Acht gelassen werden:

1. Im grafischen Datenmodell wird die Bedeutung von Anwendern bzw. die Sichtweise von Anwendern auf die DV-Anwendung nicht aufgeführt, obwohl laut ANSI-Architekturmodell für Datenbanken (ANSI 1975) externe Einzelsichten berücksichtigt werden sollen.
2. Beziehungen zwischen Datenspeichern werden im DFD nicht explizit berücksichtigt. So geht aus dem DFD nur indirekt hervor, daß eine Beziehung zwischen einem Modell und einer Werkstückgruppe besteht. Im Datenmodell ist diese Beziehung dagegen explizit, einschließlich der Angabe von Kardinalitäten, dargestellt.
3. Der Zugriff von Prozessen bzw. Transaktionen auf die Daten wird bei Datenmodellen außer Acht gelassen.
4. Da in einem Datenmodell keine Prozesse dargestellt werden, fehlen auch jegliche Angaben über Datenflüsse zwischen diesen.
5. Die eventuell durch eine Normalisierung entstandene Struktur von Datenspeichern wird in einem DFD aufgrund der Komplexität (es werden zusätzlich Prozesse, Datenquellen und -senken sowie Datenflüsse dargestellt) in der Regel nicht berücksichtigt. Andererseits werden normalisierte Datenstrukturen in einem Datenmodell bzw. ER-Diagramm dargestellt.

Entwickler stehen vor dem Dilemma, mittels der beiden sehr leistungsstarken Methoden eine teilweise zweigleisige Entwicklung betreiben zu müssen, deren Zwischen- und Endergebnisse abzugleichen und in einer DV-Anwendung zusammenzuführen sind. Ein Ziel der Verbesserung der Methodik der Softwareentwicklung sollte daher in dem Versuch bestehen, beide Sichtweisen in eine einheitliche Darstellungsweise zu überführen.

c) Darstellungsbrüche zwischen einzelnen Phasen

Ein weiteres Problem liegt im Bruch zwischen den einzelnen, im strukturierten Ansatz nach dem Wasserfallmodell von BOEHM (1976a) scharf oder nach dem Spiralmodell von BOEHM (1986) weich getrennten Phasen „Analyse", „Design" und „Implementierung". In der Analysephase sieht die strukturierte Systemanalyse die Verwendung von DFD's zur Modellierung der Funktionssicht und von ER-Diagrammen zur Modellierung der Datensicht vor. Ergänzt werden die Diagramme durch ein Data Dictionary (DD), in dem alle Komponenten der Diagramme strukturiert beschrieben werden. Die so erarbeiteten Analyseergebnisse lassen sich nun aber nicht ohne weiteres in die Designphase übernehmen. Ein DFD bzw. ein ER-Diagramm läßt sich nämlich mit einem zentralen Ergebnis der Designphase, dem Moduldiagramm, nicht ohne weiteres in Übereinstimmung bringen. Bei der Entwicklungsmethode von MYERS (1978) ist der Ausgangspunkt für das Design eines Programms auch nicht das Ergebnis einer durchgeführten Analyse. Vielmehr werden drei verschiedene Vorgehensweisen empfohlen - die STS-Zerlegung, die transaktionale Zerlegung und die funktionale Zerlegung -, die von der Hauptfunktion der DV-Anwendung ausgehen. Im Falle des in dieser Arbeit entwickelten Simulators würde diese Hauptfunktion „Simuliere ein Materialflußsystem" heißen. Eine Verbindung zu DFD's wird nicht hergestellt. Dieser offensichtliche Bruch kann zwar durch Berücksichtigung der Analyseergebnisse geschmälert werden, das grundsätzliche Problem einer neuen Sichtweise bei dem Design und der Modularisierung bleibt aber bestehen. Das mit dem DFD- und dem ER-Diagramm in Abb. 1 korrespondierende Moduldiagramm ist in Abb. 2 aufgeführt.

In diesem Moduldiagramm wird z.B. die Beziehung zwischen Modellen und Werkstückgruppen nur noch durch eine Benutzt-Beziehung sichtbar. Der Prozeß „Löschen des Modells einschließlich der Werkstückgruppe" ist im Moduldiagramm so nicht vorhanden und bereits in die zwei Module „Modellverwaltung" und „Werkstückgruppenverwaltung" aufgeteilt. Die verschiedenen Sichtweisen in den Phasen der Analyse und des Designs erschweren einen Gesamtüberblick über das System. Um etwaige Erweiterungen durchzuführen, reicht es in diesem Beispiel nicht, nur das Moduldiagramm zu betrachten. Vielmehr müssen auch das DFD- und das ER-Diagramm berücksichtigt werden und es müssen die Zusammenhänge zwischen diesen verschiedenen Darstellungsweisen gefunden werden. Die im Rahmen der strukturierten Analyse vorgesehene und in das DD aufzunehmende Minispezifikation eines transformierenden Prozesses

2.1 Defizite der strukturierten Systementwicklung

unterscheidet sich ebenfalls von der Notationsform der Modulbeschreibung. Abb. 3 verdeutlicht dies.

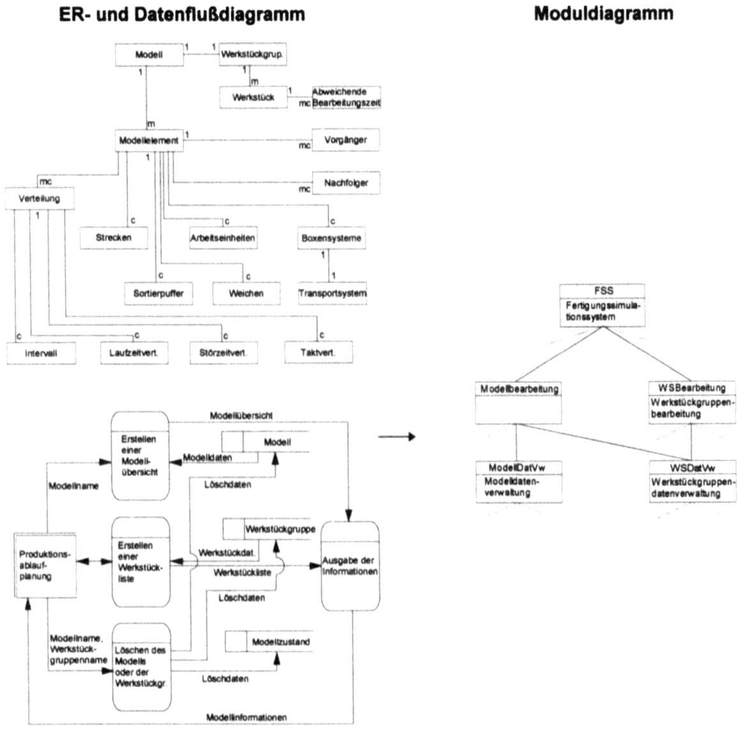

Abb. 2. Übergang vom DFD zum Moduldiagramm.

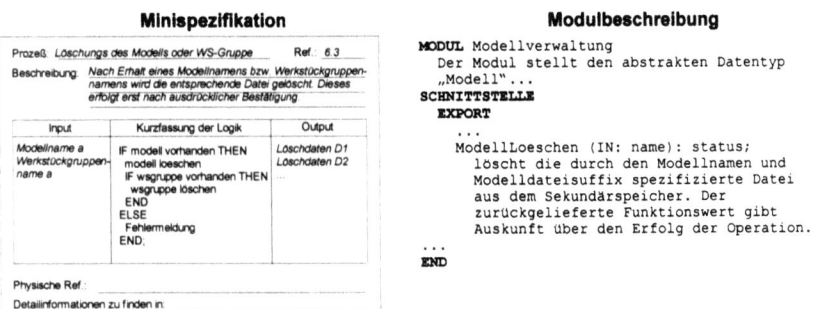

Abb. 3. Unterschiedliche Notationsformen der Minispezifikation und der Modulbeschreibung.

Eine Minispezifikation umfaßt eine Beschreibung der ein- und ausgehenden Datenflüsse sowie eine quasi umgangssprachliche Beschreibung des Prozeßablaufs. Die Modulbeschreibung weicht davon, wie die Abb. 3 zeigt, erheblich ab. Außerdem wird im Design ein erhebliches Gewicht auf Entwurfskriterien wie schmale Datenkopplung und starke Bindungsarten gelegt; bei der Gestaltung der Prozesse in DFD's werden derartige Kriterien in der Regel nicht betrachtet. Schließlich werden beim strukturierten Entwurf z.B. durch funktionale Zerlegung existierender Module weitere Module entworfen. Insgesamt ergibt sich so eine hierarchische Entwurfsstruktur, zu der kein Äquivalent in der strukturierten Analyse existiert.

Die Existenz des geschilderten Strukturbruches zwischen der Analyse- und Designphase wird auch dadurch offensichtlich, daß es kein namhaftes Softwareentwicklungswerkzeug gibt, das die automatische Übernahme von Ergebnissen aus der Analysephase in die Designphase unterstützt, obwohl bereits YOURDON und CONSTANTINE (1979, S. 187 f.) sowie später auch SHLAER und MELLOR (1988, S. 96 f.) hierzu Vorschläge gemacht haben. Erschwerend kommt hinzu, daß die Ergebnisse eines modular erstellten Designs lange Zeit nur in wenigen konventionellen Programmiersprachen, wie z.B. MODULA-2, direkt in einen Programmcode umgesetzt werden konnten. So konnte z.B. das modulare Design des bereits erwähnten Simulators zunächst nicht 1:1 in die Programmiersprache PASCAL übertragen werden, da diese ursprünglich kein Modulkonzept unterstützte (vgl. Abb. 4).

Modulbeschreibung	**Programmiersprache**

`MODUL Modellverwaltung`
`  Der Modul stellt den abstrakten Datentyp`
`  „Modell"...`
`SCHNITTSTELLE`
`  EXPORT`
`    ...`
`    ModellLoeschen (IN: name): status`
`      löscht die durch den Modellnamen und`
`      Modelldateisuffix spezifizierte Datei`
`      aus dem Sekundärspeicher. Der`
`      zurückgelieferte Funktionswert gibt`
`      Auskunft über den Erfolg der Operation.`
`  ...`
`END`
	`PROGRAM Simulator`
	`...`
	`FUNCTION ModellLoeschen(name: String): status`
	`BEGIN`
	`...`
	`END`

Abb. 4. Unterschiedliche Notationsformen des Moduldesigns und der Modulprogrammierung.

Es ist offensichtlich, daß diese Vielfalt von speziellen und nicht aufeinander abgestimmten Notationsformen die Produktivität bei der Softwareerstellung behindert und so zu Qualitätseinbußen, wie z.B. bei der Wartbarkeit, führen kann. In Abb. 5 seien die Defizite bzgl. der Phasenübergänge nochmals veranschaulicht.

2.1 Defizite der strukturierten Systementwicklung

Abb. 5. Strukturbrüche in den Phasenübergängen bei der strukturierten Systementwicklung.

d) Unzureichende Übertragbarkeit

Bei dem Versuch, Ergebnisse der strukturierten Analyse und des strukturierten Designs als Basis für eine weiterführende objektorientierte Entwicklung zu verwenden, zeigte sich schnell, daß die Analyse- und Designergebnisse nicht für eine unmittelbare Übernahme in objektorientierte Programmiersprachen geeignet waren. Insbesondere fanden sich einige Schwächen der konventionellen Programmiersprachen, vor allem jedoch die unzureichende Ausdrucksmöglichkeit für die Erweiterbarkeit von Software, auch bei den Methoden der strukturierten Systemanalyse und des Systemdesigns wieder. So ist z.B. aus einem Datenflußdiagramm (DFD) nicht unmittelbar ersichtlich, welche Klassen z.B. in einer objektorientierten Programmiersprache zu erstellen sind. Gleichwohl verwenden einige objektorientierte Methoden (z.B. MARTIN und ODELL 1992, sowie SHLAER und MELLOR 1992) zur Darstellung der Funktionalität weiterhin Datenflußdiagramme und setzen sich damit einer berechtigten Kritik aus (vgl. SCHADER und RUNDSHAGEN 1994, S. 133 f. und STEIN 1994, S. 32 f.).

Und obwohl die Definition von Klassen in objektorientierten Programmiersprachen zumindest der von informationell gebundenen Modulen entspricht (vgl. MYERS 1978, S. 36), eignet sich die zur Beschreibung von Moduldiagrammen und Modulrümpfen verwendete Notationsform ohne Erweiterungen nicht für die Beschreibung von Klassen. Insbesondere existieren keine Möglichkeiten, Vererbungsbeziehungen grafisch darzustellen, die das zentrale Konzept objektorientierter Programmiersprachen ausmachen.

Wünschenswert wäre eine Vorgehensweise, die auf einer weitgehend einheitlichen Notation - von der Analyse bis hin zur Implementierung - basiert und so zu einem homogenen Entwicklungsansatz führt. Im nächsten Kapitel wird erläutert, wie sich die objektorientierte Vorgehensweise aus der strukturierten Vorgehensweise mit diesem Ziel heraus entwickelt hat.

2.2 Die Entstehung des objektorientierten Paradigmas

Die treibende Kraft bei der Entwicklung neuer Programmiermethoden ist das Bestreben, die semantische Lücke zwischen einer problemnahen Aufgabenstellung und einer maschinennahen Programmierung zu überbrücken, d.h. von der zu verwendenden Rechenmaschine zu abstrahieren. Eine zentrale Rolle spielt hierbei das fundamentale Prinzip der Abstraktion. Die Abstraktion als Prinzip der Softwareentwicklung kann in die Datenabstraktion, d.h. die Abstraktion von Speicheradressen, und die Funktionsabstraktion, d.h. die Abstraktion von Maschineninstruktionen, unterschieden werden. Die objektorientierte Programmierung stellt vor diesem Hintergrund den vorläufigen Höhepunkt dieses Bestrebens dar, wie im folgenden dargelegt werden soll.

Hinsichtlich der Formulierung von Algorithmen in einer von der Maschine abgehobenen, problemnahen Form gilt die Programmiersprache FORTRAN als die erste „höhere" Programmiersprache für naturwissenschaftliche und technische Fragestellungen. In FORTRAN ist sowohl die Datenabstraktion als auch die Funktionsabstraktion verwirklicht worden. Mit FORTRAN konnten auf komfortable Weise erstmals mathematische Ausdrücke in einer Programmiersprache direkt dargestellt und vom Rechner ausgewertet werden. Der Name FORTRAN steht für diesen Sachverhalt (FORTRAN = Formula Translator). Bereits in dieser Sprache wurden abstrakte Datentypen wie „Integer" oder „Real" mit zugehörigen Operationen, z.B. der Addition, fest vorgegeben. Ein Programmierer konnte im Gegensatz zu den maschinennahen Assemblersprachen bei Additionen völlig davon abstrahieren, ob z.B. das höchstwertige Bit links oder rechts steht. Auf der Basis von FORTRAN wurden und werden auch heute immer noch viele technisch-naturwissenschaftliche Anwendungen, wie z.B. Simulationsprogramme, erstellt. Auf FORTRAN folgte eine Reihe weiterer höherer Programmiersprachen, die für die Erstellung spezieller, z.B. betriebswirtschaftlicher Lösungen bzw. Programme (z.B. COBOL), oder beliebiger Programme (z.B. ALGOL) geeignet waren. Neben der Benutzung von fest vorgegebenen Datentypen wurde dem Anwender einer Sprache zunehmend auch die Möglichkeit eingeräumt, eigene Datentypen zu definieren und so die Programmiersprache zu erweitern.

Die stetige Entwicklung und Umsetzung von Konzepten und Methoden zur Entwicklung von DV-Anwendungen wie z.B. strukturierte Programmierung, einfache Datentypen, abstrakte Datentypen usw. beschränkte sich allerdings bis zu diesem Zeitpunkt ausschließlich auf ihre direkte Realisierung in Programmiersprachen. Das Ziel

2.2 Die Entstehung des objektorientierten Paradigmas

dieser Entwicklung war und ist aber noch immer die Überbrückung der Lücke zwischen der Aufgabenstellung und der Umsetzung auf einer Maschine.

Parallel zu der Entwicklung der Programmiersprachen nahm die Leistungsfähigkeit der Hardware stärker zu als die Leistungsfähigkeit der Softwareentwicklungsmethoden. Die Erstellung von komplexen Anwendungsprogrammen wurde nur unzureichend durch geeignete Paradigmen unterstützt. Die Entwicklungsarbeiten bei der Erstellung einer DV-Anwendung begrenzten sich fast ausschließlich auf die Programmierarbeiten. Dieses führte dazu, daß eine DV-Anwendung in der Regel nicht ausreichend dokumentiert war und den gestellten Anforderungen nicht genügte. Zudem war sie oft fehlerhaft, ineffizient, schlecht wartbar und ohne größeren Aufwand praktisch nicht erweiterbar. Insgesamt wurde die Erstellung von Software zunehmend kostenintensiver als die Herstellung von Hardware.

Ende der sechziger Jahre gipfelte diese Entwicklung in der sogenannten „Softwarekrise". Als Gipfel und zugleich Wendepunkt dieser kritischen Entwicklung gilt die 1968 von führenden Softwareentwicklern abgehaltene Konferenz mit dem berühmten gewordenen Titel „Software Engineering" in Garmisch (vgl. NAUR und RANDELL 1969, NAUR 1993).

Als Ergebnis dieser Konferenz etablierte sich im Bereich der Informatik die neue Fachrichtung „Software Engineering", in der alle Aktivitäten, die im Zusammenhang mit der Softwareentwicklung standen, zusammengefaßt worden sind. Bei der Softwareentwicklung orientierte man sich fortan stärker an Grundsätzen und Vorgehensweisen, welche auch im Bereich der etablierten Ingenieurswissenschaften zur Komplexitätsbeherrschung Anwendung fanden. Hierzu zählen solche grundlegenden Prinzipien wie Hierarchisierung, Modularisierung, Abstraktion, Strukturierung und Verfeinerung.

Zudem wurde der Prozeß der Softwareentwicklung nicht mehr als reine Programmierarbeit angesehen, sondern in verschiedene Entwicklungsphasen aufgeteilt. Die Forschung beschränkte sich nicht mehr nur auf die Entwicklung neuer Programmiersprachen für die Implementierung, sondern auch auf die Entwicklung von spezifischen Methoden und Vorgehensweisen für die ebenso bedeutenden und der Programmierung vor- und nachgelagerten Phasen bei der Softwareerstellung. Hierbei sind insbesondere die Analyse-, die Design- und die Testphase zu erwähnen.

Außerdem sollten die zu erstellenden DV-Anwendungen zukünftig anerkannte Qualitätskriterien erfüllen, zu denen insbesondere

- die Wiederverwendbarkeit,
- die Erweiterbarkeit,
- die Korrektheit und Robustheit,
- die Kompatibilität,
- die Benutzerfreundlichkeit und
- die Effizienz

zählen. Mit Qualitätseigenschaften von Softwareprodukten haben sich insbesondere BOEHM u.a. (1976b) auseinandergesetzt. Entsprechende Ausführungen zu Qualtitätseigenschaften sind dort von den Autoren in nahezu 70 Kategorien detailliert aufgeführt.

Obwohl die Qualität heutiger Software z.B. hinsichtlich Kompatibilität, Effizienz und Benutzerfreundlichkeit zweifellos gestiegen ist, sind eine Vielzahl von Fragen immer noch nicht zufriedenstellend beantwortet worden (vgl. hierzu WIRTH 1994, SPILLNER 1994). Probleme treten insbesondere bei der Wiederverwendung bereits vorhandener Software oder bei der Erweiterung von Software um neue Funktionen auf. Von einem Ende der Softwarekrise kann somit eigentlich nicht gesprochen werden. Aktuelle Forschungen in dem Bereich Software Engineering beschäftigen sich vielmehr intensiv mit der Frage, wie die bestehenden Probleme überwunden werden können.

Seit Anfang der achtziger Jahre erfährt die Methode der Objektorientierung bei der Entwicklung von Softwaresystemen in diesem Zusammenhang eine bemerkenswerte Renaissance (vgl. RENTSCH 1982). Die Objektorientierung wird als eine Schlüsseltechnologie eingeschätzt, mit der einige Probleme, nämlich die der Wiederverwendbarkeit und insbesondere der Erweiterung bestehender Software, eleganter als bisher gelöst werden können.

Die Entwicklung des objektorientierten Paradigmas beschränkte sich wie bei den strukturierten Programmiersprachen, wie bereits in Kapitel 2.1 angesprochen, zunächst auf die Umsetzung in entsprechenden objektorientierten Programmiersprachen. Sie wurde nach KREUTZER (1990) im wesentlichen durch die KI-Programmierung und die Programmierung von Simulationssystemen vorangetrieben. Die in den Programmiersprachen umgesetzten Konzepte des objektorientierten Paradigmas flossen erst einige Jahre später in Softwareentwicklungsmethoden ein. Im folgenden wird daher zunächst die Entwicklung bei den Programmiersprachen dargestellt.

Bereits Anfang der sechziger Jahre sind mit der Programmiersprache SIMULA (DAHL und NYGAARD 1966) wesentliche Ideen der Objektorientierung konzipiert wor-

2.2 Die Entstehung des objektorientierten Paradigmas

den. Der Anlaß für die Entwicklung dieser von ALGOL abgeleiteten Programmiersprache war der Wunsch, komplexe Simulationsmodelle, z.B. ein Hafenbetriebsmodell, in einer kompakten Art und Weise in einer Programmiersprache abzubilden. Der beschrittene Lösungsweg bestand in der Beschreibung des Verhaltens und der möglichen Zustände der einzelnen Elemente eines Simulationsmodells in einer logischen und textuellen Einheit (vgl. NYGAARD 1986, NYGAARD und DAHL 1978) in Form eines abstrakten Datentyps bzw. einer Klasse. SIMULA konnte sich jedoch gegenüber anderen Sprachen als breit angewandte Programmiersprache nicht durchsetzen.

Die steigende Leistungsfähigkeit der Hardware bei gleichzeitig sinkenden Preisen in den siebziger Jahren führte dazu, daß ein immer größer werdender Personenkreis in den direkten Kontakt mit den aufkommenden Arbeitsplatzrechnern bzw. Personalcomputern kam. Diese Entwicklung war am Xerox Palo Alto Research Center in Palo Alto, Kalifornien, der Anlaß, Softwarewerkzeuge und Methoden für die Erstellung hochinteraktiver, fensterorientierter Anwendungen für Arbeitsplatzrechner zu entwickeln (GOLDBERG und ROBSON 1983). Ein Ergebnis dieser Forschungsarbeiten war die objektorientierte Programmierumgebung Smalltalk. In Smalltalk ist zu diesem Zweck der objektorientierte Ansatz von SIMULA erneut aufgegriffen und vervollkommnet worden. Im Gegensatz zu SIMULA beinhaltet Smalltalk keine Typen mehr, sondern basiert ausschließlich auf Klassen. Durch Smalltalk wurde u.a. der breite Einsatz der objektorientierten Programmierung zu Beginn der achtziger Jahre eingeleitet. Wie SIMULA ist auch Smalltalk für die Erstellung von Simulationsanwendungen geeignet, da bereits im Sprachumfang entsprechende Klassen vorhanden sind (GOLDBERG und ROBSON 1983, S. 439 f.). Ebenso wie SIMULA konnte sich Smalltalk als breit eingesetzte Programmierumgebung jedoch nicht durchsetzen, was u.a. auch an der geringen Ausführungsgeschwindigkeit der ersten Versionen von Smalltalk-Interpretern gelegen haben mag. Die Geschwindigkeit dient bei der Softwarebeurteilung in der Regel als eines der gewichtigsten und manchmal sogar als das ausschlaggebende Qualitätskriterium.

SIMULA und Smalltalk haben die Weiterentwicklung der im weiteren als „konventionell" bezeichneten Sprachen wie PASCAL, C, MODULA und ADA zu Sprachen mit objektorientierten Konzepten, den sogenannten hybriden Programmiersprachen C++ (STROUSTRUP 1991), Object-Oriented PASCAL (EZZEL 1989), OBERON (REISER und WIRTH 1992) oder „reinen" objektorientierten Sprachen wie z.B. Eiffel (MEYER 1990) maßgeblich beeinflußt. Als populärster Vertreter der objektorientierten Sprachen gilt derzeit C++. Ein Entwicklungsziel dieser zum Teil von C abgeleiteten Sprache war nach dem Entwickler STROUSTRUP (1991, S. 14) ursprünglich ebenfalls die Programmierung ereignisorientierter Simulationen in einer hinsichtlich der Ausführungszeit effizienteren Art und Weise als in SIMULA. Der konsequenteste Vertreter der objektorientierten Programmierung bleibt jedoch Smalltalk, da in dieser Sprache im Gegensatz zu anderen Sprachen ausschließlich objektorientiert entwickelt werden *muß*. Insbesondere Eiffel und zum Teil OBERON gelten als neue Programmiersprachen, die einen objektorientierten Programmierstil besonders fördern.

In Abb. 6 ist die beschriebene Entwicklung des objektorientierten Ansatzes im Bereich der Programmiersprachen ab 1960 grafisch veranschaulicht (vgl. hierzu auch WILKIE 1993, S. 165). In dem Diagramm sind die Sprachen eingeteilt in „Sprachen im Simulationsbereich" und „Allzwecksprachen". Diese Einteilung soll lediglich zum Ausdruck bringen, was einer der ursprünglichen Gründe für die Entwicklung der Programmiersprache war.

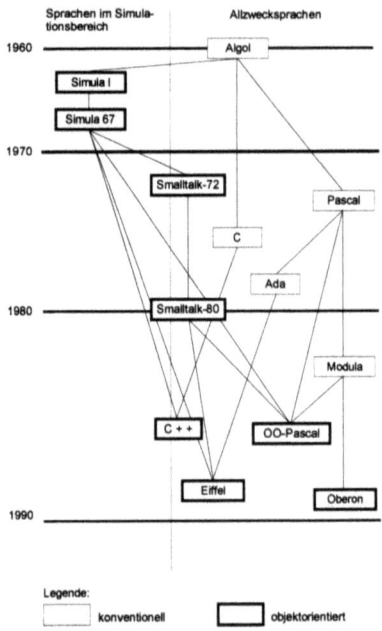

Abb. 6. Die Entwicklung des objektorientierten Paradigmas in Programmiersprachen (angelehnt an BEHDJATI u.a. 1991, S. 13).

2.2 Die Entstehung des objektorientierten Paradigmas

Da die im Kapitel 2.4 noch zu erläuternden Grundkonzepte der objektorientierten Vorgehensweise z.T. auf die Konzepte der objektorientierten Programmiersprachen zurückzuführen sind, werden an dieser Stelle zusammenfassend die Konzepte aufgelistet, die eine objektorientierte Programmiersprache aufweisen muß (vgl. MÖSSENBÖCK 1993):

1. Sie muß das *Geheimnisprinzip* unterstützen. Das Geheimnisprinzip fordert, daß der interne Aufbau und der interne Ablauf von Programmteilen für die Umgebung verborgen bleiben. Die Umgebung braucht diese Details auch nicht zu kennen. Sie kann die Dienstleistungen dieses Programmteils über eine definierte Schnittstelle benutzen. Das Geheimnisprinzip wurde bereits von PARNAS (1972a) postuliert und ist keine Neuheit der objektorientierten Programmierung. Es läßt sich z.B. durch einen disziplinierten Programmierstil gut in COBOL und sehr gut in PASCAL umsetzen.

2. Es müssen *abstrakte Datentypen* gebildet werden können. Diese Voraussetzung ist eine Weiterführung des Geheimnisprinzips. Ein abstrakter Datentyp setzt sich aus elementaren Datentypen oder bereits vorhandenen abstrakten Datentypen zusammen. Neben den Datentypen, die Merkmale des abstrakten Datentyps repräsentieren, werden auch die zulässigen Operationen auf den Merkmalen des abstrakten Datentyps definiert. Von diesem Datentyp können beliebig viele Exemplare deklariert werden. Der Zugriff auf einen abstrakten Datentyp erfolgt gemäß dem Geheimnisprinzip, d.h. ausschließlich über die zugelassenen Operationen. Der Begriff „Klasse" ist ein Synonym für abstrakte Datentypen (vgl. WIRTH 1994 und SCHNEIDER 1991, S. 201). Abstrakte Datentypen bzw. Klassen sind ebenfalls keine Neuheit der objektorientierten Programmierung. Abstrakte Datentypen werden auch von vielen konventionellen Programmiersprachen unterstützt. Als bekannte Vertreter können C, PASCAL und besonders MODULA genannt werden. Solche Programmiersprachen werden nicht als *objektorientiert* sondern als *objektbasiert* bezeichnet, da sie im Gegensatz zu den objektorientierten Programmiersprachen die Vererbung nicht unterstützen (siehe Punkt 3).

3. Eine *Vererbungsbeziehung* zwischen abstrakten Datentypen muß darstellbar sein. Dieses Konzept ist der Kernpunkt der objektorientierten Programmierung. In konventionellen Programmiersprachen, wie PASCAL oder MODULA, wird dieses Konzept nicht unterstützt. Die Vererbung ist ein Strukturierungsprinzip bei der Bildung von abstrakten Datentypen. Neue abstrakte Datentypen können durch Er-

weiterung bzw. Modifikation bereits bestehender abstrakter Datentypen definiert werden. Die neuen abstrakten Datentypen erben dabei die Eigenschaften der bestehenden abstrakten Datentypen. Es können zusätzliche Merkmale und Operationen definiert und/oder geerbte Operationen modifiziert werden. Der so erweiterte Datentyp ist mit seinem Vorfahren verträglich, d.h. alle zugelassenen Operationen des Vorfahren können auch auf alle seine Nachfahren angewendet werden. Es ist einleuchtend, daß diese Eigenschaft positive Auswirkungen auf die Erweiterbarkeit von DV-Anwendungen hat. Dieses ist der Kernpunkt der objektorientierten Programmiersprachen und er wird auch nur von diesen unterstützt, wie z.B. von C++, Eiffel oder OBERON.

4. Schließlich müssen objektorientierte Programmiersprachen über die Fähigkeit zur *dynamischen Bindung* von Operationsaufrufen an Operationen verfügen. Dies ist eine aus der Vererbung resultierende Konsequenz: Zur Übersetzungszeit können mehrere gleichlautende Operationen von unterschiedlichen abstrakten Datentypen der Vererbungshierarchie für eine Variable ausgeführt werden. Erst zur Laufzeit kann anhand des dann konkret vorliegenden Typs der Variable entschieden werden, zu welchem abstrakten Datentyp innerhalb der Vererbungshierarchie die Variable gehört. Erst nach dieser Entscheidung kann die zur Variable passende Operation ausgeführt werden. Das Prinzip der dynamischen Bindung ist in Form von Prozedurvariablen z.B. schon von MODULA her bekannt. Allerdings ist das dynamische Binden in objektorientierten Programmiersprachen eleganter und sicherer als die Verwendung von Prozedurvariablen in MODULA

Im folgenden Kapitel 2.3 werden die Konsequenzen des Einsatzes objektorientierter Programmiersprachen auf die der Programmierung vorgelagerten Methoden der Systementwicklung betrachtet.

2.3 Grundlagen objektorientierter Vorgehensweisen

In den 90er Jahren hat sich die Begriffswelt der „Objektorientierung" im Bereich des Software Engineering zumindest unter den Fachleuten weitgehend konsolidiert. Auch werden die verschiedenen objektorientierten Methoden auf unterschiedlichsten Gebieten angewendet. Bei der folgenden Beschreibung des Konzeptes zur Modellierung des Simulators werden objektorientierte Beschreibungsmittel für
- die Basiselemente,

2.3 Grundlagen objektorientierter Vorgehensweisen

- das statische Modell und
- das dynamische Modell

eingeführt. Die genannten Beschreibungsmittel werden ferner in einem Schichten- und Komponentenmodell zusammengefaßt, deren Erstellungen insbesondere bei der Entwicklung größerer Anwendungen zur Reduzierung der Komplexität hilfreich sein können. Die Grundlage für die angegebene Notation stellt in Vorwegnahme der Auswahl einer Methode die populäre Darstellung nach COAD und YOURDON (1991a) dar. Nahezu alle Beschreibungsmittel finden Eingang in das objektorientierte Diagramm (OO-Diagramm), welches das DFD-Diagramm, das ER-Diagramm und das Moduldiagramm einerseits komplett ersetzt, andererseits jedoch die Beschreibungsgegenstände dieser Diagramme weitgehend integriert.

2.3.1 Basiselemente

Zu den Basiselementen eines objektorientierten Entwicklungsansatzes zählen die *Objekte*, die in *Klassen* mittels *Attributen* und ausführbaren *Methoden* beschrieben werden. Die Analyse und das Design komplexer Anwendungssysteme kann schnell zu einer Vielzahl von Klassen führen. COAD und YOURDON geben an, daß Systeme durchschnittlicher Komplexität aus ca. 35 Klassen bestehen. Komplexere Systeme dagegen aus 50 bis zu mehreren hundert Klassen. Nach der grundlegenden Arbeit von MILLER (1956) ist der Mensch aber allenfalls in der Lage 7 Dinge (±2) gleichzeitig zu berücksichtigen. 1975 konkretisierte MILLER (1975) seine Arbeit und formulierte, daß maximal 3 Themen mit jeweils 3 Dingen eine obere Grenze darstellen. Die Ergebnisse der Arbeit von MILLER hatten bereits Einfluß auf Methoden der strukturierten Systemanalyse von GANE und SARSON (1979) sowie DEMARCO (1978). COAD und YOURDON, aber auch andere Autoren objektorientierter Vorgehensweisen, greifen die Arbeit von MILLER und die Erfahrungen der strukturierten Systemanalyse auf. Der Komplexität großer Systeme wird dabei durch die Bildung von Subsystemen begegnet. COAD und YOURDON ziehen aus den Arbeiten von MILLER folgende Konsequenz: Sogenannte *Subjekte* lenken die Aufmerksamkeit des Betrachters auf einen vertikalen Teilbereich eines OO-Diagramms. Es wird ein kleiner Teil aller Klassen vollständig und mit allen Beziehungen zueinander dargestellt. Die Basiselemente werden im folgenden erläutert.

a) Objekte

Objekte beschreiben abstrakte und konkrete Dinge, Sachen und Phänomene der zu modellierenden Anwendung. Bei der Erstellung eines Simulators zur Simulation von Materialflußsystemen kommen in einer ersten grundlegenden Betrachtung des Anwendungsgebietes sicherlich Bearbeitungsstationen (d.h. Maschinen) als geeignete Kandidaten für Objekte in Frage. Neben konkreten und faßbaren Dingen der Realität müssen für eine softwaretechnische Umsetzung auch abstrakte Objekte modelliert werden. Ein abstraktes Objekt im Untersuchungsbereich wäre z.b. das Objekt *Baustein*, das - etwas allgemeiner als das Objekt *Bearbeitungsbaustein* - allgemeine Anlagenkomponenten eines Materialflußsystems beschreiben könnte. Objekte, die speziell für die Umsetzung auf einer konkreten Basismaschine notwendig sind, wie z.B. Dialogfenster bzw. Eingabemasken zur Interaktion mit dem Anwender, werden nicht in der Analyse sondern erst im Design modelliert. Hierauf wird noch eingegangen werden (s.u.). Objekte werden von manchen Autoren auch als „Instanzen einer Klasse" bezeichnet (vgl. z.B. SCHLÜTER u.a. 1991); dieser Begriff wird in dieser Arbeit allerdings nicht weiter verwendet. Objekte haben während ihrer ganzen Existenz unabhängig von ihrem internen Zustand eine eindeutige und konstante Identität und können folglich eindeutig angesprochen werden. Neben den Objekten, die zur Laufzeit zur Verfügung stehen, muß bei vielen Anwendungen und so auch bei einem bausteinorientierten Simulator gewährleistet sein, daß die Objekte auch über die Laufzeit hinaus bestehen bleiben. Solche Objekte werden als *persistente* Objekte bezeichnet. Es ist die Aufgabe von objektorientierten Datenbanken, solche Objekte entsprechend ihrer Struktur zu verwalten.

Die Notation von Objekten erfolgt überwiegend und so auch bei der Methode von COAD und YOURDON im Zusammenhang mit Klassen und wird daher erst im nächsten Abschnitt eingeführt.

b) Klassen

Die Beschreibung gleichartiger Objekte, z.B. aller Bausteine eines Simulators für Materialflußsysteme, wird in einer Klasse zusammengefaßt. Die Beschreibung einer Klasse gilt somit für alle Objekte dieser Klasse. Sie setzt sich aus der Spezifikation der Attribute und Methoden zusammen. Im Laufe der Entwicklung eines Softwaresystems kann es unter Umständen sinnvoll sein, unvollständige Klassen zu definieren, d.h. Klassen, denen wichtige Attribute fehlen oder deren Methoden nur als leere Rümpfe, wohl aber mit einer Schnittstellenspezifikation vorhanden sind. Objekte dieser Klassen

2.3 Grundlagen objektorientierter Vorgehensweisen

werden niemals erzeugt. Solche Klassen werden auch als *abstrakte Klassen* bezeichnet. In dem hier zu entwickelndem Simulationssystem stellt die Klasse *Baustein* eine solche abstrakte Klasse dar. Die Benutzung von Objekten dieser Klasse zur Laufzeit macht keinen Sinn. Der Zweck der Verwendung von abstrakten Klassen ist die Vermeidung von Redundanz und damit gleichzeitig die Verminderung von Komplexität. Müßte z.B. in jedem Baustein der Sachverhalt der Möglichkeit einer stochastischen Störung modelliert werden, so würde dies zu einer unnötigen und redundanten Ausdehnung der Analyseergebnisse führen. Daher würde diese Eigenschaft in einer abstrakten Klasse definiert werden. Abstrakte Klassen legen nur Schnittstellen mittels abstrakter Methoden bzw. genauer Methodenköpfen fest. Abstrakte Klassen geben somit an, welche Leistungen alle abgeleiteten Klassen bzw. Nachfahren erbringen müssen. In dem genannten Beispiel würde festgelegt, daß alle Bausteine eines Materialflußsystems ein stochastisches Störungsverhalten aufweisen müssen.

Eine Frage, die im Zusammenhang mit Klassen auftaucht, ist die der Beziehung zwischen Modulen und Klassen. Beide Konzepte sind einander ähnlich. Klassen und Module - sofern sie informationell gebunden sind - stellen einen abstrakten Datentyp zur Verfügung. In Smalltalk wird z.B. auf das Modulkonzept vollständig und bewußt verzichtet. MÖSSENBÖCK (1992) sieht den Einsatz von Modulen insbesondere dann als vorteilhaft an, wenn

- mehrere Klassen zu einem Modul zusammengefaßt werden sollen und eine Prozedur in diesem Modul lediglich aus Effizienzgründen direkten Zugriff auf die Daten mehrerer Klassen haben soll. Dieser Zugriff kann intern im Modul erlaubt werden. Externen Klassen kann der Zugriff durch das Modulkonzept aber weiterhin verwehrt werden.
- das Konzept der Klassen aufgesetzt wirkt. Bestimmte Prozeduren oder Funktionen können z.B. ohne Abhängigkeit von einem Zustand oder ohne die Änderung eines Zustands ausgeführt werden. Solche Funktionen könnte man dann z.B. in einem (funktional gebundenen) Modul zusammenfassen.

Ferner können Module verwendet werden, um das Konzept der Klassenattribute und Klassenmethoden (s.u.) umzusetzen.

Ein wesentlicher Nachteil von Klassen ist, daß im Gegensatz zu der Schnittstellenbeschreibung bei Modulen bei Klassen keine direkte Angabe über importierte Leistungen gemacht wird. Diese importierten Leistungen werden vielmehr indirekt über Assoziations- und Aggregationsbeziehungen zum Ausdruck gebracht (s.u.).

Die Notation für eine Klasse ist in Abb. 7 links für eine abstrakte Klasse, d.h. eine Klasse ohne Objekte, und rechts für die Klasse mit Objekten dargestellt. Der Klassenname wird im oberen Drittel des abgerundeten Rechtecks angegeben.

Abb. 7. Darstellung von Klassen.

Neben der „normalen" Klasse und der abstrakten Klasse existieren noch die Konzepte der Metaklasse und der parametrisierten Klasse (vgl. BALZERT 1995, S. 45). Da diese Konzepte jedoch sehr spezielle Ausprägungen von Klassen darstellen und in dieser Arbeit keine Verwendung finden, werden sie hier nicht weiter behandelt.

c) Attribute

Die Attribute, die auch als *Instanzvariablen* bezeichnet werden, dienen zur Beschreibung der Merkmale bzw. Zustände oder Eigenschaften der Objekte einer Klasse. Bausteine befinden sich z.B. stets in einem bestimmten Zustand, sie sind nämlich entweder funktionsfähig oder gestört. Ferner ist die Dauer der Störung oder Betriebsbereitschaft sicherlich eine wichtige Eigenschaft eines Bausteins. Bearbeitungsbausteine haben eine Taktzeit, die angibt, wie lange ein Teil bearbeitet wird. Förderbausteine verfügen schließlich über eine bestimmte Förderzeit, die benötigt wird, um Teile vom Eingang zum Ausgang des Förderbausteins zu transportieren.

Die Werte der Attribute von Objekten sind in der Regel unterschiedlich. So kann während der Simulation ein Teil der im Modell vorhandenen Bausteine gestört sein und ein anderer Teil nicht. Natürlich können die Werte der Attribute aller Objekte aber auch gleich sein. In der Analysephase werden nur problemrelevante Attribute spezifiziert. Über Attribute zur Herstellung von programmtechnischen Verbindungen zwischen Objekten (Verweise, Referenzen) wird erst im Design entschieden.

Neben den objektspezifischen Attributen gibt es noch Attribute, die für ganze Klassen definiert werden. Diese Klassenattribute entsprechen in etwa globalen Variablen und haben für alle Objekte einer Klasse immer den gleichen Wert. Die Werte solcher Attribute werden über Klassenmethoden manipuliert. BALZERT (1995, S. 52) schlägt vor, Klassenattribute durch ein nachgestelltes „K" deutlich zu kennzeichnen. Die Attribute werden in den mittleren Teil des Symbols für Klassen und Objekte eingetragen, wie es Abb. 8 veranschaulicht.

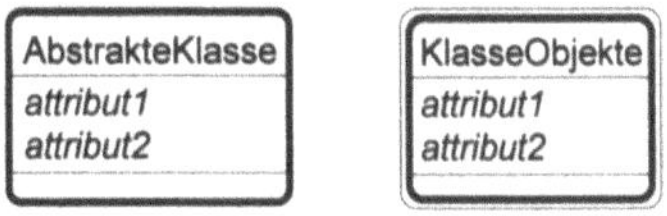

```
AbstrakteKlasse       KlasseObjekte
attribut1             attribut1
attribut2             attribut2
```

Abb. 8. Darstellung von Attributen.

RUMBAUGH (1991) verwendet neben den einfachen bzw. unabhängigen Attributen auch noch sogenannte abgeleitete bzw. abhängige Attribute. Abgeleitete Attribute lassen sich jederzeit aus vorhandenen Attributen berechnen. Ihr Einsatzzweck ist primär in der Laufzeitminimierung zu suchen. Abgeleitete Attribute können nach RUMBAUGH (1991, S. 75) z.B. durch einen vorangestelltes „/" deutlich gekennzeichnet werden.

Ob die Attribute bereits in einer normalisierten Form vorliegen, wird nach COAD und YOURDON (1991b, S. 81) erst im Design und nicht in der Analyse entschieden. Eine Normalisierung hängt auch davon ab, ob die Objekte als persistente Objekte dauerhaft in einer relationalen Datenbank gespeichert werden sollen. Bei der Verwendung einer relationalen Datenbank muß zwischen den Vorteilen, z.B. Vermeidung von unkontrollierter Redundanz, und den Nachteilen, z.B. steigende Komplexität des Datenmodells wegen einer großen Anzahl von Tabellen, der Normalisierung abgewogen werden. Da bei objektorientierten Datenbanksystemen die Notwendigkeit einer Transformation des objektorientierten Datenmodells in ein relationales Datenmodell nicht auftritt, da kein relationales Datenmodell zugrundeliegt, stellt sich die Frage der Normalisierung nicht in dieser Form. Vielmehr wird davon ausgegangen, daß die objektorientierte Vorgehensweise aufgrund der ausschließlichen Verwendung von Klassen bzw. abstrakten Datentypen automatisch zu leichter handhabbaren Datenmodellen führt. Ob diese These haltbar ist, müßte in einer eigenständigen Untersuchung geklärt werden. Für diese Arbeit wird diese These dennoch unterstellt.

d) Methoden

Methoden dienen zur Verarbeitung der Werte der Attribute bzw. beschreiben das Verhalten der Objekte einer Klasse. So könnte es für einen Baustein z.B. die Methode *Aktualisiere* geben, durch die der Wert des Attributs *zustand* von dem Wert „gestört" wieder auf den Wert „funktionsfähig" geändert wird. Für einen Bearbeitungsbaustein ist es sicherlich sinnvoll, die Methode *Aktualisiere* einzuführen, die z.B. zusätzlich den Wert des Attributs *bearbeitungszeit* manipuliert. Methoden werden durch klassische Prozeduren oder Funktionen realisiert und setzen sich somit ebenfalls aus einem Kopf und einem Rumpf zusammen. Der Name einer Methode wird im unteren Drittel des Klasse- und Objekte-Symbols angegeben. Nach COAD und YOURDON (1991a, S. 148) gibt es die zwei verschiedenen Kategorien der einfachen Methoden und der komplexen Methoden. Zu den einfachen Methoden gehören die Grundfunktionen

- Erzeuge,
- Verbinde,
- Ändere und
- Lösche.

Nach COAD und YOURDON (1991a, S. 148) besteht ein Anteil von ca. 70-90% eines Anwendungssystems aus diesen Grundfunktionen. Sie werden im Analysemodell zur Vermeidung unnötiger Komplexität als implizit vorhanden vorausgesetzt und daher nicht extra aufgeführt. Die komplexen Methoden können weitgehend unterteilt werden in

- Berechne und
- Überwache.

Analog zu der Unterscheidung bei der Definition von Attributen existieren neben den Methoden der Objekte auch Methoden, die einer Klasse zugeordnet werden. Diese „Klassenmethoden" manipulieren

- kein Objekt; dieser Fall tritt auf, wenn die Werte von Klassenattributen geändert werden. Beispielsweise könnte man sich vorstellen, daß die Bausteine des Simulators als grafische Objekte in einer Benutzerschnittstelle angezeigt werden. Ein mögliches Klassenattribut wäre die Größe der Grafiken der Bausteine. Durch eine entsprechende Klassenmethode würde dieses Attribut z.B. auf einen neuen Wert gesetzt werden können.
- ein Objekt; dies ist ein Spezialfall der Methode *Erzeuge* bei der Erzeugung eines Objektes. Da das Objekt noch nicht vorhanden ist, kann die Methode nicht dem Objekt zugeordnet werden sondern eher der Klasse.

Andere in der Literatur beschriebene Formen von Klassenmethoden lassen sich durch eine geeignete Modellierung auch als Objektmethoden darstellen. So kann z.B. das üblicherweise angeführte Drucken einer Liste aller Objekte einer Klasse durch eine Me-

2.3 Grundlagen objektorientierter Vorgehensweisen

thode *Drucken* dargestellt werden, die in einer mittels einer Aggregationsbeziehung (s.u.) übergeordneten Klasse vorhanden ist.

Abstrakte Methoden bezeichnen schließlich Methoden, die nur einen Methodenkopf aber keinen bzw. einen leeren Methodenrumpf aufweisen. Bei abstrakten Klassen dienen somit die abstrakten Methoden, wie bereits bei abstrakten Klassen ausgeführt, der frühzeitigen Festlegung von Schnittstellen.

Für die Spezifizierung einer Methode favorisieren COAD und YOURDON (1991a, S. 157) Service-Charts. Diese Service-Charts stellen Flußdiagramme dar und stehen nach Meinung des Autors dieser Arbeit einer strukturierten Beschreibung einer Methode entgegen. Als alternative und bewährte Methode werden in dieser Arbeit daher Struktogramme nach DIN 66261 (1985) sowie Pseudocode und Entscheidungstabellen eingesetzt.

Die Attribute einer Klasse sind durch einen ausschließlichen Zugriff über die Methoden vor einer direkten und unkontrollierten Manipulation von „außen" geschützt. Die Methoden bzw. die Methodenköpfe können daher auch als Schale betrachtet werden, die den Kern des Objekts, d.h. den durch die Werte der Attribute beschriebenen Zustand, schützen. Wie der Kern eines Objekts aufgebaut ist, d.h. welche Attribute konkret existieren, und auch wie die Methoden funktionieren, weiß der Benutzer eines Objekts nicht bzw. nur teilweise. So kann man bei Benutzung der Methode *SetzeBearbeitungszeit* oder der Methode *Aktualisiere* bei Bearbeitungsbausteinen nur erahnen, daß es offensichtlich ein Attribut *bearbeitungszeit* gibt, auf dem diese Methoden arbeiten. Das Geheimnisprinzip ist somit auch bei objektorientierten Softwaresystemen integraler Bestandteil der Modellierung und in idealer Weise umgesetzt.

In Abb. 9 ist die Vereinbarung der Klasse *Bearbeitungsbaustein* auszugsweise in einem Pseudocode dargestellt. Die Syntax des Pseudocodes orientiert sich an einem auf Personalcomputern gängigen PASCAL-Dialekt, der um Konstrukte zur objektorientierten Programmierung erweitert ist (siehe GRAMS 1992).

Eine Klasse wird wie ein PASCAL-Recordtyp definiert, in den neben den üblichen Recordelementen auch die Prozeduren und Funktionen aufgenommen werden, die die der Klasse zugehörigen Methoden darstellen. Das Schlüsselwort VIRTUAL in den Zeilen 5 bis 7 bedeutet, daß die vorangehend spezifizierte Prozedur oder Funktion bzw. Methode vererbt und bei Bedarf auch modifiziert werden kann. Die Attribute der Objekte der Klasse werden ebenfalls als Komponenten des Records aufgefaßt. Das

Schlüsselwort PRIVATE in Zeile 10 verdeckt eine Sicht anderer Objekte anderer Klassen auf die Attribute der Objekte dieser Klasse.

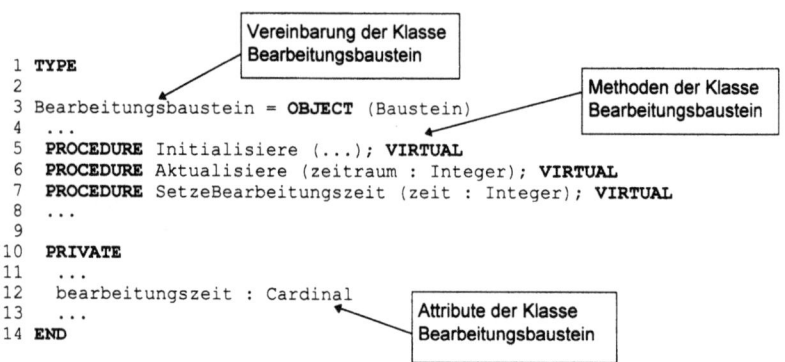

```
 1 TYPE
 2
 3 Bearbeitungsbaustein = OBJECT (Baustein)
 4  ...
 5   PROCEDURE Initialisiere (...); VIRTUAL
 6   PROCEDURE Aktualisiere (zeitraum : Integer); VIRTUAL
 7   PROCEDURE SetzeBearbeitungszeit (zeit : Integer); VIRTUAL
 8   ...
 9
10   PRIVATE
11   ...
12   bearbeitungszeit : Cardinal
13   ...
14 END
```

Abb. 9. Definition der Klasse *Bearbeitungsbaustein* in einem objektorientierten Pseudocode.

e) Subjekte

Subjekte sind Teilbereiche eines größeren OO-Diagramms. Sie enthalten jeweils eine überschaubare Anzahl von Klassen und lenken die Aufmerksamkeit des Lesers eines OO-Modells auf einen Ausschnitt des Modells. Jedes Subjekt sollte möglichst für sich alleine betrachtet werden können, d.h. die Beziehungen (siehe statisches und dynamisches Modell in den nächsten beiden Kapiteln 2.3.2 und 2.3.3) zu anderen Subjekten sollten minimal gehalten werden. Innerhalb eines Subjektes sollte hingegen eine hohe Bindung der Klassen untereinander erreicht werden. Neben Klassen können Subjekte auch wiederum Subjekte enthalten und so eine mehrschichtige Aufteilung des OO-Modells ermöglichen. Die Bildung von Subjekten obliegt dem Entwickler und kann jederzeit nach Bedarf durchgeführt werden. Für die hier betrachtete Problemstellung sei angenommen, daß der Simulator, die Modelle, die Werkstücke und der stochastische Teil eines Simulators sinnvolle Subjekte darstellen. Subjekte lassen sich nach COAD und YOURDON je nach Bedarf minimiert oder expandiert darstellen. In der minimierten Darstellung wird lediglich eine Bezeichnung des Subjekts mit einer eindeutigen Referenznummer angegeben. In der expandierten Darstellung erscheint die Referenznummer jeweils in den Ecken eines Subjektes und das enthaltene OO-Modell bzw. die enthaltenen Subjekte werden sichtbar. In dem für diese Arbeit verwendeten CASE-Tool wird diese Notation allerdings nicht so umgesetzt. Die Notation für Subjekte in

2.3 Grundlagen objektorientierter Vorgehensweisen

Abb. 10 weicht daher etwas von dieser Beschreibung ab. Die Nummern und Subjektnamen stehen am oberen Rand des Rechtecks. Unter dem Subjektnamen werden die in dem Subjekt enthaltenen Klassen und Objekte aufgelistet.

1. Modell	2. Werkstueck	3. Simulator	4. Stochastik
Modell	Werkstueckliste	Ereignisliste	Verteilungen
Baustein	Werkstueck	Ereignis	Zufallszahl

Abb. 10. Komprimierte Darstellungsform von Subjekten.

f) Mensch/ Maschine-Interaktion

Als besonderer Punkt soll an dieser Stelle schließlich die Modellierung der Mensch/ Maschine-Interaktion dargestellt werden. Im Prinzip benutzt der Mensch die Maschine bzw. die Anwendung, indem er über ein Menü oder eine Eingabeaufforderung Befehle an die Anwendung erteilt. Der Aufruf eines Befehls in einem Menü kann als Versenden einer Nachricht verstanden werden, die zu einem Zustandswechsel der Anwendung führt. Diese Situation läßt sich im Klassendiagramm durch entsprechende Klassen ohne weiteres darstellen. Bei einem Simulator wäre der Anwender beispielsweise ein Planungsfachmann. Es existiert somit eine Klasse *Anwender* (vgl. Abb. 11).

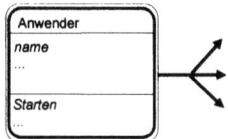

Abb. 11. Mögliche Darstellung einer Mensch/ Maschine-Interaktion.

Diese Klasse verfügt über Attribute, wie z.B. den Namen des Anwenders. Die möglichen Methoden des Anwenders stellen Programmaufrufe dar, wie z.B. *Starten, Bearbeiten, Löschen* usw. Der Anwender führt z.B. die Methode *Starten* aus. Im Rahmen dieser Methode benutzt der Anwender ein Objekt der Klasse *Simulator* und sendet ihm per Menü und Befehl eine Nachricht *Simuliere* (siehe hierzu weiter unten Kapitel 2.3.3). Die Klasse *Simulator* bietet eine passende Methode *Simuliere* an, und führt diese dann aus. Im Rahmen der Ausführung der Methode *Simuliere* werden dann weitere Klassen und Objekte benutzt und eine Vielzahl von Nachrichten ausgetauscht. Dieses führt dazu, daß die Simulation gestartet und letztendlich durchgeführt wird.

Die Implementierung einer so beschriebenen Klasse wird nicht durchgeführt. Vielmehr kann eine Klasse *Anwender* für die Beschreibung von Szenarien genutzt werden, in der besonders auf den Anwender und Interaktionen zwischen dem Anwender und der Anwendung focusiert wird.

2.3.2 Statisches Modell

Klassen und Objekte ohne jegliche Beziehungen oder Kommunikation untereinander machen keinen Sinn. Weitergehende Konzepte behandeln die Beziehungen der Klassen und Objekte untereinander und bauen somit zwischen den bisher isoliert betrachteten Klassen und Objekten eine Struktur auf. Drei grundlegende und in allen objektorientierten Methoden wiederzufindende Beziehungen sind bei der objektorientierten Vorgehensweise
- die Vererbung,
- die Assoziation und
- die Aggregation.

a) Vererbung

Die Vererbung ist eine gerichtete Beziehung zwischen Klassen und stellt *das* zentrale Konzept objektorientierter Softwaresysteme dar. Sie wird auch als „Generalisierungs-/ Spezialisierungsstruktur" bezeichnet. Durch den Mechanismus der Vererbung erhält man die Möglichkeit, Hierarchien von Klassen bzw. Datentypen aufzubauen. Dabei werden Klassen, die an andere Klassen etwas vererben, als Oberklassen und Klassen, die von anderen (Ober-) Klassen etwas erben, als Unterklassen bezeichnet. Die Vererbung kann auch als Typenerweiterung aufgefaßt werden. Durch die Vererbung ist es möglich, Verallgemeinerungen bzw. Spezialisierungen von vorhandenen Klassen vorzunehmen, ohne daß diese komplett neu entworfen werden müssen. Die Vererbung dient daher der Vermeidung der redundanten Modellierung und vermindert somit die Komplexität des Softwareentwurfs. Alle noch zu erläuternden Beziehungen, wie Assoziation, Aggregation und Nachrichtenverbindungen, werden bei der Vererbung an die Unterklassen ebenfalls vererbt.

Bei der Vererbung wird zwischen einfacher, mehrfacher und wiederholter Vererbung unterschieden. Aus der Klasse *Bearbeitungsbaustein* ließe sich über das Prinzip der einfachen Vererbung die Klasse *Montagebaustein* ableiten. In Abb. 12 ist das Prinzip der einfachen Vererbung zwischen den beiden Klassen in der Notation von COAD und

2.3 Grundlagen objektorientierter Vorgehensweisen

YOURDON dargestellt. Zu beachten ist hierbei, daß sich die Vererbungsbeziehung auf Klassen bezieht und daher die Klassensymbole miteinander zu verbinden sind. Damit die hierarchische Struktur auf den ersten Blick deutlich wird, sollte die Klasse, die erbt, grafisch unter der Klasse angeordnet werden, die vererbt.

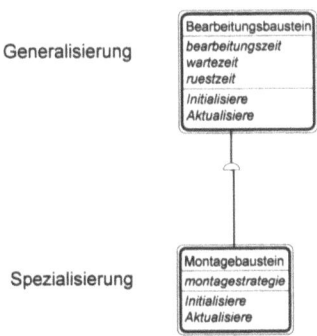

Abb. 12. Einfache Vererbung der Klasse *Bearbeitungsbaustein* an die Klasse *Montagebaustein*.

Diese Klasse *Bearbeitungsbaustein* hat hinsichtlich einiger Attribute und Methoden, wie bereits erläutert, die gleichen Eigenschaften wie alle anderen Bausteine, d.h. sie unterliegt Störungen. Durch die einfache Vererbung werden diese Eigenschaften, d.h. die Attribute und Methoden von der Klasse *Montagebaustein* übernommen. In Abb. 12 verfügt die Klasse *Montagebaustein* somit auch über die Attribute *bearbeitungszeit*, *ruestzeit*, und *wartezeit*. Diese Attribute werden in der Klasse *Montagebaustein* daher nicht mehr explizit aufgelistet. Der Entwickler eines Softwaresystems muß nun noch die Möglichkeit erhalten, geerbte Eigenschaften eventuell zu modifizieren und neue Eigenschaften zu definieren, um die Funktionsweise eines Montagebausteins korrekt abzubilden. Neben den geerbten Attributen wird die Klasse *Montagebaustein* in dem betrachteten Beispiel um das Attribut *montagestrategie* erweitert.

Ferner werden in dem OO-Diagramm die beiden Methoden *Initialisiere* und *Aktualisiere* erneut bei der Klasse *Montagebaustein* aufgeführt, um so zu verdeutlichen, daß diese beiden Methoden gegenüber den Methoden *Initialisiere* und *Aktualisiere* ihres Vorfahren - der Klasse *Bearbeitungsbaustein* - erweitert bzw. verfeinert worden sind. Der Hintergrund besteht für das betrachtete Beispiel darin, daß beide Methoden u.a. das neue Attribut *montagestrategie* bei ihrer Ausführung berücksichtigen sollen.

Bei der *mehrfachen* Vererbung erbt eine Klasse Methoden und Attribute von mehr als einem direkten Vorfahren bzw. einer direkt übergeordneten (Ober-) Klasse. Dieses ist dann sinnvoll, wenn ein Systementwickler mehr als eine günstige Klasse zur Vererbung vorfindet (vgl. BOOCH 1994, S. 160 f.). Denkbar wäre beispielsweise, daß Bearbeitungsbausteine nicht nur Attribute und Methoden der Klasse *Baustein* erben, sondern auch Attribute und Methoden der Klasse *Listenelement*. Diese Klasse würde dann z.B. alle Attribute und Methoden enthalten, die allgemein für Listenelemente sinnvoll sind. Die mehrfache Vererbung ist in Abb. 13 abgebildet.

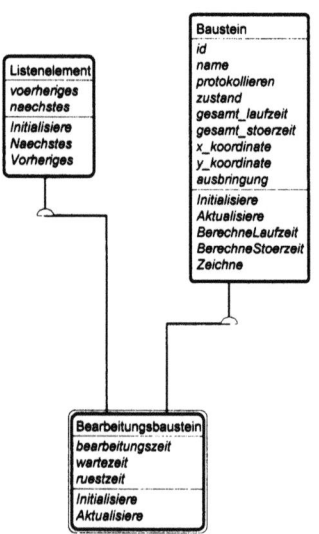

Abb. 13. Mehrfache Vererbung der Klasse *Listenelement* und der Klasse *Baustein* an die Klasse *Bearbeitungsbaustein*.

Die Mehrfachvererbung ist zunächst ein einfaches Konzept. Wenn aber aus den übergeordneten Klassen gleichlautende Attribute und Methoden geerbt werden, kann sie bei der praktischen Umsetzung in einer objektorientierten Programmiersprache zu einem Konflikt führen: Es stellt sich dann z.B. auf Abb. 13 bezogen die Frage, welche der beiden Methoden *Initialisiere* geerbt werden soll. Zur Auflösung des Konflikts wäre zu überlegen, ob nicht die Klasse *Listenelement* als Generalisierung der Klasse *Baustein* angesehen werden kann. Weitere Hinweise zu Problemen und Konfliktlösungsstrategien finden sich z.B. in MÖSSENBÖCK (1993, S. 113 f.).

2.3 Grundlagen objektorientierter Vorgehensweisen

Die *wiederholte* Vererbung tritt dann auf, wenn zwei Klassen eine gemeinsame übergeordnete Klasse und eine gemeinsame untergeordnete Klasse haben. Die Vererbungsstruktur nimmt dann, wie in Abb. 14 dargestellt, die Form eines „Diamanten" (vgl. BOOCH 1994, S. 88) oder die „Rautenstruktur" (vgl. MÖSSENBÖCK 1993, S. 114) an.

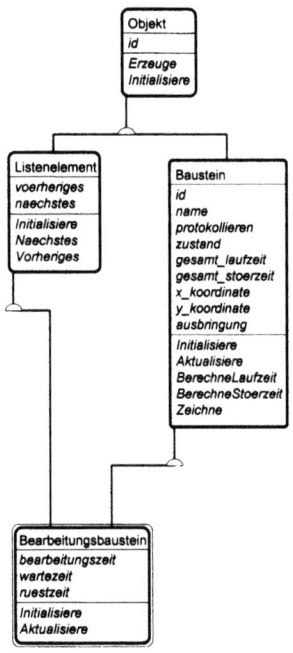

Abb. 14. Wiederholte Vererbung.

Die Klasse *Objekt* soll in diesem Beispiel eine maschinennahe bzw. systeminterne, grundlegende Klasse für alle Objekte der Anwendung, wie z.B. Bearbeitungsbausteine, Förderbausteine usw. darstellen. Dies bedeutet, daß ein Baustein eine Spezialisierung eines Objekts darstellt und daß somit alle Bausteine erzeugt und initialisiert werden können, da die Objekte über die notwendigen Eigenschaften verfügen. In der (System-) Klasse *Objekt* sind also Attribute und Methoden für die Erzeugung von Objekten enthalten. Bei der Umsetzung dieses Konzepts stellt sich die Frage, ob die Klasse *Bearbeitungsbaustein* eine, und wenn ja, welche oder mehrere „Kopien" der Struktur der

Oberklassen *Baustein*, *Listenelement* und *Objekt* enthält. Zur Konfliktauflösung gilt das Gleiche wie bei der mehrfachen Vererbung.

Obwohl die Mehrfachvererbung und die wiederholte Vererbung sinnvoll angewendet werden können, ist ihr Einsatz bei der Modellierung ein umstrittenes Thema, da sie die Komplexität der Modellierung erheblich steigern. Während man bei der einfachen Vererbung immer nur einen Baum bzw. einen „Wald" erhält (wenn mehrere Klassen verfeinert werden) treten bei der mehrfachen Vererbung gerichtete, azyklische Graphen auf. Solche Graphen sind sowohl für den Entwickler, als auch für DV-Werkzeuge, wie Compiler, wesentlich schwerer handhabbar. Die Benutzung der mehrfachen oder wiederholten Vererbung sollte deswegen genau bedacht werden. Insbesondere sollte geprüft werden, ob nicht Zusammenfassungen von Klassen eine bessere Lösung darstellen. Objektorientierte Programmiersprachen unterstützen die Mehrfachvererbung entweder ganz (C++), teilweise (Smalltalk) oder gar nicht (OBERON, OO-PASCAL). Da die dieser Arbeit zugrundeliegende objektorientierte Programmiersprache OO-PASCAL die Mehrfachvererbung ebenso wenig unterstützt wie die wiederholte Vererbung, wird auf die Verwendung dieser beiden besonderen Vererbungsbeziehungen im weiteren verzichtet. Es wird nur die einfache Vererbung verwendet. Die Vereinbarung einer einfachen Vererbung in einem objektorientierten Pseudocode ist in Abb. 15 in Zeile 3 auszugsweise dargestellt.

```
1 TYPE
2
3 Bearbeitungsbaustein = OBJECT (Baustein)
4   ...
5   PRIVATE
6     bearbeitungszeit : Cardinal
7   ...
8 END
```

Der Vorfahre der Klasse Bearbeitungsbaustein ist die Klasse Baustein.

Abb. 15. Definition der Klasse *Bearbeitungsbaustein* durch einfache Vererbung aus der Klasse *Baustein* in einem objektorientierten Pseudocode.

b) Assoziation

Die Assoziation stellt die Objekte einer Klasse mit den Objekten einer anderen oder der selben Klasse in eine
- einfache,
- ungerichtete und
- gleichberechtigte

Beziehung.

2.3 Grundlagen objektorientierter Vorgehensweisen

Die Definition einer Assoziation, d.h. die Herstellung einer logischen Verbindung, ist Voraussetzung dafür, daß ein Objekt einer Klasse A die Dienstleistungen bzw. die Bereitstellung eines Methodenaufrufes eines Objekts einer anderen Klasse B nutzen kann. Insofern handelt es sich auch um eine Client/Serverbeziehung: Klasse A ist der Client und Klasse B ist in diesem Fall der Server. Die Anzahl der über Assoziationen miteinander verknüpften Objekte kann im Verlauf der Zeit schwanken. Bei der objektorientierten Vorgehensweise begnügt man sich daher mit der Angabe von prinzipiellen Zusammenhängen, wie sie auch aus dem Bereich der Datenmodellierung bekannt sind. Als Notation für diese Anzahl werden von COAD und YOURDON „1", „0,1" oder „1,n" bzw. „0,n" verwendet. Neben prinzipiellen Angaben wie „0,n" können aber bei Bedarf auch detailliertere und absolute Angaben wie „0,10" angegeben werden. Wie diese Beziehungen auf ER-Diagramme zu übertragen sind, geht aus Tab. 1 hervor.

Tab. 1. Zusammenhang zwischen den Kardinalitätsangaben bei OO-Diagrammen und bei ER-Diagrammen.

Beziehungstyp	OO-Diagramm	ER-Diagramm
einfach	1	1
konditionell	0,1	c
multipel	1,n	m
multipel-konditionell	0,n	mc

So könnte z.B. eine mc:mc-Assoziation zwischen Objekten der Klasse *Baustein* und der Klasse *Verteilung* bestehen, d.h. ein Objekt der Klasse *Baustein* ist keinem, einem oder mehreren Objekten der Klasse *Verteilung* zugeordnet und ein Objekt der Klasse *Verteilung* ist ebenfalls keinem, einem oder aber mehreren Objekten der Klasse *Baustein* zugeordnet. Es sei angemerkt, daß es sich bei den Klassen *Baustein* und *Verteilung* um zwei abstrakte Klassen ohne Objekte handelt; die Assoziationsbeziehung gilt jedoch auch für die Erben der beiden Klassen. Im Gegensatz zur Vererbungsbeziehung ist bei der Assoziation möglichst eine Verbindung von den Seiten der Objekte der Klassen herzustellen, um so grafisch zu verdeutlichen, daß es sich um eine gleichberechtigte Beziehung handelt.

COAD und YOURDON geben ferner vor, das die Assoziationsbeziehung grafisch zwischen den äußeren Linien des Klassensymbols, d.h. den Objekten, darzustellen sei. Da dies bei abstrakten Klassen aber nicht möglich ist, wird in dieser Arbeit bei abstrakten Klassen die Verbindung bis kurz vor das Klassensymbol gezeichnet. Diese Darstellung ist in Abb. 16 zu sehen.

Die inhaltliche Bedeutung könnte folgendermaßen interpretiert werden: Nach dem Ende der Betriebszeit eines Bausteins liegt eine Störung vor, die von zufälliger Dauer sein kann. Der Baustein muß zu diesem Zweck eine zufällige Störzeit anhand einer Verteilung ermitteln, d.h. eine Methode eines Objektes der Klasse *Verteilung* nutzen. Einem Baustein ist daher genau eine (Störzeit-) Verteilung zugeordnet. Umgekehrt ist es natürlich sinnvoll, daß eine Verteilung zur Berechnung einer Störzeit einem oder gleich mehreren Bausteinen zugeordnet ist. Die Kardinalität „0" ist in beiden Richtungen sinnvoll.

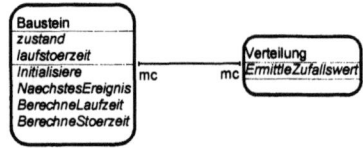

Abb. 16. Darstellung einer Assoziation zwischen Objekten der Klasse *Baustein* und Objekten der Klasse *Verteilung*.

Ein nicht stochastisch beeinflußter Baustein kann so ohne Beziehung zu einer Verteilung modelliert werden. Und es kann z.B. definierte Standardverteilungen für Störzeiten geben, die ohne eine Zuordnung zu irgendeinem Baustein vorhanden sind, aber prinzipiell an Bausteine „angebunden" werden können. Die Assoziation zwischen Objekten wird in Programmiersprachen üblicherweise durch Verweise (Schlüssel, Zeiger oder Referenzen) hergestellt. In Abb. 17 ist eine solche Beziehung in Form eines Pseudocodes dargestellt.

Ein Objekt der Klasse *Baustein* bzw. ein Erbe dieser Klasse sendet im Rahmen der Ausführung der Methode *Aktualisiere* (siehe Zeile 5) eine Nachricht mit der Aufforderung zur Berechnung einer Störzeit (z.B. *ErmittleZufallswert* (siehe Zeile 15)) an eine Liste mit Objekten von Verteilungen, die im Simulationsmodell vom Anwender definiert worden sind. Dazu benötigt das Objekt der Klasse *Baustein* ein Attribut bzw. einen Fremdschlüssel *stoerzeitId* (siehe Zeile 9), damit die richtige Störzeitverteilung anhand dieser Identität in einer Liste aller Störzeitverteilungen mittels einer hier nicht weiter erläuterten Methode *Listenelement.Hole(id)* gefunden werden kann. Ein Objekt der Klasse *Verteilung* besitzt zu diesem Zweck ebenfalls ein Attribut *id* (siehe

2.3 Grundlagen objektorientierter Vorgehensweisen

Zeile 18), das in der Liste der Störzeitverteilungen als Sortierkriterium bzw. (Primär-) Schlüssel dient. Das Objekt der Klasse *Verteilung* tritt bei dem Aufruf der Methode *ErmittleZufallswert(stoerzeitId)* (siehe Zeile 15) durch das Objekt der Klasse *Baustein* als Server und das Objekt der Klasse *Baustein* als Client auf.

```
 1 TYPE
 2
 3 Baustein = OBJECT (LISTENELEMENT)
 4 ...
 5 PROCEDURE Aktualisiere (zeitraum : Cardinal)
 6 ...
 7 PRIVATE
 8   bausteinId : Cardinal
 9   stoerzeitId: Cardinal      ← Fremdschlüssel in der
10   ...                          Klasse Baustein.
11 END
12
13 Verteilung = OBJECT
14 ...
15 FUNCTION ErmittleZufallswert(id: Cardinal): Cardinal; VIRTUAL
16 ...
17 PRIVATE
18   id : Integer   ←    Schlüssel in der Klasse
19   ...                 Verteilung.
20 END
```

Abb. 17. Definition einer Assoziation zwischen der Klasse *Baustein* und *Verteilung* in einem objektorientiertem Pseudocode.

An diesem Beispiel wird nochmals deutlich, daß Assoziationen notwendig sind, um überhaupt zwischen Objekten Nachrichten austauschen zu können. Hierbei liefern objektorientierte Programmiersprachen aber außer weniger Ausnahmen wie z.B. Eiffel, keine weitergehende Unterstützung. In dem angegebenen Pseudocode-Beispiel wird die ausdrückliche mc:mc-Assoziation nicht explizit formuliert. Ob Beziehungen zwischen Objekten von Klassen vorliegen und wenn ja, mit welcher Kardinalität, geht somit nur aus dem OO-Diagramm explizit hervor.

c) Aggregation

Die Aggregationsbeziehung gibt an, aus wieviel Objekten bzw. Teilen sich ein Objekt bzw. ein Ganzes zusammensetzt. So besteht ein Objekt der Klasse (Simulations-) *Modell* aus mehreren Objekten der Klasse *Baustein*, d.h. ein Modell ist allgemein eine Liste von Listenelementen bzw. ein Materialflußsystem eine Zusammensetzung von Materialflußkomponenten. Es handelt sich hier um eine 1:m-Aggregationsbeziehung, da ein Modell aus mehreren Bausteinen besteht, ein Baustein aber genau in einem Modell enthalten ist. Die Aggregation hat eine stärkere semantische Bedeutung als die Assoziation. Da sie zudem eine gerichtete Beziehung ist, kann sie als eine spezielle Form der Assoziation betrachtet werden. Jede Aggregation läßt sich aber prinzipiell durch eine Assoziation darstellen. Die Aggregation muß nicht notwendigerweise ein physikalisches Enthaltensein ausdrücken, wie es das genannte Beispiel zum Ausdruck bringt.

In Abb. 18 ist die Aggregationsbeziehung grafisch dargestellt. Sie wird mittels eines Dreiecks auf der Verbindungslinie zwischen den beiden beteiligten Klassen symbolisiert. Das Dreieck zeigt mit der Spitze dabei zum „Ganzen". Da Aggregationsbeziehungen eine Hierarchiefolge ausdrücken, ist es üblich, die Klassen entsprechend vertikal anzuordnen. In Abb. 18 ist konkret dargestellt, daß ein Modell aus einem oder mehreren Bausteinen bestehen darf. Ein Baustein ist genau in einem Modell enthalten. Außerdem sind in der Abbildung ausnahmsweise die notwendigen Attribute zur programmtechnischen Herstellung der Aggregation ausgewiesen (*id_modell, id_baustein*). Es sei angemerkt, daß es sich bei der Klasse *Baustein* um eine abstrakte Klasse ohne Objekte handelt, die Aggregationsbeziehung vererbt sich jedoch auch auf alle Nachfahren der Klasse *Baustein*.

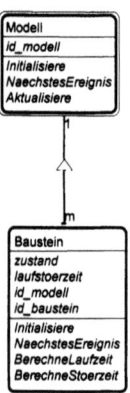

Abb. 18. Darstellung einer 1:m-Aggregation zwischen Objekten der Klasse *Modell* und Objekten der Nachfahren der Klasse *Baustein*.

Aggregationen können in Programmiersprachen z.B. dadurch umgesetzt werden, daß die Definition einer Klasse als Typ eines Attributs z.B. eine andere Klasse benutzt (vgl.

2.3 Grundlagen objektorientierter Vorgehensweisen

Abb. 19). So wird bei dem Beispiel das Simulationsmodell z.B. über eine Liste aller im Modell enthaltenen Bausteine verfügen. Diese Liste aller Bausteine eines Modells könnte wiederum eine spezielle Form einer verketteten Liste sein und durch Vererbung aus dieser spezifiziert worden sein. Ein Objekt der Klasse *Modell* könnte dann z.B. die Methode *Aktualisiere* ausführen, indem es seine Liste von Bausteinen durchgeht und jeweils die Methode *Aktualisiere* für jedes Listenelement bzw. für jeden Baustein aufruft.

```
 1 TYPE
 2
 3 Bausteinliste = OBJECT(Liste)
 4 ...
 5  PROCEDURE Zeige;
 6  ...
 7 END;
 8
 9 Baustein = OBJECT(Listenelement)
10 ...
11  PROCEDURE Aktualisiere (zeitraum : Cardinal)
12  ...
13
14  PRIVATE
15  id_baustein  : Cardinal
16  id_modell    : Cardinal
17  zustand      : (betriebsbereit, gestört)
18  ...
19 END
20
21 Modell = OBJECT
22 ...
23  PROCEDURE Aktualisiere (zeitraum: Cardinal)
24  ...
25   PRIVATE
26   ...
27    ListeAllerBausteine : Bausteinliste
28 ...
29 END
```

Die Elemente der Bausteinliste sind Spezialisierungen allgemeiner Listenelemente.

Die Bausteinliste ist im Modell als Attribut enthalten bzw. aggregiert.

Abb. 19. Definition einer 1:m-Aggregation zwischen der Klasse *Modell* und *Baustein* in einem objektorientiertem Pseudocode.

Implizit verfügt ein Objekt, das ein Typ eines Attributs und somit ein Teil eines anderen Objekts (Ganzen) ist, über eine Aggregationsbeziehung auf das Ganze. Das Ganze kann über diese Beziehung, wie erläutert, Nachrichten an seine Teile versenden.

2.3.3 Dynamisches Modell

Nachdem der statische Teil der objektorientierten Vorgehensweise mit der Erläuterung der strukturierenden Beziehungen abgeschlossen ist, wird nun der dynamische Teil der objektorientierten Vorgehensweise behandelt. Zu diesem Teil gehören
- der Austausch von Nachrichten,
- der Polymorphismus von Objekten,
- Zustandsdiagramme und
- Szenarios.

a) Nachrichten

Die Kommunikation der Objekte erfolgt über Nachrichten. Eine Nachricht setzt sich zusammen aus dem Absender und dem Empfänger der Nachricht, sowie dem Namen der Methode (Methodenkopf), die beim Empfänger aufgerufen werden soll. Der Absender selbst weiß nur, daß die Nachricht beantwortet wird; er weiß nicht, wie die Nachricht beantwortet wird. Der Empfänger hingegen sucht nach Empfang der Nachricht den passenden Methodenrumpf und führt diesen dann aus. Ist die Methode in der Klasse des Empfängers nicht definiert, dann wird eine eventuelle Oberklasse nach der entsprechenden Methode durchsucht. Als Ergebnis der Ausführung einer Methode kann sich z.B. der interne Zustand des Objekts ändern, es können aber auch Ergebnisse an den Absender zurückgeliefert und/oder weitere Nachrichten versendet werden. Die Notation eines Nachrichtenaufrufes ist in Abb. 20 dargestellt.

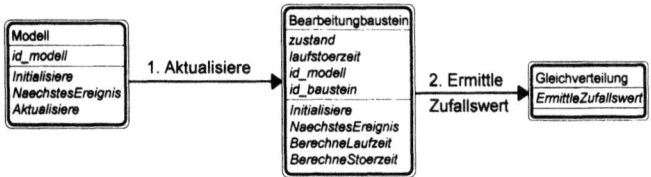

Abb. 20. Darstellung einer Nachrichtenverbindung zwischen Objekten der Klassen *Modell*, *Bearbeitungsbaustein* und *Gleichverteilung*.

Der Absender ist in Abb. 20 ein Objekt der Klasse *Modell* bzw. *Bearbeitungsbaustein* und der Empfänger ist ein Objekt der Klasse *Bearbeitungsbaustein* bzw. *Gleichverteilung*. Die Nachrichtenverbindung wird durch einen Pfeil dargestellt, der vom Sender zum Empfänger gerichtet ist. Eine Nachrichtenverbindung kann beschriftet und nu-

2.3 Grundlagen objektorientierter Vorgehensweisen

meriert werden, um die Nachricht genauer zu kennzeichnen bzw. die zeitliche Abfolge von mehreren Nachrichtenverbindungen in einem Szenario auszudrücken. Bestehen viele Nachrichtenverbindungen von den Objekten einer Klasse zu Objekten anderer Klassen, so wird ein „Dreizack" zur Andeutung dieser vielfältigen Nachrichtenbeziehungen verwendet.

Das Beispiel in Abb. 20 geht auf die bereits für die Darstellung einer Assoziation und Aggregation herangezogenen Beispiele in Abb. 16 und Abb. 18 zurück. Es sei angemerkt, daß in Abb. 20 aus den Klassen *Baustein* und *Verteilung* durch Vererbung abgeleitete Klassen dargestellt sind. Inhaltlich sind die Nachrichtenverbindungen wie folgt zu interpretieren: Im Rahmen der Ausführung der Methode *Aktualisiere* sendet ein Objekt der Klasse *Modell* an alle in ihm enthaltenen „Bausteine" eine Nachricht 1 mit der Aufforderung, eine Aktualisierung durchzuführen. Ein Objekt der Klasse *Bearbeitungsbaustein* geht dabei eventuell vom Zustand „funktionsfähig" in den Zustand „gestört" über. Um die Dauer dieses Zustands zu ermitteln, sendet es dann im Rahmen der Ausführung der Methode *BerechneStoerzeit* eine Nachricht 2 an ein Objekt der Klasse *Gleichverteilung*, mit der es das Objekt der Klasse *Gleichverteilung* auffordert, eine Zufallszahl für die Stördauer zu ermitteln. Der Wert für die Stördauer wird dann nach Ausführung der Methode *ErmittleZufallswert* an das Objekt der Klasse *Bearbeitungsbaustein* zurückgeliefert.

Die Beziehung zwischen den Objekten wird in diesem Zusammenhang wiederum als Benutzt-Beziehung oder Client-/Serverbeziehung bezeichnet. Das Objekt der Klasse *Bearbeitungsbaustein* tritt hier z.B. als Client gegenüber der Klasse *Gleichverteilung* und als Server gegenüber der Klasse *Modell* auf.

b) Polymorphismus

Der Polymorphismus ist eine Konsequenz aus der Möglichkeit, Vererbungsbeziehungen zwischen Klassen definieren zu können. Er beschreibt die Eigenschaft der Vielgestaltigkeit von Objekten einer Klassenvererbungshierarchie zur Laufzeit. In monomorphen Sprachen wie PASCAL oder COBOL besitzen Operatoren und Operanden bzw. verlangen Prozeduren und Funktionen einen festen Typ, der zur *Übersetzungszeit* bekannt ist. In polymorphen Programmiersprachen existiert diese Einschränkung nicht. Es kann bei dem Versenden einer Nachricht zur Übersetzungszeit nicht entschieden werden, welcher Typ bzw. welcher Klasse einer Klassenhierarchie das Empfängerobjekt zugeordnet werden kann. Dieses hat zur Folge, daß zur Übersetzungszeit nicht festgelegt werden kann, welche - eventuell verfeinerte - Methode auszuführen ist. Diese Entscheidung wird erst zur Laufzeit getroffen. Sie wird mittels des dynamischen Bindens eines Methodenrumpfes zu einem Methodenaufruf umgesetzt. Der Polymorphismus ist besonders dann sinnvoll einsetzbar, wenn an eine Menge von Objekten unterschiedlicher Klassen, die aber aus ein- und derselben Klassenhierarchie stammen, dieselbe Nachricht verschickt werden soll, wie z.B. bei einer Liste, die unterschiedliche Listenelemente bzw. Bausteine enthält.

Dieses soll an dem folgenden Beispiel in Abb. 21 verdeutlicht werden: Es handelt sich um ein typisches Problem bei der Entwicklung und Erweiterung eines bausteinorientierten Simulators für den speziellen Bereich der Aktualisierung des Modellzustands. Eine Aktualisierung des Modellzustands ist - bei Simulation ohne Verwendung einer Ereignisliste - zurückzuführen auf eine Aktualisierung aller Bausteine des Modells. Es ist der konventionelle dem objektorientierten Sprachansatz gegenübergestellt. Ein Modell besteht aus vielen unterschiedlichen Objekten bzw. Bausteinen, die aber alle einer Klassenhierarchie entstammen; die Ursprungsklasse ist die Klasse *Baustein*. Jede Klasse dieser Vererbungshierarchie besitzt eine Methode *Aktualisiere*, die die bausteinspezifische Aktualisierung des Bausteinzustands vornimmt.

Monomorpher Sprachansatz

```
1  PROCEDURE ModellAktualisiere
2  (zeitraum: Cardinal)
3
4  BEGIN
5  FOR i := 1 TO anzBausteine DO
6    CASE modell[i].bausteinvariante OF
7      ba : BeaAktu(modell[i], zeitraum)
8      fo : FoeAktu(modell[i], zeitraum)
9      la : LagAktu(modell[i], zeitraum)
10     ...
11   END
12 END
```

Polymorpher Sprachansatz

```
1  PROCEDURE Modell.Aktualisiere
2  (zeitraum: Cardinal)
3
4  BEGIN
5  modell.bausteineListe.GeheZumAnfang
6  WHILE modell.bausteinliste.NichtLeer DO
7    temp := modell.bausteinliste.HoleNaechstes
8    temp.Aktualisiere(zeitraum)
9    modell.bausteinliste.Update(temp)
10 END
11 END
```

Bei dem Versenden dieser Nachricht wird der Polymorphismus mittels des dynamische Bindens genutzt.

Abb. 21. Gegenüberstellung eines monomorph und polymorph formulierten Programmierbeispiels.

In Abb. 21 ist im linken Teil ein Simulationsmodell als ein Feld bzw. Array *modell[1..n]* vereinbart worden. In dem Feld sind die Bausteine des Simulationsmodells, z.B. Bearbeitungsbausteine, Förderbausteine, Lagerbausteine etc., abgelegt. In monomorphen Sprachen kann man variante Records mit einem Variantenmarkierfeld verwenden, um eine Modellaktualisierung durchzuführen. Je nach dem Wert des Variantenmarkierfeldes in Zeile 6 liegt ein anderer Datentyp vor, nämlich entweder eine Ma-

2.3 Grundlagen objektorientierter Vorgehensweisen

schine, eine Förderstrecke, ein Lager usw. Die Aktualisierung ist für jeden Datentyp unterschiedlich durchzuführen. Im linken Teil der Abb. 21, also im klassischen Sprachansatz, wird das Variantenmarkierfeld ausgewertet und in einer Fallunterscheidung von Zeile 6 bis Zeile 11 die zum jeweils im varianten Record vorliegenden Typ passende Aktualisierungsoperation ausgeführt. Die Anzahl der Varianten muß zur Übersetzungszeit vollständig definiert sein, da andernfalls ein Laufzeitfehler auftritt.

Bei dem polymorphen Sprachansatz im rechten Teil der Abb. 21 ist diese Vorgehensweise nicht mehr notwendig. Hier liegen die Bausteine bzw. Objekte als eine verkettete Liste vor (vgl. Abb. 18 und Abb. 19). Die Objekte entstammen jeweils der Klasse *Baustein*, in der die Methode *Aktualisiere* spezifiziert ist. Zur Übersetzungszeit kann im rechten Teil der Abbildung nicht entschieden werden, welcher Methodenrumpf beim Versenden bzw. Empfangen der Nachricht *Aktualisiere* in Zeile 8 auszuführen ist. Denn je nach Klassenzugehörigkeit des Bausteins bzw. Listenelements kann der Methodenrumpf der Methode *Aktualisiere* der Klasse *Bearbeitungsbaustein, Förderbaustein, Lagerbaustein* usw. gemeint sein. Diese Entscheidung wird daher erst zur Laufzeit getroffen. Es wird dann die Klassenzugehörigkeit des an dieser Stelle der Liste vorliegenden Objektes überprüft. Anschließend würde für dieses Beispiel der Methodenkopf „Aktualisiere" in der ermittelten Klasse gesucht. Ist er dort nicht vorhanden, wird jeweils die Oberklasse durchsucht, bis der entsprechende Methodenkopf gefunden wird und der zum Methodenkopf passende Methodenrumpf ausgeführt werden kann. Dieses bedeutet zudem, daß der vererbbare Methodenkopf einer Klasse in einer Klassenhierarchie stets gleich bleibt und die verbindliche Schnittstelle für den Zugriff auf die Daten der Objekte einer Klasse darstellt. Der Methodenrumpf kann dagegen je nach Erfordernissen variieren, was jedoch nach außen hin, d.h. für Objekte anderer Klassen, unsichtbar bleibt.

Das Beispiel in Abb. 21 läßt erahnen, welches Potential im objektorientierten Ansatz verborgen ist: So wären bei einer Erweiterung eines konventionell entwickelten Simulators bei einer Änderung oder Erweiterung z.B. alle CASE-Anweisungen aufzusuchen und zu ändern. Bei der objektorientierten Gestaltung hingegen wäre lediglich sicherzustellen, daß bei einer Änderung oder Erweiterung eine neue Klasse aus der vorhandenen Klassenhierarchie hervorgeht. Änderungen im Programmcode sind wesentlich weniger umfangreich und problematisch.

c) Zustandsdiagramme

Als weitere Darstellung in der OO-Methode nach COAD und YOURDON werden Zustandsdiagramme verwendet. Zustandsdiagramme bieten sich zur Darstellung des dynamischen Objektverhaltens an. Die Attribute und Methoden von Objekten bezwecken letztlich, daß die Objekte auf Nachrichten reagieren und ihren Zustand ändern bzw. die Zustände anderer Objekte manipulieren. Die Ausführung einer Anwendung ist so zurückzuführen auf ständige Zustandswechsel von Objekten bzw. auf den Wechsel der Werte von Attributen. Ein Programm befindet sich daher nach jedem Zeitpunkt der Ausführung eines Befehls in einem bestimmten Zustand, der sich aus den Zuständen der einzelnen Objekte ergibt.

Zustandsdiagramme sind Graphen, deren Knoten „Zustände" repräsentieren und deren gerichtete Linien zwischen den Knoten „Übergangsfunktionen", ausgelöst durch das Eintreten von Ereignissen, zwischen den Zuständen darstellen. Einfache Zustandsdiagramme bestehen aus zwei Symbolen, nämlich den eigentlichen Zuständen und den Übergangsfunktionen mit den Prädikaten zwischen diesen Zuständen. In Abb. 22 ist ein Zustandswechsel eines Objektes der Klasse *Baustein* dargestellt.

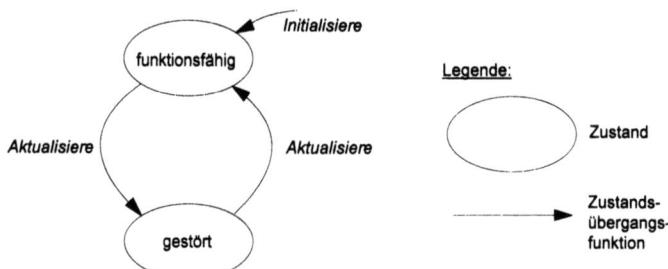

Abb. 22. Beispiel für die Modellierung von Zustandsübergängen mit Zustandsdiagrammen.

Dargestellt ist der Betriebszustand eines Bausteins. Dieser Zustand kann im einfachsten Fall entweder „gestört" oder „funktionsfähig" sein. Die Zustandsübergangsfunktion *Initialisiere* führt bei Erzeugung eines Objektes der Klasse *Baustein* dazu, daß der Zustand „funktionsfähig" angenommen wird. Die Zustandsübergangsfunktion *Aktualisiere* wird im Laufe der Ausführung einer Simulation dann den Zustandswechsel zwischen „gestört" und „funktionsfähig" herbeiführen. Die Zustandsübergangsfunktion ist die Ausführung einer Methode als Reaktion auf den Empfang einer Nachricht.

2.3 Grundlagen objektorientierter Vorgehensweisen

Die Methode wird die entsprechenden Attribute so manipulieren, daß der Zustand des Objektes wechselt. Wie der Zustandswechsel von „funktionsfähig" zu „gestört" erreicht wird, kann detailliert in der zugehörigen Methode und deren Dokumentation nachvollzogen werden.

Zustandsdiagramme sind eine hilfreiche Darstellung, um komplexe dynamische Programmabläufe, die zu Änderungen der Werte von Attributen führen, zu beschreiben.

d) Szenarien

Zur Überprüfung einer Modellierung ist es sinnvoll, den Ablauf „durchzuspielen". Im einfachsten Fall erfolgt dies durch eine „gedankliche" Simulation bzw. ein Rollenspiel: Man untersucht, welche Reaktion der Empfang einer Nachricht auslöst und welche weitere Nachrichten während der Reaktion bzw. Abarbeitung erzeugt werden. Man benutzt hierzu auch den Begriff des „Szenarios". Ein Szenario ist in diesem Zusammenhang eine Folge von Interaktionen zwischen Objekten bzw. Klassen in zeitlicher Reihenfolge, die notwendig sind, um auf eine Nachricht zu reagieren bzw. eine bestimmte Anforderung zu erfüllen. Zur Darstellung der Arbeitsergebnisse in dieser Arbeit wird im folgenden daher im wesentlichen mit Szenarien gearbeitet. Zu diesem Zweck wird jeweils nur ein begrenzter Ausschnitt aus einem Klassendiagramm gezeigt, in dem alle für das Szenario wichtigen Klassen, Methoden, Attribute und Beziehungen abgebildet werden. Für das Szenario unwichtige Details werden „ausgeblendet" bzw. verschwiegen. Ein möglicher und jeweils interessierender Ablauf im Szenario wird verbal beschrieben.

2.3.4 Schichten- und Komponentenmodell

Neben der Möglichkeit, die Übersicht über eine Vielzahl von Klassen durch Bildung von „Subjekten" zu behalten, sehen COAD und YOURDON insbesondere bei komplexen Systementwicklungen eine Schichtung und Aufteilung der verschiedenen zuvor genannten objektorientierten Beschreibungsmittel in größere Komponenten vor. Die Schichten kann man sich als übereinander gelegte „Folien" vorstellen. Gegenüber den Subjekten, die gedanklich einen vertikalen Schnitt durch die Anwendung machen, erhält man durch die Bildung von Schichten weitere horizontale Schnitte bzw. Sichtweisen auf die Anwendung (vgl. Abb. 23).

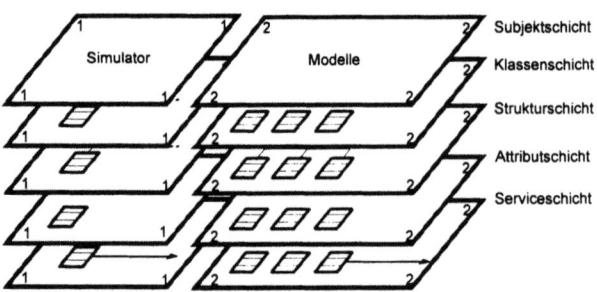

Abb. 23. Schichtenmodell nach COAD und YOURDON.

In den fünf Schichten werden jeweils nur bestimmte Sichtweisen bzw. Ausschnitte der Anwendung dargestellt:

- Subjektschicht
  Die Darstellung entspricht den Ausführungen, die bereits unter Punkt 2.3.1 e) gemacht worden sind. Das Anwendungsgebiet wird in grob abgrenzbare Teilbereiche aufgeteilt.
- Klassenschicht
  In der Klassenschicht werden ausschließlich die Namen der Klassen und Objekte dargestellt.
- Strukturschicht
  In der Strukturschicht sieht man nur die Namen der Klassen und Objekte sowie deren Beziehungen zueinander, nämlich Vererbungs-, Assoziations- und Aggregationsbeziehungen.
- Attributschicht
  In der Attributschicht sieht man nur die Namen der Klassen und Objekte sowie die zu den Klassen zugehörigen Attribute.
- Serviceschicht
  In der Serviceschicht werden die Namen der Klassen und Objekte, die Services bzw. Methoden und die Nachrichtenverbindungen dargestellt.

Zusätzlich zu dem vertikalen und dem horizontalen Einschränken der Sichtweise unterteilen COAD und YOURDON die zu modellierende Anwendung noch in vier große Komponenten. Zu den vier großen Komponenten einer Anwendung gehören die Benutzeroberfläche, die eigentliche Anwendungsgebietskomponente, die Verarbeitungs-

2.3 Grundlagen objektorientierter Vorgehensweisen

bzw. Echtzeitsteuerungskomponente und die Datenmanagementkomponente. Jede dieser Komponenten kann weitgehend für sich modelliert werden (vgl. Abb. 24).

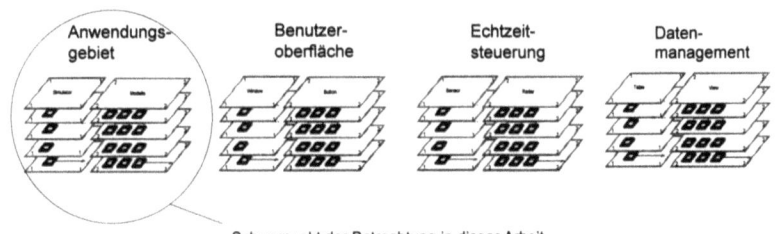

Abb. 24. Die vier Komponenten einer Anwendung.

Die beispielhaften Subjekte in der Abb. 24 in den vier dargestellten Komponenten einer Anwendung sind natürlich nicht fest vorgegeben, sie werden vielmehr vom Entwickler definiert. Die Entwicklung einer kompletten objektorientierten Benutzeroberfläche oder eines objektorientierten Datenmanagements ist angesichts der heutigen objektorientierten Entwicklungswerkzeuge nicht mehr vollständig notwendig. Vielmehr kann auf zur Verfügung gestellte Klassen zurückgegriffen werden. Diese können z.B. für die individuell zu erzeugende oder aber sich an einen Standard haltende Benutzeroberfläche eines Simulators „benutzt" oder auch „erweitert" werden.

In dieser Arbeit wird schwerpunktmäßig nur die Anwendungsgebietskomponente eines objektorientierten Simulators mit dem Ziele der Parallelisierung des Simulationsverfahrens behandelt. Eine Verarbeitungssteuerungskomponente ist von COAD und YOURDON vorgesehen, wenn Echtzeitaufgaben zu steuern und zu koordinieren sind. Dies ist z.B. bei einer Anwendung zur Flugraumkontrolle mittels Radarüberwachung, so das Beispiel von COAD und YOURDON, notwendig, nicht jedoch bei dem hier zu entwickelndem Simulator. Die Datenmanagementkomponente behandelt schließlich die Modellierung der Klassen und Objekte, die notwendig sind, um die jeweils dauerhaft zu speichernden Klassen und Objekte des Anwendungsgebietes abzulegen. Aufgabe dieser Komponente ist es, die Datenverwaltung z.B. in einer relationalen Datenbank oder in sequentiellen Dateien „zu kapseln". Auf die Datenmanagementkomponente wird in dieser Arbeit ebenfalls nicht eingegangen.

2.4 Nutzen der objektorientierten Systementwicklung

Um den Nutzen des objektorientierten Ansatzes zu unterstreichen, soll nochmals demonstriert werden, wie sich die genannten Defizite der strukturierten Systemanalyse beheben lassen. Einzugehen ist daher im einzelnen auf
- die vergleichsweise starren Phasenkonzepte,
- die unterschiedlichen Sichtweisen auf ein Modellierungsproblem,
- die Darstellungsbrüche zwischen verschiedenen Entwicklungsphasen und
- die unzureichende Übertragbarkeit von „strukturierten" Analyse- und Designergebnissen in objektorientierte Programmiersprachen.

a) Starres Phasenkonzept

Die objektorientierten Vorgehensweisen stellen das Wasserfallmodell und auch das Spiralmodell zur Diskussion. Nach TAYLOR (1992) hat die weitgehend strikte Trennung und Abfolge der einzelnen Phasen zur Konsequenz, daß jeweils Spezialisten für Analyseaufgaben, Designaufgaben usw. benötigt werden. Dieses führt wiederum zu zusätzlichem Koordinierungsaufwand. Ergebnisse in Form der fertigen Anwendung stehen erst relativ spät zur Verfügung. Prinzipiell wird bei der objektorientierten Vorgehensweise an den verschiedenen Phasen der Softwareentwicklung festgehalten, lediglich das Durchlaufen dieser Phasen wird modifiziert. MEYER (1989) entwickelte ein Cluster-Modell, das sich ebenso wie das Fontänenmodell von HENDERSON-SELLERS und EDWARDS (1990) am Wasserfallmodell orientiert. Als neuerer Vorschlag wird von COAD und YOURDON (1991b, S. 22), COAD und NICOLA (1993, S. 11 f.), BERARD (1993) oder BOOCH (1994, S. 312 f.) eine noch stärkere inkrementelle Vorgehensweise ähnlich dem Spiralmodell favorisiert:

Ein jeweils abgrenzbarer Teil des Problemgebiets, z.B. ein Subjekt, wird analysiert, entworfen und implementiert bis schließlich das Gesamtsystem fertig ist, d.h. die Phasen Analyse, Design und Implementierung existieren auch hier, wobei eine eigene Testphase von den Autoren nicht explizit erwähnt wird. Speziell mit dem Testen von objektorientiert entwickelter Software beschäftigen sich SNEED (1995) sowie SMITH und ROBSON (1992). COAD und NICOLA bezeichnen die Vorgehensweise als „Baseball-Modell". Dieses Modell ist in Abb. 25 zu sehen.

Das „Baseball-Modell" soll zu schnell greifbaren Ergebnissen führen, die als Grundlage für eine Diskussion mit den Anwendern dienen und so das Risiko einer falschen Entwicklung noch stärker reduzieren sollen als bisher. Nach COAD und NICOLA

2.4 Nutzen der objektorientierten Systementwicklung

sollten zu diesem Zweck zunächst einfachere vor schwierigeren Klassen sowie insbesondere die Benutzerschnittstelle, basierend auf einer vorhandenen Klassenbibliothek, in ihrer grundsätzlichen Form entwickelt werden. Weiterhin sollten zunächst die Komponenten entwickelt werden, die den zukünftigen Anwendern am wichtigsten erscheinen.

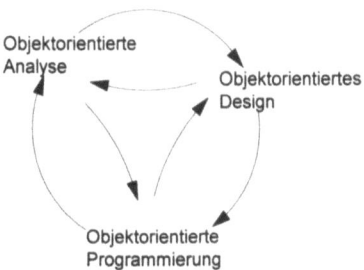

Abb. 25. „Baseball-Modell" des objektorientierten Softwareentwicklungsprozesses nach COAD und NICOLA (1993, S. 12).

b) Verschiedene Sichtweisen innerhalb einer Phase

Bei den OO-Diagrammen werden die Datenspeicher der Datenflußdiagramme und die Entitätsmengen der Datenmodelle durch Klassen und Objekte ersetzt. Die Attribute werden in der Klasse angegeben. Welche Prozesse ausgeführt werden, wird durch die Methoden der Klassen und die Nachrichtenverbindungen ausgedrückt. Da auch die Beziehungen zwischen den Klassen in der Strukturschicht (vgl. Abb. 23) visualisiert werden, können OO-Diagramme als eine Kombination von Datenfluß- und ER-Diagrammen angesehen werden.

Wie nun z.B. die Darstellung in Abb. 1 als Objektdiagramm aussieht, soll noch nicht an dieser Stelle sondern erst im Kapitel 4 erläutert werden. Es sollte jedoch schon aus den Ausführungen in Kapitel 2.3 klar geworden sein, daß sich die getrennte Darstellung eines DV-Anwendungssystems in einem DFD-Diagramm und einem ER-Diagramm mittels der aufgeführten Komponenten in einem OO-Diagramm vereinen läßt. Die Klasse und die zugehörigen Objekte tragen alle wichtigen Informationen. Alle strukturierenden Beziehungen und auch die dynamische Komponente des Nachrichtenaustausches werden dargestellt. Die unglückliche Trennung wird somit aufgehoben.

c) Darstellungsbrüche zwischen einzelnen Phasen

Das Problem der Phasenbrüche stellt sich bei der objektorientierten Vorgehensweise so, wie beschrieben, ebenfalls nicht mehr dar. Die Übergänge von der objektorientierten Analyse zum objektorientiertem Design und zur objektorientierten Implementierung sind nach dem Baseball-Modell fließend. In dem dieser Arbeit zugrundeliegenden Ansatz von COAD und YOURDON werden in der Analysephase zunächst nur solche Klassen und Objekte modelliert, die originär dem betrachteten Anwendungsgebiet, z.B. der Simulation von Materialflußsystemen, zugeordnet werden können, wie z.B. Bearbeitungsbausteine. In der Designphase werden hingegen zusätzliche Objekte betrachtet, die zur Umsetzung in eine DV-Anwendung benötigt werden, typischerweise z.B. Objekte zur Verwaltung einer Benutzeroberfläche oder von dauerhaft zu speichernden Objekten.

Ein spezifisches Moduldiagramm braucht nicht mehr entworfen zu werden, da die Klassen bereits informationell gebundene Module darstellen. Die Benutzt-Beziehungen werden in der Serviceschicht (vgl. Abb. 23) zum Ausdruck gebracht. Jede Nachrichtenverbindung stellt letztendlich eine „Benutzt-Beziehung" dar, weil eine Klasse die „Services" einer anderen Klasse benutzt.

d) Unzureichende Übertragbarkeit

Die Definition von Klassen kann in objektorientierte Programmiersprachen, wie in Abb. 9 gezeigt, nahezu 1:1 übernommen werden. Hierzu wird die Typ-Deklaration der Programmiersprache um entsprechende Sprachkonstrukte erweitert. Diese Konstrukte erlauben die Definition eines Klassennamens und eines Vorfahrens. Die Attribute können ähnlich der Record-Struktur bei PASCAL deklariert werden. Genauso werden die Methoden bzw. die Methodenköpfe der Klassen in dieser Record-Struktur deklariert (analog zur Export-Schnittstellenvereinbarung bei Modulen in MODULA) und eventuell durch Schlüsselwörter als modifizierbar für nachfolgende Erben gekennzeichnet.

Bei der Anwendung der objektorientierten Vorgehensweise ergeben sich daher insgesamt wesentlich weichere Phasenübergänge (vgl. Abb. 26 in Analogie zur Abb. 4).

2.5 Auswahl einer objektorientierten Entwicklungsmethode

Abb. 26. Phasenübergänge bei der objektorientierten Systementwicklung.

2.5 Auswahl einer objektorientierten Entwicklungsmethode

Objektorientierte Vorgehensweisen setzen auf den strukturierten Vorgehensweisen auf und versuchen durch den Einsatz geeigneter neuer Konzepte und Sichtweisen an den in Kapitel 2.1 genannten Schwachpunkten anzusetzen und diese auszuräumen. Es handelt sich daher nicht um revolutionäre sondern vielmehr um evolutionäre Konzepte.

Die erste als objektorientiert bezeichnete Methode ist von BAILIN (1989) veröffentlicht worden. Seitdem sind eine Reihe von Vorgehensweisen für die Entwicklung von objektorientierten DV-Anwendungen bzw. Softwaresystemen hinzugekommen. STEIN (1994) hat 41 verschiedene Methoden betrachtet, die mehr oder weniger den „objektorientierten" Konzepten zugeordnet werden. Letztendlich werden von STEIN die vierzehn in Tab. 2 aufgeführten Methoden detaillierter untersucht und bewertet.

STEIN verwendet dafür ein in vier Bereiche bzw. Makrokomponenten aufgeteiltes Vergleichsschema (vgl. STEIN 1994, S. 46). Makrokomponenten stellen elementare Bereiche der methodischen Unterstützung bei der Modellierung von DV-Anwendungen dar. Hierzu zählen:

- Die Basiskomponenten. Sie beinhalten die Unterstützung bzgl. der Grundvoraussetzungen für eine Analyse- und Designmethode, um Systeme abbilden zu können.
- Die Strukturkomponenten. Sie umfassen die Unterstützung der Methoden bei strukturgebenden Konzepten, wie z.B. der Möglichkeit, Assoziationen zwischen Komponenten eines Systems zu definieren.
- Die Dynamikkomponenten. In diesem Bereich wird von STEIN verglichen, inwieweit die Methoden die Modellierung dynamischer Vorgänge unterstützen.
- Die Echtzeitkomponenten. Dieser Bereich beschäftigt sich mit dem Vergleich der Methoden bzgl. der speziellen Modellierung von Echtzeitsystemen.

Tab. 2. Objektorientierte Methoden der Systementwicklung.

Name der Methode		Autoren
OOS	Object-Oriented Specification	Bailin (1989)
RDD	Responsibility Driven Design	WIRFS-BROCK u.a. (1990)
OOD	Object-Oriented Design	BOOCH (1991)
OOA	Object Oriented Analysis	COAD und YOURDON (1991a)
OMT	Object Modelling Technique	RUMBAUGH u.a. (1991)
OOSA	Object Oriented Systems Analysis	SHLAER und MELLOR (1988 und 1991)
OSA	Object Oriented Systems Analysis	EMBLEY u.a. (1992)
OBA	Object Behaviour Analysis	RUBIN und GOLDBERG (1992)
BON	Business Object Notation	NERSON (1992)
OOSE	Object Oriented Software Engineering	JACOBSEN u.a. (1992)
OOA&D	Object Oriented Analysis & Design	MARTIN und ODELL (1992)
OOO	Object Oriented Analysis, Design & Implementation	HENDERSON-SELLERES (1992)
MWO	Modelling the World with Objects	SULLY (1993)
OOCM	Object Oriented Conceptual Modelling	DILLON und TAN (1993)

Jede dieser vier Makrokomponenten wird sowohl bzgl. der methodischen Unterstützung, d.h. der Methodenkomponenten, untersucht als auch hinsichtlich einem feineren Vergleichsschema, nämlich der Anzahl der sogenannten unterstützenden Mikrokomponenten.

Methodenkomponenten sind Grundelemente der objektorientierten Vorgehensweise. Im Bereich der Basiskomponenten zählt z.B. die Möglichkeit der Spezifizierung einer „Klasse" zu den Methodenkomponenten.

Mikrokomponenten sind detailliertere Betrachtungen bzw. Verfeinerungen methodischer Betrachtungen. Hier untersucht STEIN z.B., ob die objektorientierte Vorgehensweise bzgl. der Methodenkomponente „Klasse" auch das Konzept „persistenter Klassen" unterstützt.

Inwieweit eine der 14 von STEIN untersuchten objektorientierten Vorgehensweisen ein untersuchtes Kriterium erfüllt, wird mittels eines detaillierten Punktevergabesystems entschieden (vgl. hierzu STEIN 1994, S. 46 f.). Die betrachteten objektorientierten Vorgehensweisen werden schließlich bzgl. ihrer Verwendbarkeit in den Bereichen

2.5 Auswahl einer objektorientierten Entwicklungsmethode

- kommerzielle Systeme,
- technische Systeme und
- Echtzeitsysteme

untersucht. Zu diesem Zweck werden die Bewertungen der einzelnen Komponenten nochmals gewichtet und es werden KO-Kriterien vorgeschlagen. Dieses Vorgehen ist einleuchtend, da z.B. bei der Entwicklung von Informationssystemen im kommerziellen Bereich kaum Probleme der Echtzeitverarbeitung auftreten.

Aufgrund der von STEIN vorgenommenen Definitionen und dem Allgemeinverständnis stellt ein Simulator in erster Linie ein technisches System bzw. eine technische DV-Anwendung dar. Von den 14 untersuchten objektorientierten Methoden wird neben vier anderen Methoden auch die Methode von COAD und YOURDON (1991a) für diesen Bereich als besonders geeignet hervorgehoben. 3 Methoden verletzen das KO-Kriterium, d.h. sie sind nur unzureichend veröffentlicht, und 6 Methoden sind für ein technisches Anwendungsgebiet weniger geeignet (vgl. STEIN 1994, S. 85). Die Methode von COAD und YOURDON wäre somit für diese Arbeit geeignet.

Die Entscheidung für diese Arbeit fiel allerdings bereits schon 1991 für die Methode nach COAD und YOURDON, also drei Jahre vor dem Erscheinen der vergleichenden Untersuchung. Ausschlaggebend für die Methode nach COAD und YOURDON war damals die frühe Verfügbarkeit, die sehr gute Erläuterung und Darstellung, die schnelle Verbreitung und schließlich die relativ frühe Bereitstellung von CASE-Werkzeugen. Die Untersuchung von STEIN hat dann im Verlaufe dieser Arbeit, wie geschildert, zu einer Bestätigung der vorgenommen Auswahl dieser Methode geführt.

Insgesamt gesehen, bietet die OO-Methode von COAD und YOURDON nach Auffassung des Autors genügend Möglichkeiten, auch große DV-Anwendungsentwicklungen mittels der dargestellten Techniken in überschaubare und damit faßbare Teilbereiche zu zerlegen. So wird als objektorientierte Methode der Systemanalyse für diese Arbeit der Ansatz von COAD und YOURDON zugrundegelegt.

3 Die Gestaltung von Materialflußsystemen

In diesem Kapitel wird das zu simulierende System, das sogenannte Materialflußsystem, erläutert und eingegrenzt. Dazu wird in Kapitel 3.1 zunächst ein Materialflußsystem im Sinne dieser Arbeit charakterisiert und gegenüber einem umfassenderen Verständnis abgegrenzt. In Kapitel 3.2. werden Anforderungen an Materialflußsysteme und in Kapitel 3.3. Bewertungsmaßstäbe für Materialflußsysteme definiert. Kapitel 3.4. beinhaltet schließlich eine kurze Auflistung der verschiedenen Methoden, die zum Erreichen der Anforderungen bzw. zum Bewerten von Materialflußsystemen eingesetzt werden können. In Kapitel 3.5 wird schließlich die Simulationsmethode erläutert, die im Bereich der Bewertung von Materialflußsystemen sehr häufig zum Einsatz kommt, und die die Basis für eine Verfahrenserweiterung hinsichtlich einer Parallelverarbeitung in dieser Arbeit ist.

3.1 Grundlagen und Abgrenzung eines Materialflußsystems

Die Definition eines Materialflußsystems wird durch unterschiedliche „Weltbilder" bzw. Blickwinkel geprägt. Im folgenden werden daher Definitionen aus unterschiedlichen Sichtweisen vorgenommen.

Vor einem produktionslogistischen Hintergrund ist ein Materialflußsystem ein logistisches Teilsystem, welches die Bewegung von Materialien bzw. Gütern in einem technischen System steuert und ausführt. Darüber hinausgehend wird in dieser Arbeit der Begriff des Materialflußsystems insbesondere auch unter dem Gesichtspunkt der Erzeugung und Bearbeitung von Gütern gesehen.

Aus einer eher ökonomischen Betrachtungsweise würde man ein Materialflußsystem als ein Produktionssystem betrachten, in dem Produktionsfaktoren (Fertigungsmaterial, menschliche Arbeit, Energie) mit Produktionsmitteln (Werkzeuge, Vorrichtungen, Maschinen, Apparate) in Erzeugnisse umgewandelt werden.

Ein Materialflußsystem wird in beiden Fällen über die Komponenten definiert, aus denen es sich zusammensetzt. FELDMANN und SCHMIDT (1988) definieren zunächst ein Produktionssystem ebenfalls auf der Basis der beteiligten Komponenten bzw. Bereiche, insbesondere der Fertigung, der Montage, der Lagerhaltung und dem Transportsystem (vgl. Abb. 27).

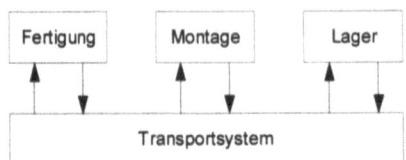

Abb. 27. Prinzipieller Aufbau eines Produktionssystems nach FELDMANN und SCHMIDT (1988, S. 12).

Die Betriebsmittel sind u.a. Werkzeugmaschinen, Lagerplätze und Förderanlagen. Betriebsmittel sind nicht in beliebiger Kapazität vorhanden; jedes Produktionssystem beinhaltet somit Betriebsmittel, die einen Engpaß bzw. Flaschenhals darstellen (z.B. Kapazitätsengpässe). Engpässe sind üblicherweise zudem von dynamischer Natur. Sie können z.B. je nach der Zusammensetzung der zu produzierenden Produkte (Produktmix) und abhängig von anderen äußeren Faktoren über der Zeit an verschiedenen Stellen des Produktionssystems auftreten. Zu einem Produktionssystem gehören Aufträge, in denen angegeben wird, zu welcher Zeit bestimmte Produkte in einer bestimmten Menge in dem Produktionssystem herzustellen sind, und in welcher Reihenfolge sie dazu die vorhandenen Betriebsmittel benötigen. Aufgrund der vorhandenen Engpässe, aus Optimierungs- und technischen Gründen ist es notwendig, die Betriebsmittelanforderungen in eine (zeitlich) bestimmte Reihenfolge zu überführen, die für einen einzelnen Auftrag oft nicht optimal ist. Die Organisationsform eines Produktionssystems beschreibt schließlich die Art und Weise der Zuordnung von Betriebsmitteln zu Aufträgen. Sie regelt somit, welche Steuerungsformen und Strategien eingesetzt werden, um die Reihenfolge der Betriebsmittelanforderungen herzustellen. Der rein technische Produktionsprozeß in einem Produktionssystem, auch als Primärbereich bezeichnet, ist gewöhnlich kaum beeinflußbar. In der Regel ist dieser Produktionsprozeß

- örtlich getrennt,
- zeitlich sequentiell aufgegliedert und
- von unterschiedlich langer Dauer.

Das größte Potential zur Effizienzsteigerung eines Produktionssystems liegt in der Verbesserung des Materialflusses, d.h. in den sogenannten Nebenfunktionen. Insofern kann man ein Materialflußsystem als eine Nebenfunktion eines Produktionssystems betrachten. Der VDI (1973) definiert ein solches Materialflußsystem als die

3.1 Grundlagen und Abgrenzung eines Materialflußsystems

„Verkettung aller Vorgänge beim Gewinnen, Be- und Verarbeiten sowie bei der Verteilung von stofflichen Gütern innerhalb festgelegter Bereiche".

Aber auch diese weitere Eingrenzung läßt noch ein weites Feld von möglichen Ausprägungen eines Materialflußsystems zu und bedarf deswegen einer genaueren Betrachtung bzgl. der Verwendung in dieser Arbeit. DOLEZALEK und WARNECKE (1981, S. 79) definieren den Materialfluß bzw. die Nebenfunktion aufgrund der räumlichen Ausdehnung. Sie unterscheiden dabei 4 Stufen bzw. „Ordnungen". Diese Aufteilung ist auch für die Abgrenzung eines Materialflußsystems in dieser Arbeit hilfreich und daher in Tab. 3 dargestellt.

Tab. 3. Ordnungen des Materialflusses nach DOLEZALEK und WARNECKE (1981).

Räumlicher Bereich	Materialfluß	Untersuchungsgegenstand	Untersuchungsergebnisse beeinflussen...
1. Werk, Lager, Lieferanten und Kunden als Einheiten	Transporte zwischen dem Werk, den Lagern, den Kunden und den Lieferanten über öffentliche Verkehrswege	Standort der Werke und der Lager	...die Standortwahl
2. Werksgelände mit den Betrieben	Transporte innerhalb des Werksgeländes zwischen den Betrieben	Lage der Betriebe	...den Bebauungsplan
3. Betriebe	Transporte innerhalb einzelner Betriebsbereiche, z.B. Maschinengruppen	Taktzeiten und Puffergrößen innerhalb eines Betriebs	...die Dimensionierung eines einzelnen Betriebs
4. Betriebseinrichtungen (Maschinen)	Transport zu und von Betriebseinrichtungen, z.B. richtige Anordnung und Positionierung von Werkstücken	Handhabungsvorgänge	...die Arbeitsplatzgestaltung

In dieser Arbeit wird primär die 3. Ordnung als Basis für Simulationsuntersuchungen gewählt. Es handelt sich somit um „innerbetriebliche" Materialflußsysteme (bzw. Nebenfunktionen). Die Bereiche der ersten und zweiten sowie der vierten Ordnung gehören nicht zum Betrachtungsgegenstand dieser Arbeit. Allerdings könnten im Prinzip durch geringfügige Erweiterungen der Überlegungen und Modellierung von innerbetrieblichen Materialflußsystemen auch „außerbetriebliche" Materialflußsysteme im

Sinne der 1. und 2. Ordnung ohne größeren Aufwand in die grundsätzlichen Ausführungen zur objektorientierten Entwicklung eines Simulators in diese Arbeit einbezogen werden. Bzgl. der simulationstheoretischen Ausführungen zur Parallelisierung spielen die vorgenommenen Einordnungen allerdings keine Rolle.

Neben der ökonomischen und räumlichen Definition läßt sich ein Materialflußsystem auch funktional definieren, wie es auch bei der Definition des VDI (s.o.) der Fall ist. Hierbei lassen sich, wie bereits zu Beginn dieses Kapitels erwähnt, grundsätzlich

- Transport-,
- Fertigungs-,
- Lager- und
- Organisationsvorgänge

unterscheiden. Die Vorgänge dienen der Manipulation von Gütern und Informationen.

Die *Transportvorgänge* setzen sich zusammen aus den Elementen:

1. Transportieren

    Beim Befördern handelt es sich um eine geplante Ortsveränderung von Gütern (z.B. Wegführen, Zuführen, Verketten).

2. Umschlagen

    Mit dem Umschlagen ist das Auf- und Abladen auf Transportmittel gemeint oder das Be- und Entladen auf bzw. von einem Gebinde.

3. Ordnen

    Das Ordnen beschreibt Vorgänge wie Zusammenführen, Sortieren, Kommissionieren, Rüsten oder Umladen.

4. Handhaben

    Eine weitere Abgrenzung von Transportvorgängen gegenüber Fertigungsvorgängen führt zum Begriff des „Handhabens". Es beschreibt Bewegungsvorgänge zum Einleiten oder Beenden von Fertigungs-, Transport-, Prüf- oder Lagervorgängen.

Unter der *Fertigung* werden Vorgänge verstanden, die dem Enderzeugnis den Zustand näherbringen, in dem es den Betrieb verlassen soll. Im weitesten Sinne kann man hierunter auch das Abfertigen verstehen. Beim Abfertigen handelt es sich z.B. um das Abfüllen, Ein- und Auspacken, Zählen, Wiegen, Etikettieren, Konservieren usw. Ferner wird hierunter auch das Prüfen verstanden.

Bei den *Lagervorgängen* kann man zwischen dem eigentlichen Lagern und dem Puffern sinnvoll unterscheiden:

3.1 Grundlagen und Abgrenzung eines Materialflußsystems

1. Lagern
   Das Lagern beschreibt den planmäßigen Aufenthalt von Gütern in den dafür vorgesehenen Bereichen. Das Bereitstellen beschreibt das kurz- und mittelfristige Lagern zwischen dem Beschaffungs- und dem Fertigungssystem. Die Bevorratung beschreibt das langfristige Lagern von Gütern aus verschiedensten Gründen (z.B. spekulative Gründe oder eine Brammenaufhaldung in einem Stahlwerk wegen einer mehrmonatigen Wartung eines Hochofens).
2. Pufferlagerung
   Hier handelt es sich im Gegensatz zum vorher genannten Lagern um einen unplanmäßigen Aufenthalt, der z.B. aufgrund von Störungen bzw. bei Stillstand eines Fertigungsbereiches auftritt (Störungspuffer). Puffer können aber auch bzw. gleichzeitig dazu dienen, bei gekoppelten Anlagen unterschiedliche Bearbeitungszeiten durch kurzfristiges Puffern auszugleichen (Ausgleichspuffer).

Unter *Gütern* oder auch Erzeugnissen werden Rohmaterialien, Halbzeuge, Zulieferteile, Zwischenerzeugnisse wie Teile oder Baugruppen, Fertigerzeugnisse, Handelswaren, Verpackungsmaterial, Betriebs- und Hilfsstoffe sowie Abfälle verstanden. Güter werden zwecks Vereinfachung und zur Kostensenkung in der Regel zu logistischen Einheiten zusammengefaßt. Insbesondere sind Dispositions-, Beschaffungs-, Lager-, Transport-, Fertigungs-, Verpackungs- und Versandeinheiten zu erwähnen (vgl. RODE 1990, S. 12).

Die *Organisationsvorgänge* dienen schließlich dem reibungslosen Austausch der Daten zwischen den Produktionselementen, damit das Materialflußsystem funktioniert. Die auszutauschenden *Informationen* der Organisationsvorgänge basieren in einem unterschiedlichen Detaillierungsgrad grundsätzlich einerseits auf den Sollvorgaben für die Produktion (z.B. Soll-Arbeitsplan, Soll-Ausbringung) und andererseits auf den Ist-Werten (z.B. Ist-Arbeitsplan, Ist-Ausbringung). Allgemein werden Mengen- und Zeitangaben bei den verschiedenen Vorgängen verarbeitet. Ferner stellen die Betriebsdaten der Anlagen (z.B. Störungen) die Basis für die Organisationsvorgänge dar.

In dieser Arbeit werden innerbetriebliche Materialflußsysteme mit den genannten Funktionen betrachtet. Diese Funktionen werden als diskret angenommen. Sie lassen sich im Rahmen der ereignisorientierten Simulation ohne größere Probleme abbilden, wie in Kapitel 4 gezeigt werden wird. Materialflußsysteme mit flüssigen oder gasförmigen Gütern oder Massengütern, d.h. mit kontinuierlichen Funktionen, können durch entsprechende Diskretisierung zwar letztendlich auch als diskret, d.h. als aus beliebig kleinen Gütern zusammengesetzt betrachtet werden, dieses führt aber zu einer immensen Steigerung von Gütern mit folglich entsprechend steigendem Simulations- bzw. Rechenaufwand. Solche Materialflußsysteme bedürfen daher einer besonderen Betrachtung, die in dieser Arbeit nicht weiter verfolgt wird.

3.2 Anforderungen an Materialflußsysteme

Die meisten Materialflußsysteme werden den Anforderungen bzgl. einer flexiblen Anpassbarkeit an neue Rahmenbedingungen bei gleichzeitig geringen Durchlaufzeiten und Transportkosten nicht gerecht. Typische Schwachstellen bestehender Materialflußsysteme sind hohe Durchlaufzeiten, geringe Flexibilität, hohe Transportkosten, ungerichtete Materialflüsse, hoher Suchaufwand für Material und suboptimale Anordnung von Betriebsmitteln.

Ziele von Materialflußuntersuchungen sind daher die Bestimmung der optimalen Anzahl der Produktionsmittel und Produktionsfaktoren, deren optimale Dimensionierung (Kapazität, Leistung usw.) sowie die Ermittlung geeigneter Strategien zur optimalen Steuerung eines Materialflußsystems. Die Kenntnis des Stoffflusses ist hierfür eine grundlegende Voraussetzung. Die Ermittlung der günstigsten Anordnung der beteiligten Produktionsfaktoren und Produktionsmittel führt in ein besonderes Teilgebiet der Untersuchung von Materialflußsystemen, nämlich zu der sogenannten Layoutplanung. Die Layoutplanung ist im Gegensatz zur Materialflußplanung nicht Grundlage der Betrachtung in dieser Arbeit.

Besonders muß beachtet werden, daß die Planung von Materialflußsystemen weitgehend ingenieursgeprägt ist. In vielen Betrachtungen spielen daher ausschließlich technische Ziele bzw. Effizienzfragen, wie z.B. die maximale Ausbringungsmenge und/oder minimale Durchlaufzeit einer Anlage, eine Rolle. Ob die erreichten Ziele sich auch „rechnen", d.h. bei minimalen Kosten erreicht werden oder zu einem maximalen Deckungsbeitrag führen, spielt bei vielen Fragestellungen in der Regel nur eine sekundäre Rolle (vgl. z.B. DOLEZALEK und WARNECKE 1981, S. 93). Technische Effizienz und Wirtschaftlichkeit werden weitgehend gleichgesetzt. Zum größten Teil werden Wirtschaftlichkeitsfragen aber gar nicht erst behandelt (GROßESCHALLAU 1984, S. 3). Da man aber technisch effiziente Ziele mit unterschiedlichem Einsatz von Produktionsfaktoren erreichen kann, nämlich mit wirtschaftlichem und unwirtschaftlichem Einsatz, ist es sinnvoll, von vornherein das Erreichen einer technischen Effizienz bei gleichzeitig wirtschaftlichem Einsatz der Produktionsmittel besonders zu beachten und auch hervorzuheben.

Die technische Effizienz und gleichzeitige Wirtschaftlichkeit ist erreicht, wenn der Output mit dem geringsten Input bzw. den geringsten Kosten erreicht wird. Eine technisch effiziente Ausbringung muß nicht wirtschaftlich sein, da der gleiche Output bzw. die gleiche Ausbringungsmenge eventuell mit geringerem Input bzw. geringeren Kosten erreicht werden könnte. Der gesparte Input könnte dann anderweitig verwendet werden. Ein technisch effizientes und wirtschaftliches Produktionsverfahren zeichnet sich dadurch aus, daß durch die Verringerung nur eines Produktionsmittels der Output ebenfalls sinkt.

Zum Erreichen des effizienten Materialflusses muß sichergestellt sein, daß das Material in der gewünschten Menge zum gewünschten Zeitpunkt am gewünschten Ort zur Verfügung steht. Diese Forderung gilt sowohl für den Auftrag eines Kunden, der Material bestellt hat, als auch für die innerbetrieblichen Teilsysteme eines Materialflußsystems (Fertigungsstellen), die als innerbetriebliche Kunden aufgefaßt werden können. Diese Anforderung soll dabei möglichst bei einer Losgröße von 1 verwirklicht werden. Die Planung von solchen Materialflußsystemen wird dadurch erschwert, daß der Vernetzungsgrad in der fertigenden Industrie zunehmend wächst, Materialflußsysteme flexibel (Produktvielfalt bis hin zur Unikat-Fertigung) ausgelegt werden müssen, um ausreichend schnell auf neue Marktanforderungen reagieren zu können, und der Automatisierungsgrad ansteigt. Würde dagegen die Erstellung von allen Gütern in einem Produktionsprozeß in einem gleichen Arbeitsablauf erfolgen, wäre die zu produzierende Menge immer gleich und es gäbe auch keine zufälligen Einflüsse wie Störungen; ein sequentielles Aneinanderreihen der Bearbeitungsstufen wäre dann vollkommen ausreichend. Es würde nur die Frage der optimalen Dimensionierung bestehen bleiben. Dieser Idealzustand ist in der industriellen Praxis jedoch nicht anzutreffen.

3.3 Bewertung von Materialflußsystemen

Die Bewertung von Materialflußsystemen ist ein Teilgebiet, das im Rahmen der Fabrikplanung betrachtet wird. Es gibt zwei wesentliche Gründe, Materialflußsysteme zu bewerten:
1. Die Planung neuer Materialflußsysteme.
2. Die Effizienzsteigerung bestehender Materialflußsysteme.

Die Planung und Bewertung gänzlich neuer Materialflußsysteme beinhaltet in der Regel ein höheres Risiko als die Bewertung der Effizienz einer bestehenden Anlage. Bei der Planung gänzlich neuer Anlagen sind die Möglichkeiten, vorgenommene Entscheidungen bzgl. Anzahl und Dimensionierung der Betriebsmittel zu validieren, erheblich eingeschränkter, da man auf keine bestehenden Unterlagen zurückgreifen kann oder nur sehr eingeschränkt Rückschlüsse aus bestehenden Anlagen als Entscheidungsbasis zugrunde legen kann. Unabhängig davon, ob man ein neues Materialflußsystem oder ein bestehendes Materialflußsystem bewerten möchte, lassen sich verschiedene Untersuchungsbereiche voneinander abgrenzen. Diese sind im folgenden aufgelistet:

1. Engpaßbestimmungen

   Jedes Materialflußsystem hat in der Regel einen Engpaß, der je nach unterschiedlichen Einflüssen (z.B. Kapazitäten, Produktmix, zufällige Störungen) an verschiedenen Stellen im Materialfluß liegen kann. Engpässe können sich somit dynamisch ändern. Eine Engpaßanalyse hat zum Ziel, solche Konstellationen zu ermitteln und evtl. entsprechende Optimierungsmaßnahmen einzuleiten.

2. Systementscheid

   Oft existieren zur Verbesserung des Materialflusses alternative Lösungen. Ziel eines Systementscheids ist es, eine begründete Entscheidung für eine Alternative herbeizuführen.

3. Steuerungsstrategien

   Steuerungsstrategien können bei minimalen Änderungen einen erheblichen Einfluß auf die Dynamik eines Materialflußsystems haben. In entsprechenden Analysen werden nur unterschiedliche Steuerungsstrategien bei ansonsten gleichbleibenden Bedingungen getestet.

4. Initialisierungskonfigurierung

   Bei der Initialisierungskonfiguration wird analysiert, in welcher Konfiguration ein Materialflußsystem optimal gestartet werden kann.

5. Funktionskontrolle

   Die Funktionskontrolle ermittelt, ob das Materialflußsystem unter verschiedenen Bedingungen die gestellten Anforderungen erfüllt (z.B. Ausgleich von Störungen durch entsprechende Puffer).

6. Schnittstellenanalyse

   Materialflußsysteme stehen immer in Verbindung mit anderen Systemen, zu denen somit Schnittstellen bestehen. Ziel von Schnittstellenanalysen ist es, genau diese

3.3 Bewertung von Materialflußsystemen

Bereiche zu untersuchen (z.B. eingehende Aufträge unter allen Umständen anzunehmen und zu bearbeiten, ausgehende Teile stets zur Verfügung zu stellen usw.).

7. Systemdimensionierung

Die Systemdimensionierung ist eines der wichtigsten Gebiete der Materialflußuntersuchungen. Bei der Systemdimensionierung muß bewertet werden, ob die Anzahl der Betriebsmittel sowie deren Taktzeiten und Kapazitäten optimal festgelegt worden sind. Heutige Materialflußsysteme sind in der Regel überdimensioniert. Es stellt sich bei dieser Bewertung insbesondere die Frage, ob die Dimensionierung auch bei außergewöhnlichen Schwankungen des Materialflusses ausreichend ist. Diese Fragestellung soll an dem folgenden Beispiel verdeutlicht werden: Es liegt eine verkettete Produktion vor, d.h. die Betriebsmittel sind unmittelbar miteinander verbunden und somit direkt voneinander abhängig. Fällt ein Betriebsmittel in dieser Kette aus oder ist die Taktzeit außergewöhnlich lang und existiert kein ausreichend dimensionierter Puffer, werden sowohl vorherige als auch nachfolgende Betriebsmittel dieser Kette in Mitleidenschaft gezogen (blockiert). Ist der Puffer hingegen zu großzügig dimensioniert, kann er die Wirkung eines Schwamms haben und die Kosten unnötig ansteigen lassen.

Die Bewertung eines Materialflußsystems erfolgt anhand einer oder mehrerer systembeschreibenden Größen (GROBESCHALLAU 1984, S. 4). Solche systembeschreibenden bzw. charakterisierenden Größen werden auch als Kenngrößen bezeichnet. Wichtige technische Kenngrößen von Materialflußsystemen sind u.a. (vgl. FELDMANN und SCHMIDT 1988, S. 15)

- die Stromstärke und der Durchsatz (d.h. die Anzahl der bearbeiteten Aufträge pro Zeiteinheit),
- die Anzahl der Aufträge in einem Materialflußsystem,
- die Durchlaufzeit der Aufträge durch ein Materialflußsystem,
- die Wartezeit der Aufträge vor einem Betriebsmittel,
- die Anzahl der Aufträge vor einem Betriebsmittel (lange Warteschlangen deuten z.B. auf einen Engpaß hin; kurze Warteschlangen deuten hingegen auf eine Überdimensionierung hin),
- die Auslastung oder Belegung eines Betriebsmittels,
- die Anzahl von verwendeten Betriebsmitteln und
- die Zuverlässigkeit und Verfügbarkeit von Betriebsmitteln.

Kenngrößen werden dabei zum Teil noch unterteilt in minimal, mittlere und maximal erreichte Werte.

3.4 Methoden und Modelle zur Bewertung von Materialflußsystemen

Um ein Materialflußsystem zu bewerten, ist es notwendig, sich von dem zu bewertenden Prozeß des Systems eine experimentierfähige Modellvorstellung zu machen, um die damit gewonnenen Erkenntnisse auf die Realität übertragen zu können (vgl. auch VDI 1992). Die in diesem Zusammenhang verwendeten Begriffe *System*, *Prozeß* und *Modell* werden im folgenden erläutert (vgl. auch GAL und GEHRING 1981, S. 8f.).

System

Systeme können nach FORRESTER (1972) als eine Menge miteinander in Beziehung stehender Elemente aufgefaßt werden, deren Zusammenwirken einem gemeinsamen Ziel dient. Ein System wird somit beschrieben durch

- Elemente,
- Beziehungen und einem
- Ziel.

Die *Elemente* des Systems werden innerhalb einer Untersuchung als atomar bzw. nicht weiter zerteilbar angenommen. Gleichwohl kann man bei Bedarf aber Elemente eines Systems wiederum als Systeme auffassen. Ein Materialflußsystem stellt z.B. ein System im obigen Sinne dar, denn es besteht aus einer Vielzahl von Elementen (vgl. Kapitel 3.1), die so zusammenwirken (u.a. Transportieren, Verketten, Lagern, Bearbeiten usw.), daß mittels des Materialflußsystems gegebene Anforderungen erfüllt werden können. Eine Bearbeitungsstation tritt bei dem genannten Beispiel und bei der Betrachtungsweise dieser Arbeit als nicht weiter zerteilbares Element auf. Wenn es angemessen und sinnvoll ist, kann jedoch auch die Bearbeitungsstation als ein eigenes und beliebig komplexes System aufgefaßt werden. Die Frage, ob Elemente weiter zerteilbar sind oder als Ganzes angenommen werden, hängt jeweils von der zugrundeliegenden Fragestellung ab. Daraus folgt erstens, daß die Definition und Abgrenzung eines Systems die Realität immer nur aus einem problemabhängigen Blickwinkel heraus widerspiegelt. Zweitens kann man eine Hierarchie von Systemen aufbauen, in der Systeme in andere Systeme eingebettet sind bzw. Systeme aus anderen Systemen bestehen.

3.4 Methoden und Modelle zur Bewertung von Materialflußsystemen

Die Elemente eines Systems lassen sich durch ihre *Eigenschaften* beschreiben. Bei veränderlichen Eigenschaften, wie z.b. der Bearbeitungszeit einer Bearbeitungsstation, spricht man von Zustandsvariablen. Bei einer solchen beschreibenden Eigenschaft spricht man auch von *indikativen* Eigenschaften. Diesen stehen die *relationalen* Eigenschaften gegenüber, die die Verknüpfung bzw. Beziehungen zwischen Elementen abbilden (z.B. Nachbarschaftsbeziehungen).

Eine Ausprägung einer Eigenschaft wird als Wert bezeichnet. Die Werte aller Zustandsvariablen eines Systems beschreiben den Systemzustand. Wenn sich der Systemzustand über der Zeit ändert, d.h. es existiert eine Abfolge von verschiedenen Systemzuständen, dann spricht man vom „Verhalten" eines dynamischen Systems. Die Systemzustände entwickeln sich aufgrund von inneren und äußeren Einflußgrößen. Gerade das Verhalten des Modells in der Zeit wird in Simulationsmodellen sehr detailliert untersucht (GROßESCHALLAU 1984, S. 178). Im Gegensatz dazu steht ein statisches System, dessen Zustand sich im Laufe der (Untersuchungs-) Zeit nicht (spürbar) ändert. Das Einsetzen von Werten führt über iterative Berechnungsverfahren zu den Ergebnissen. Die Anzahl der einzusetzenden Werte bzw. die Anzahl der Berechnungsschritte ist so groß, daß die Berechnung nur mit Computern durchgeführt werden kann. Materialflußsysteme fallen in den meisten Untersuchungsfällen jedoch ohne Zweifel in die Klasse der dynamischen Systeme bzw. ein Untersuchungsziel ist gerade, das dynamische Verhalten zu analysieren.

Die Elemente eines Systems, das zwecks Durchführung von Experimenten letztendlich in ein Modell abgebildet werden soll, lassen sich nach verschiedenen Gesichtspunkten klassifizieren. Beispiele hierfür finden sich u.a. in SPLANEMANN (1995, S. 79) oder VDI (1992, S. 15). Bei Modellen von Materialflußsystemen reicht es im Prinzip zunächst aus, die temporären Werkstücke zu betrachten und zwischen folgenden permanenten Elementen zu unterscheiden (vgl. Kapitel 5):

- Quellen,
- Senken,
- Verbindungselemente,
- Bearbeitungselemente und
- Lagerelemente.

Die *Beziehungen* zwischen den Elementen in einem System können durch zwei- oder mehrstellige Relationen zum Ausdruck gebracht werden. In zu simulierenden Systemen treten üblicherweise solche Beziehungen auf, bei denen der Zustand eines Elements Auswirkungen auf den Zustand eines oder mehrere andere Elemente hat. Je nachdem, ob das System eine Beziehung zur seiner Umwelt aufweist, spricht man zusätzlich von einem offenen oder geschlossenen System. In Materialflußsystemen trifft man in der Regel auf eine Vielzahl von Beziehungen zwischen den Elementen. In der Regel sind Materialflußsysteme zudem offene Systeme, d.h. sie besitzen mindestens einen Eingang (Quelle) und einen Ausgang (Senke).

Das *Ziel* eines Materialflußsystems ist es letztendlich, die Erzeugung und Bearbeitung von Gütern einschließlich deren Transport und Lagerung nach dem ökonomischen Prinzip abzuwickeln. Es ordnet sich dem Hauptziel eines Unternehmens, nämlich der Gewinnmaximierung bzw. Kostenminimierung, unter. Diese Ziele des Gesamtsystems definieren folglich auch die Zielsetzungen bei experimentellen Untersuchungen am Modell eines Materialflußsystems (vgl. Kapitel 3.2).

Reale (Materialfluß-) Systeme sind in ihrer Gesamtheit komplexe Gebilde, die letztendlich nicht vollständig beschrieben werden können. Es ist daher eine der vornehmlichen Aufgaben der Wissenschaften Modellvorstellungen von Systemen zu entwickeln.

Prozeß

Prozesse beschreiben allgemein Vorgänge in einem System, die Material, Energie und Informationen umformen, transportieren oder speichern. Die Prozesse gehorchen dabei den Prozeßregeln. Diese Regeln lassen sich unterscheiden in Prozeßsteuerungsregeln und Bearbeitungsregeln (vgl. KOMARNICKI 1980, S. 90). Die Prozesse eines Materialflußsystems bestehen aus den in Kapitel 3.1 genannten Vorgängen.

Modell

Um wesentliche Geschehnisse in einem System (experimentell) nachvollziehen zu können, führt man eine Modellbildung durch. Durch Ausblendung von Informationen wird dabei versucht, die Komplexität des Systems zu reduzieren, um ein besseres Verständnis für die Vorgänge zu erhalten. Dabei kommt es durchaus vor, daß für bestimmte Phänomene unterschiedliche Modelle existieren, die je nach Fragestellung verwendet werden. Um Bewertungen von Materialflußsystemen durchführen zu können, müssen diese so beschrieben werden, daß sie in einem Computer als (Berechnungs-) Modelle dargestellt und bearbeitet werden können. Ein Modell ist die Rekonstruktion eines Systems und setzt sich aus statischen und/oder dynamischen Objekten zusammen (vgl. NOCHE und WENZEL 1991).

3.4 Methoden und Modelle zur Bewertung von Materialflußsystemen

Modelle stellen immer Abstraktionen bzw. Vereinfachungen von realen Systemen dar. In einem Modell wird das betrachtete System auf die für die Fragestellung notwendigen Elemente und Prozesse reduziert.

Prinzipiell stehen verschiedene Methoden und Modellvorstellungen zur Verfügung, um eine Bewertung durchführen zu können. Es wäre prinzipiell sogar denkbar, die Untersuchungen, Experimente und Bewertungen am realen (Materialfluß-) System vorzunehmen. Es ist jedoch leicht einsehbar, daß diese Vorgehensweise nur in besonderen Fällen zum Einsatz kommen kann, da die damit verbundenen Aufwände, Risiken und Gefahren sehr groß sind. Die hier in Frage kommenden Methoden basieren daher auf sogenannten *Labormodellen*.

Die Erstellung eines Labormodells zur Untersuchung von Materialflußsystemen erfordert zunächst eine entsprechende Modellvorstellung. Ein Modell stellt ein reales System, z.B. ein Materialflußsystem, so dar, daß eine experimentelle Manipulation bzw. eine Berechnung der im Modell berücksichtigten Eigenschaften, Strukturen und Zustände erfolgen kann. Im Bereich der Untersuchung von Materialflußsystemen sollten diese Modelle problembezogen erstellt werden. Trotz der Vielfalt der unterschiedlichen Problemstellungen haben sich bestimmte Modelltypen bewährt bzw. kommen bestimmte Methoden zum Einsatz. Hier kann man zunächst weiter in physikalische und abstrakte Modelle unterteilen.

Bei *physikalischen Modellen* werden alle Systemelemente durch physikalische Größen repräsentiert. Die Beziehungen dieser Größen untereinander werden direkt durch die vorhandenen physikalischen Gesetze abgebildet. Diese Modellbildung wird z.B. nicht nur für die bekannteren Strömungsuntersuchungen im Fahrzeugbau (Auto-, Schiffs- und Flugzeugmodelle) sondern auch bei komplexen Anlagen des Materialflusses angewendet (z.B. in der Chemieindustrie). Geplante Anlagen werden funktionstüchtig in einem kleinen Maßstab nachgebaut. Die Untersuchungen können dann an dem verkleinerten Modell experimentell vorgenommen werden. Ebenso ist es üblich, kleinere Teilbereiche prototypisch zu erstellen und die Untersuchungen vorzunehmen.

Die *abstrakten Modelle* sind gedankliche, physisch nicht ausgeprägte Modelle. Sie lassen sich wiederum weiter aufteilen in die Gruppen der formalen und informalen Modelle. *Informale Modelle* beschreiben das reale System entweder verbal oder grafisch. Da grafische Beschreibungen als Basis für Untersuchungen dominieren, wird in diesem Zusammenhang auch von *grafischen Modellen* gesprochen. Die Systemelemente und -funktionen werden auf grafische Darstellungen im zweidimensionalen

Raum abgebildet. Beispiele dafür sind die Kurven im Koordinatenkreuz, die diese Zusammenhänge darstellen. Bekannte Darstellungen sind auch Flußdiagramme, die z.b. als Modell zur Unterstützung von Entscheidungen dienen können.

Die *formalen Modelle* basieren auf Berechnungsverfahren, d.h. es handelt sich um mathematische Modelle. Die Berechnungsverfahren lassen sich in analytische Verfahren oder Simulationsverfahren aufteilen. Bei den *analytischen Modellen* werden zur Beschreibung des zeitlichen Systemverhaltens mathematische Gleichungssysteme (Differential-, Integral- und Wahrscheinlichkeitsrechnung) aufgestellt, durch deren Lösung in einem geschlossenen Lösungsdurchlauf die gewünschten Werte bzw. der Systemzustand bestimmt werden kann. Vorteilhaft ist die Exaktheit der Lösung, die aber nur für einfache Systeme erhalten werden kann. Auch können nur „gutmütige" Gauß-/ Exponentialverteilungen für die evtl. stochastischen Einflüsse auf das Systemverhalten berücksichtigt werden.

Ebenso bedeutsam sind *Simulationsmodelle*. Die Zustandsübergänge, die das System im Laufe der Zeit erfährt, werden nacheinander „nachgeahmt". Hierbei sind bzgl. der Komplexität und der stochastischen Einflüsse keine Beschränkungen vorhanden. Eine Besonderheit ist die sogenannte hybride Simulation. Das Modell ist in diesem Fall eine Synthese aus mathematischem Modell und Simulationsmodell. Hierbei versucht man, das System so weit aufzuteilen, daß man die Teilsysteme mathematisch beschreiben kann. Der übrige Teil wird simuliert. Aus dieser Vorgehensweise resultieren deutliche Zeitvorteile.

Desweiteren existieren bei den Modellvorstellungen auch Mischformen. So beruhen formale Modelle teils auch auf grafischen Verfahren oder grafentheoretischen Ansätzen, die eine Modellverwendung für Simulationszwecke unmittelbar ermöglichen. Hier sind insbesondere die Methode bzw. die Modellierungskonzepte des Petri-Netzes zu nennen und die Simulation von realen Systemen auf der Basis von Petri-Netzen. Die vorgestellten Modellbildungsmöglichkeiten für die Untersuchung von Materialflußsystemen sind in Abb. 28 zusammenfassend dargestellt.

Bei Simulationsmodellen handelt es sich somit um formale, abstrakte Labormodelle. Bzgl. der formalen Modelle lassen sich weitere charakterisierende Eigenschaften unterscheiden. Wenn die Änderungen des Zustands nur zu bestimmten Zeitpunkten vorgenommen werden, handelt es sich um ein *diskretes* Modell. Erfolgen die Zustandsänderungen dagegen kontinuierlich, so liegt ein *indiskretes* Modell vor.

3.4 Methoden und Modelle zur Bewertung von Materialflußsystemen

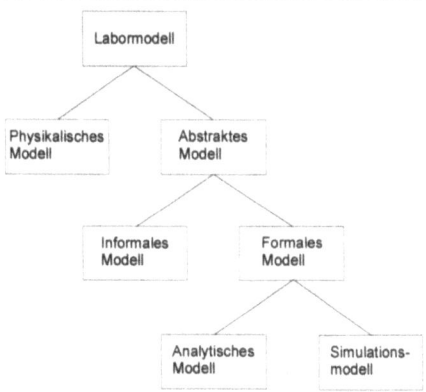

Abb. 28. Modellbildungsmöglichkeiten für Materialflußsysteme.

Insbesondere bei Materialflußsystemen mit Stückgutcharakter spiegeln diskrete Modelle die Realität relativ genau wieder. Die betrachteten Größen nehmen in der Regel nur endlich viele Werte an (z.b. der Füllstand eines Lagers) oder werden als solche Größen behandelt (z.B. die Bearbeitungszeit). Aber selbst eigentlich kontinuierliche Modelle, wie sie zur formalen Modellbildung von Materialflußsystemen in der Prozeßindustrie, z.b. der Nahrungsmittelindustrie oder der chemischen Industrie, notwendig wären, können durch diskrete Modelle abgebildet werden. Man wählt in diesem Fall die diskreten Zustandsübergänge so klein, das sie eine gute Approximation an kontinuierliche Vorgänge darstellen. Man spricht dann von quasikontinuierlichen Modellen. Letztendlich werden auf den überwiegend zur Verfügung stehenden Digitalrechnern alle kontinuierlichen Vorgänge und Funktionen diskretisiert. In dieser Arbeit wird der diskrete Modellierungsansatz verfolgt.

Diskrete Modell lassen sich weiter unterscheiden in deterministische und stochastische Modelle. Ist die Zeitdauer zwischen zwei Systemzuständen eindeutig vorgegeben, d.h. sie kann ausgehend von den Startwerten eindeutig berechnet werden, dann liegt ein *deterministisches* Modell vor. Wenn die Zeitdauer sich dagegen zufällig ergibt, handelt es sich um ein *stochastisches* Modell. Aufgrund der Eigenschaften und Untersuchungsziele bei Materialflußsystemen werden in dieser Arbeit stochastische Modelle betrachtet. Diese Betrachtung schließt die deterministischen Modelle mit ein. Bei Analysen von Materialflußsystemen in denen stochastische Einflüsse, z.B. zufällige Störungen, berücksichtigt werden sollen, ist die Angabe eines Konfidenzintervalles zur Bewertung notwendig. Eine solche Angabe ist bei deterministischen Modellen nicht notwendig, da bei gegebenen Eingangswerten die daraus resultierenden Kenngrößen eindeutig abgeleitet werden können. Auch bei deterministischen Systemen kann aber die Übersichtlichkeit und Voraussagbarkeit bestimmter Systemeigenschaften schwierig und komplex werden, wenn sehr viele Daten eventuell mit gegenseitiger Abhängigkeit gleichzeitig betrachtet werden müssen; in Kapitel 4 bzw. im Anhang 2 wird ein entsprechendes Beispiel vorgestellt. Materialflußsysteme sind derart komplex und insbesondere störungsbehaftet, daß sie in der Regel immer stochastischer Natur sind.

Letztendlich bietet sich auch noch eine Klassifizierung nach der Art des Verwendungszweckes bzw. des Untersuchungszieles des Modells an. Modelle und insbesondere Simulationsmodelle können nämlich zur Erklärung, zur Prognose und zur Optimierung dienen. *Erklärungsmodelle* werden gebildet, um z.B. ein unerwartetes Verhalten von komplexen Materialflußsystemen, z.B. in Grenzsituationen, zu erforschen oder eine nicht erreichte Funktionalität bzw. Leistung zu begründen. *Prognosemodelle* machen Aussagen darüber, wie sich z.B. ein Materialflußsystem bei einer bestimmten Auftragslast, Dimensionierungs- oder Layoutentscheidung bzgl. der Leistung verhalten wird. *Optimierungsmodelle* dienen schließlich dem Bestimmen von Engpässen bzw. dem gezielten Auffinden von optimalen Gestaltungen von Materialflußsystemen. Wie bereits erwähnt, stellt sich aufgrund des ökonomischen Prinzips, dem auch Materialflußsysteme unterliegen, in der Regel das Problem der Optimierung.

Bzgl. der Optimierung muß bei den bisher genannten Modellbildungsmöglichkeiten aber berücksichtigt werden, daß lediglich die Abbildung eines realen Systems in eine Modellvorstellung beabsichtigt worden ist. Eine gewünschte Optimierung an einem Modell ist ein zweiter Schritt, der aber an dieser Stelle nicht weiter ausgeführt werden soll. NOCHE und WENZEL (1991, S. 7) definieren den Zusammenhang zwischen der Simulation und der Optimierung prägnant:

> „Die Optimierung bezeichnet einen Vorgang des iterativen Simulierens, in dessen Verlauf unter Veränderung der kontrollierbaren Parameter eines Modells für eine vorgegebene Zielfunktion ein Extremwert gesucht wird."

Im Rahmen einer Optimierung eines Materialflußsystems kann die Simulation somit als eine Schätzfunktion betrachtet werden, die bei vorgegebenen Eingangswerten ein Ergebnis liefert. Dieses Ergebnis muß vom Optimierungsverfahren interpretiert werden. Entsprechend der Art des Optimierungsverfahrens werden iterativ die Eingangswerte für die Simulation geändert, um so schrittweise eine Optimierung des Materialflußsystems am Labormodell durchführen zu können.

Es ist somit deutlich, daß insbesondere die Simulation kein Verfahren zur Optimierung von Modellen bzw. Materialflußsystemen darstellt. Die Simulation bzw. ein Simulationsmodell ist lediglich eine Hilfe zur abstrakten Darstellung eines Materialflußsystems. Erst auf Basis dieser Modellvorstellung können dann geeignete Optimierungsverfahren eingesetzt werden.

Zusammenfassend kann man festhalten, daß die Simulation eine von vielen Methoden ist, die zum Einsatz kommen können. Es stellt sich somit die Frage, wann die Bildung eines Simulationsmodells angeraten ist und welche Vor- und Nachteile gegenüber den anderen Methoden damit verknüpft sind. In Tab. 4 werden die verschiedenen Vor- und Nachteile der Modellvorstellungen und -bildungen stichwortartig aufgelistet.

Tab. 4. Allgemeine Vor- und Nachteile von Modellbildungsmethoden.

Modellbildung	Vorteile	Nachteile
Physikalische Modelle	- sehr gute Annäherung an reales System möglich - anschaulich	- nicht alle Systeme lassen sich physikalisch darstellen - sehr aufwendig
Informale Modelle	- einfach durchführbar - kostengünstig - anschaulich bei kleinen Systemen	- unüberschaubar bei komplexen Systemen - Lösungen sind nur informeller Natur
Analytische Modelle	- Systeme exakt darstellbar - optimale Lösungen ermittelbar - geringer Aufwand	- reale, komplexere Systeme nicht immer beschreibbar - wenn beschreibbar, keine Lösungsansätze
Simulationsmodelle	- komplexere Systeme darstellbar - flexibel bzgl. Eingabedaten - dynamische Darstellungsmöglichkeiten	- aufwendig - keine exakten Lösungen - keine optimalen Lösungen ermittelbar

Im folgenden wird auf die Vor- und Nachteile der Anwendung von Simulationsmodellen detaillierter eingegangen. Zunächst zu den Vorteilen:

1. Komplexere Systeme sind darstellbar

    Wenn die funktionalen Zusammenhänge zwischen der Zielfunktion und den abhängigen Variablen unbekannt sind oder aber eine mathematische Modellierung zeit- und/oder rechenaufwendig und folglich unwirtschaftlich ist, kann die Simulation noch brauchbare Ergebnisse zur Bewertung von Materialflußsystemen liefern. Dieses ist u.a. darin begründet, daß relativ einfach und anschaulich ein beliebiges Abstraktionsniveau erreichbar ist. Mit der Simulation kann prinzipiell jeder einzelne Zustandsübergang in einem System modelliert werden. So kann z.B. durch die Simulation in einem Materialflußsystem selbst eine komplexe Steuerungsform mit vielen Besonderheiten untersucht und bewertet werden. Und gerade solche Steuerungsformen zählen bei Materialflußsystemen zu den zentralen Untersuchungsgegenständen und gleichzeitig Modellierungsproblemen. Bei dem bereits erwähnten in Kapitel 4 und Anhang 2 dargestellten Beispiel spielt diese Fragestellung ebenfalls eine hervorgehobene Rolle. Insgesamt gesehen sind die vorzunehmenden Einschränkungen bei einem zu untersuchenden System im Falle der Erstellung eines Simulationsmodells wesentlich geringer als bei analytischen Modellen. Simulationsmodelle sind daher oft wesentlich näher an der Realität als vergleichbare analytische Modelle. Simulationsmodelle erlauben schließlich flexible Sensitivitätsuntersuchungen hinsichtlich der angenommenen statistischen Verteilungen für z.B. das Lauf- oder Störverhalten von Modellelementen.

2. Flexibel bzgl. der Eingabedaten
   Bei der Erstellung eines Simulationsmodells können das Modell und die Modellierungsgenauigkeit an die Genauigkeit und Qualität der verfügbaren Eingabedaten einfach angepaßt werden. Die Ergebnisse eines Simulationsmodells werden aber selbstverständlich nicht detaillierter und qualitativ höherwertiger ausfallen, als es die Qualität der Eingabedaten zuläßt.

3. Dynamische Darstellungsmöglichkeiten
   Simulationsmodelle erlauben eine anschaulichere und bessere Darstellung des Systemverhaltens, da die zeitliche Entwicklung des Systemzustands Schritt für Schritt nachvollzogen werden kann. Diese Dynamik entspricht dem zeitlichen Ablauf in Materialflußsystemen. Dadurch wird es möglich, gezielte Untersuchungen und Analysen des dynamischen Verhaltens insbesondere bei kritischen Vorgängen vorzunehmen und insbesondere auch zu verstehen, was in der Praxis von erheblicher Bedeutung ist.

Diesen Vorteilen stehen die im folgenden aufgelisteten Nachteile gegenüber:

1. Aufwendig
   Das Erstellen eines Simulationsmodells ist in der Regel aufwendiger als das Er-

stellen eines analytischen Modells. Der hohe Aufwand spiegelt sich einerseits in dem für die Detailmodellierung erforderlichen Ausbildungsstand wieder, wie SCHRIBER (1987) feststellt:

„Weeks and weeks and even months and months of intensive study and experience may be required to bring a person to the point where she can, with confidence and skill, build simulation models at a fine level of detail".

Andererseits ist aber auch der zeitliche Aufwand immens. Nach SPIES (1991, S. 54) werden ca. 6 Monate für die Teilaufgaben zur Simulationsmodellerstellung benötigt: Problemformulierung, Informationsbeschaffung für Modellbeschreibung, Modellaufbau, Verifikation, Validation, Ergebnisläufe, statistische Datenanalyse, Ergebnisdiskussion, Modellmodifikation, Ergebnisaufbereitung und Präsentation. Dabei nehmen die Problemformulierung und die Informationsbeschaffung bis zu 50% der Gesamtzeit in Anspruch (vgl. KUHN u.a. 1993, S. 88). Die hierdurch entstehenden Kosten sind beachtlich und müssen dem Nutzen in jedem Einzelfall gegenübergestellt werden. Eine Faustformel besagt, daß ca. 0,5-1% der Investitionssumme für eine Simulationsuntersuchung anzusetzen sind (vgl. KUHN u.a. 1993, S. 89).

Aber auch bei dem Berechnen auf einem Computer sind Simulationsmodelle aufgrund ihres großen Rechenzeit- und Speicherplatzbedarfs kostenintensiver als analytische Methoden.

2. Keine exakten Lösungen

Die Simulationsergebnisse können - wie bei den anderen Methoden auch - nur so gut sein wie das Modell. Durch die Notwendigkeit der Abstraktion von der Wirklichkeit ergeben sich zwangsläufig Ungenauigkeiten. Infolgedessen sind auch die von einer Simulationsuntersuchung gelieferten Ergebnisse immer in einem gewissen Rahmen verschieden auslegbar. Zudem bietet die Simulation aber insbesondere bei stochastischen Modellen keine exakten Lösungen an. Sie macht lediglich Aussagen über die Wahrscheinlichkeit eines möglichen Verhaltens des Materialflußsystems.

3. Keine optimalen Lösungen ermittelbar

Im Gegensatz zu analytischen Methoden, wie z.B. bei der linearen Programmierung, ist die Simulation alleine und ohne weitere Optimierungsverfahren nicht geeignet, optimale Lösungen zu finden.

Trotz der genannten Nachteile hat sich die Simulation für den Einsatz auf dem Gebiet der Untersuchung und Bewertung von Materialflußsystemen mit deutlichem Abstand als die leistungsfähigste Methode herausgestellt (vgl. FELDMANN und SCHMIDT 1988, S. 15).

Abschließend kann man feststellen, daß die Bewertung von Materialflußsystemen eine aktuelle, komplexe und anspruchsvolle Aufgabe ist. Zur Lösung dieser Aufgabe werden ganz überwiegend abstrakte Modelle gebildet, mit denen dann entsprechende Experimente und Bewertungen durchgeführt werden können. Die Simulation auf der Basis diskreter Modelle ist eine dieser Lösungsmöglichkeiten, die bei der Bewertung von Materialflußsystemen allerdings eine herausragende Rolle spielt. Die Simulation von Materialflußsystemen kommt insbesondere dann in Frage, wenn Veränderungen an dem realen Materialflußsystem zu gefährlich, zu aufwendig oder schlichtweg unmöglich sind. Sie hat gegenüber anderen Methoden der Modellbildung den Vorteil, daß sie auch komplexere Zusammenhänge zufriedenstellend abbilden kann. Hinsichtlich der Abbildung der Dynamik eines realen Materialflußsystems können sowohl sehr schnelle als auch sehr langsame Vorgänge komfortabel nachgebildet und im Simulationsmodell verlangsamt bzw. beschleunigt nachvollzogen werden.

Es lohnt sich daher auf jeden Fall, die Methode der Simulation für dieses Anwendungsgebiet genauer zu betrachten. Diese Betrachtung erfolgt im nächsten Kapitel 3.5.

3.5 Die Simulationsmethode zur Bewertung von Materialflußsystemen

Die Simulation stellt als Teilgebiet des Operations Research im Bereich der Wirtschaftswissenschaft mit dem Aufkommen von elektronischen Datenverarbeitungsanlagen seit den vierziger Jahren eine anerkannte und vielfältig genutzte Methode dar. In diesem Kapitel wird der Einsatz der zeitdiskreten Simulation als entscheidungsunterstützende Bewertungs- bzw. Lösungsmethode speziell bei der Planung und Bewertung von Materialflußsystemen behandelt. Es werden dazu in Kapitel 3.5.1 zunächst einige simulationsbezogene Grundbegriffe eingeführt und die Elemente einer zeitdiskreten Simulation vorgestellt. Schließlich werden die verschiedenen Modellierungsstile und „Weltsichten" der zeitdiskreten Simulation sowie die verschiedenen Konzepte der Simulationswerkzeuge behandelt. Kapitel 3.5.2 beschreibt die Vorgehensweise zur Erstellung eines Simulationsmodells. In Kapitel 3.5.3 werden Defizite derzeit einge-

3.5.1 Grundbegriffe der Simulation

Als Simulation wird in dieser Arbeit die Durchführung von *Experimenten* durch einen *Experimentator* an einem *Modell* eines dynamischen *Systems* bezeichnet (vgl. auch GEHRING 1987, S. 290-339). Wenn das Modell das reale System hinsichtlich der Untersuchungsziele korrekt abbildet und sich die Vorgänge des realen Systems im Modell nachvollziehen lassen, dann kann man die *Ergebnisse* der Experimente an dem Modell in gewissen Grenzen auf das reale System übertragen bzw. entsprechende *Rückschlüsse* ziehen. Vgl. hierzu auch die Darstellung der grundsätzlichen Vorgehensweise bei einem Modellexperiment in GAL und GEHRING (1981, S. 11) oder PAGE (1991, S.7) sowie Abb. 29.

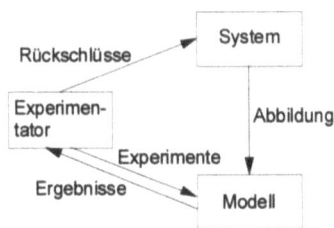

Abb. 29. Simulation von Systemen in einem Modell (nach PAGE 1990, S. 7).

KOHLAS (1976, S. 223) liefert eine formalere, mathematische Definition von analytischen Modellen, in die in dieser Breite auch die Simulation einbezogen werden kann (vgl. auch PAGE 1990, S. 8 und Abb. 30):

„Ein allgemeines System S transformiert einen Input u aus einer Inputmenge $U(S)$ in einen Output y aus der Outputmenge $Y(S)$. [...] Ein Output y des Systems S, der durch einen Input u erzeugt wird, muß auch dadurch erreicht werden können, daß man den Input u zunächst in einen Input $u' = \alpha(u)$ des Systems M umcodiert, den zugehörigen Output y' des Systems M erzeugt und ihn in Output $y = \beta(y')$ des Systems S rückcodiert."

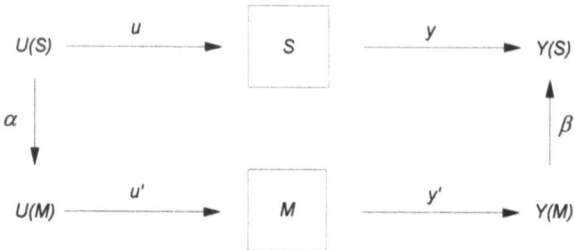

Abb. 30. Simulation eines Systems S durch ein zweites System M (nach KOHLAS 1976).

Bezogen auf die Simulation insbesondere von Materialflußsystemen ist die Definition bzw. die Darstellung in Abb. 30 wie folgt zu interpretieren: Bei einem Materialflußsystem S besteht die Möglichkeit, aus der Menge von Produktionsfaktoren und Produktionsmitteln ($U(S)$) durch die Wahl bestimmter Produktionsfaktoren und Produktionsmittel (u) unterschiedliche Mengen von Produkten (y) durch Realisierung unterschiedlicher Produktionsverfahren des Materialflußsystems aus den theoretisch erzielbaren Produktmengen $Y(S)$ herzustellen. Die Erzeugung von Produkten durch ein Produktionsverfahren des Materialflußsystems, die durch einen Input von Produktionsfaktoren und Produktionsmitteln erreicht werden können, kann man simulieren, indem man Produktionsfaktoren und Produktionsmittel in ein Simulationsmodell M umcodiert ($u' = \alpha(u)$), eine Simulationsuntersuchung durchführt und von dem so erzeugten, simulierten Output y' durch eine Rückcodierung bzw. Interpretation $\beta(y')$ Rückschlüsse auf das reale Materialflußsystem S zieht.

Bei einer computergestützten Simulation werden somit komplexe Berechnungsexperimente ausgeführt: Die Beziehungen zwischen den Größen werden in abstrahierter Form in ein abstraktes Modell abgebildet. Das Modell stellt somit die rechnerische Nachbildung des realen Systems dar. Alle Größen des Modells werden durch Zahlen dargestellt. Diese Art der Durchführung von Experimenten hat eine sehr große Bedeutung erhalten. Sie läßt sich mittels Computer vergleichsweise einfach und effektiv durchführen. Man spricht in diesem Zusammenhang auch von digitaler Simulation. Das Ausführen eines Experiments einer digitalen Simulation wird auch als Simulationslauf oder vereinfachend auch als Simulation bezeichnet.

Die Durchführung einer computergestützten Simulation kann mit der Hilfe unterschiedlicher Werkzeuge von universellen Programmiersprachen über spezialisierte Simulationssprachen bis hin zu sogenannten Simulatoren erfolgen. Diese Arbeit unter-

3.5 Die Simulationsmethode zur Bewertung von Materialflußsystemen

stellt den Einsatz eines speziellen Simulators. Unter einem Simulator versteht man ein spezielles Simulationssystem, welches die Ausführung parametergesteuerter Simulationsläufe gestattet und dessen Benutzung keine tiefergehende Programmierung erfordert (vgl. BANKS u.a. 1991).

Kernaufgabe eines Simulators ist die Ablaufsteuerung: Der im Modell abgebildete Systemzustand muß dynamisch über der Zeitachse in diskreten Schritten fortgeschrieben werden. Der Systemzustand läßt sich aus der Summe der Elementzustände ableiten. Ein Elementzustand wiederum ist die Menge aller aktuellen Werte der Eigenschaften des Elementes. Die Zeitachse bezieht sich ausschließlich auf die Simulationszeit, d.h. die abgebildete reale Zeit. Die Simulationszeit wird auch als Modellzeit bezeichnet. Sie wird in der Simulationsuhr festgehalten. Sie ist ferner von der eigentlichen Rechenzeit zu unterscheiden, die der Computer benötigt, um das Experiment auszuführen. Die Aktualisierung des Modellzustandes kostet Rechenzeit jedoch keine Simulationszeit. Die Abbildung eines simulierten Vorganges, wie z.B. die Störung einer Maschine, benötigt Simulationszeit, jedoch keine Rechenzeit. Die Modellzeit kann je nach Anforderung schneller oder langsamer als die reale Zeit ablaufen. Im Bereich der Materialflußsimulation besteht üblicherweise der Wunsch, Experimente im Modell erheblich schneller als an einem realen System durchführen zu können.

Die Ablaufsteuerung in einem zeitdiskreten Simulationsmodell kann *zeitorientiert* oder *ereignisorientiert* erfolgen. Bei der zeitorientierten Fortschreibung des Modellzustandes werden konstante Zeitintervalle definiert, um die die Simulationsuhr jeweils weiter geschaltet wird. Aufgabe des Simulators ist es, u.a. zu prüfen, ob innerhalb eines verstrichenen Zeitintervalls Ereignisse aufgetreten sind, die den Modellzustand beeinflußt haben (vgl. Abb. 31). Es ist offensichtlich, daß die Wahl der Größe der konstanten Zeitintervalle bei der zeitorientierten Simulation einen erheblichen Einfluß auf die korrekte und gleichzeitig effiziente Simulation des Modells hat.

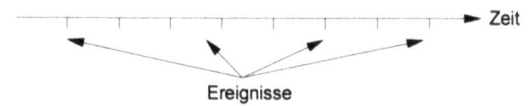

Abb. 31. Konstante Zeitintervalle bei der zeitgesteuerten Simulation.

Bei der ereignisorientierten Ablaufsteuerung werden Ereignisse definiert, bei denen sich der Modellzustand definitiv ändert. Zwischen diesen definierten Ereignissen wird der Modellzustand als nicht geändert angenommen. Der Simulator schaltet die Simulationsuhr nicht um konstante Zeiten voran sondern um die Zeit, die jeweils bis zum Eintritt des nächsten Ereignisses verstreicht (vgl. Abb. 32).

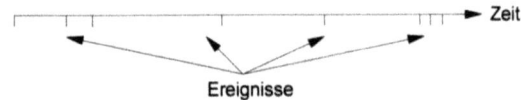

Abb. 32. Variable Zeitintervalle bei der ereignisgesteuerten Simulation.

Im Gegensatz zur zeitorientierten Ablaufsteuerung beeinflussen bei der ereignisorientierten Simulation die Definition der verschiedenen Ereignisse ganz wesentlich die Korrektheit und Effizienz einer Simulation.

Die zeitgesteuerte Simulation findet ihre Anwendung in besonderen Anwendungsgebieten, wie z.B. der Wettersimulation. Im Bereich der Materialflußsimulation hat sie keine Bedeutung, auf sie wird daher in dieser Arbeit nicht weiter eingegangen werden.

Um eine Position auf der Zeitachse für einen Systemzustand definieren zu können, ist es weiterhin notwendig, den Systemzustand mit einem Zeitstempel zu versehen. Dieser Zeitstempel ist somit eine weitere Eigenschaft bzw. ein weiteres Attribut des Systemzustands. Es hat den Charakter eines Index und ist damit ein spezielles relationales Attribut. Es wird daher auch als *Indexattribut* bezeichnet.

Die diskrete, ereignisorientierte Sichtweise deckt sich sehr gut mit den materialorientierten, überwiegend diskreten Prozessen im Materialfluß. Ein Materialflußsystem wird in diesem Ansatz aus der Sicht der Teile und der zurückzulegenden Wege und zu verbrauchenden Zeiten betrachtet. Im Vordergrund steht bei dieser Sichtweise das Belegen und Freigeben von Betriebsmitteln des Materialflußsystems. Das System wird ausschließlich durch zustandsverändernde Ereignisse beschrieben. Jedes Ereignis ist von einem bestimmten Typ bzw. einer bestimmten Klasse. Jeder Ereignistyp wird zusammen mit seinen Ursachen und Auswirkungen definiert. Dies kann z.B. in einem Materialflußsystem der Beginn eines Transports sein oder das Ende einer Bearbeitung. Das Auftreten eines Ereignisses in der Zeit ist vorhersagbar. Der Vorgang selbst bzw. die Aktivitäten des Transportierens oder des Bearbeitens, die zwischen zwei Ereignissen liegen, werden nicht explizit nachvollzogen. Für jeden Ereignistyp wird ein Verfahren beschrieben, in dem die abzuarbeitenden Schritte beim Auftreten des Ereignistyps, z.B. die Aktualisierung des Systemzustandes, aufgeführt sind.

3.5 Die Simulationsmethode zur Bewertung von Materialflußsystemen

Bei dem Eintreten eines Ereignisses wird zunächst die Simulationsuhr entsprechend weiter geschaltet. Während der Aktualisierung des Systemzustandes wird die Simulationsuhr angehalten. Die Ereignisse können entweder völlig unabhängig voneinander auftreten oder zwischen den Ereignissen können Abhängigkeiten bestehen, die dann ermittelt und ebenfalls abgearbeitet werden müssen. Nachdem die Berechnungen, die Aktualisierungen und die Erzeugung neuer Ereignisse durchgeführt worden sind, wird das nächste Ereignis gesucht und das Verfahren beginnt wieder von vorne.

Bei der ereignisorientierten Simulation sind die Struktur und das dynamische Verhalten des Modells sehr deutlich getrennt: Einerseits existieren permanente, statische Objekte, die die Struktur des Modells beschreiben. Hierzu zählen bei Materialflußsystemen z.B. die Bearbeitungsstationen, die Lager- und Fördereinheiten sowie die Quellen und Senken. Andererseits existieren dynamische Objekte, die im Verlaufe der Simulation erzeugt und wieder vernichtet werden. Zu den dynamischen Objekten gehören die Ereignisse selbst sowie aber auch die Werkstücke, die das Materialflußsystem dynamisch durchlaufen.

Die bereits angesprochene Ablaufsteuerung steuert den Simulationsablauf. Sie trägt die Ereignisse in einen Kalender, die Ereignisliste ein, steuert deren Abarbeitung, aktualisiert die Simulationszeit und veranlaßt das Sammeln statistischer Daten. Während des Simulationsablaufes werden so die Zustände der permanenten und temporären Objekte geändert, temporäre Objekte in den Quellen oder Senken des Modells generiert bzw. vernichtet und schließlich neue Ereignisse erzeugt.

Aufbauend auf der ereignisorientierten Darstellung haben sich weitergehende Modellvorstellungen der Modellierung realer Systeme entwickelt. Bei allen diesen Erweiterungen handelt es sich um konzeptionelle Modellierungshilfsmittel, die lediglich einen anderen Blick auf die reale Welt ermöglichen. Hierzu zählen die aktivitäts-, prozeß- und transaktionsorientierte Sichtweise.

Aktivitätsorientierte Sichtweise

Bei der aktivitätsorientierten Simulation werden nicht mehr primär einzelne Ereignisse betrachtet sondern Aktivitäten, die in dem realen System vorhanden sind. Eine Aktivität beschreibt einen Statuswechsel eines Objektes, der eine gewisse simulierte Zeit beansprucht und durch ein Anfangs- und Endeereignis gekennzeichnet ist. Wiederum lösen nur diese beiden Ereignisse Aktionen aus. Die real notwendige Zeit zur Durchführung einer Aktivität beansprucht keine Rechnerzeit.

Bevor eine Aktivität simuliert werden kann, muß überprüft werden, ob die Eintrittsbedingungen erfüllt sind. Diese Bedingungen können z.b. vom aktuellen Modellzustand oder von dem zeitlichen Fortschritt der Simulation abhängen. So könnte z.b. eine Aktivität „Reparieren" nach dem Ende einer Laufzeit eintreten. Das Eintrittsereignis wäre das Ende der Aktivität „Arbeiten". Der Modellzustand wird insofern geändert, als ein bestimmtes Element den Zustand von „funktionsfähig" auf „gestört" ändert und somit andere Aktivitäten, wie z.b. die Aktivität „Werkstück bearbeiten", dort nicht mehr ausgeführt werden können bzw. unterbrochen werden müssen.

Der Vorteil der aktivitätsorientierten Simulation besteht darin, daß im auszuführenden Programmcode Auslösebedingung, Dauer und Aktion lokal beieinander beschrieben werden können.

Bei der aktivitätsorientierten Simulation wird das Modell somit nicht primär durch Ereignisse sondern durch eine Reihe von Aktivitäten beschrieben. Hauptaufgabe des Simulators ist es bei jeder Iteration alle Aktivitäten auf die Möglichkeit ihre Ausführung hin zu überprüfen. Da dieses Durchsuchen aller Aktivitäten zeitaufwendig ist, hat die aktivitätsorientierte Sichtweise keine große Bedeutung erlangt.

Prozeßorientierte Sichtweise

Die prozeßorientierte Simulation wird zuweilen auch als „ablauforientiert" bezeichnet (vgl. SPIES 1991). Das dynamische Verhalten des Systems wird bei diesem Ansatz als eine Folge von Prozessen beschrieben, die in immer wiederkehrenden Anordnungen auftreten. Prozesse durchlaufen dabei jeweils eine aktive Phase, um dann in eine inaktive Phase zu verfallen.

In der aktiven Phase werden die Zustandsänderungen am Modell vorgenommen. In der inaktiven Phase hingegen ruht der Prozeß. Die inaktive Phase kann jedoch jederzeit wieder in die aktive Phase wechseln. Ein Prozeß wäre bei der Modellierung eines Materialflußsystems z.B. der „Maschinenbetrieb". Dieser Prozeß ist zeitweise aktiv und zeitweise inaktiv. Die Ablaufsteuerung erfolgt wiederum ereignisorientiert.

In der folgenden Tab. 5 sind für die verschiedenen Sichtweisen anhand des in Abb. 33 dargestellten Beispiels nochmals die jeweils ausführenden Schritte des Simulators zusammengestellt. Für die ereignisbezogene Sichtweise in Tab. 5 bedeutet das gleichzeitige Auftreten von Ereignissen in den Spalten und in der letzten Zeile, daß beim Auftreten eines Ereignisses dieses Ereignis direkt und ohne eine übergreifende Sichtweise verarbeitet wird.

3.5 Die Simulationsmethode zur Bewertung von Materialflußsystemen

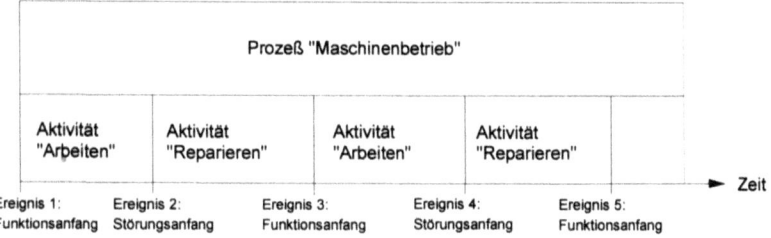

Abb. 33. Beispiel zur Demonstration der Formen der ereignisorientierten Simulation.

Tab. 5. Simulationsaktivitäten bei verschiedenen Modellsichtweisen.

Ereignis Sichtweise	1	2	3	4	5
Prozeß „Maschinenbetrieb"	Aktivieren	Inaktivieren	Aktivieren	Inaktivieren	Aktivieren
Aktivität „Arbeiten"	Starten	Beenden	Starten	Beenden	Starten
Aktivität „Reparieren"	Beenden	Starten	Beenden	Starten	Beenden
Ereignis	Abarbeiten	Abarbeiten	Abarbeiten	Abarbeiten	Abarbeiten

In dieser Arbeit wird der rein ereignisorientierte Ansatz verfolgt. In Kapitel 4 wird daher im Rahmen der objektorientierten Entwicklung eines ereignisorientierten und bausteinorientierten Materialflußsimulators auf die notwendigen Komponenten bzw. Objekte zur Simulationsdurchführung bzw. Ablaufsteuerung weiter eingegangen werden.

Die verschiedenen Sichtweisen haben zur Entwicklung entsprechender Simulationssprachen und -anwendungen geführt. In SPIES (1991) findet man hierzu weitergehende Ausführungen.

3.5.2 Vorgehensweise bei Simulationsuntersuchungen

Der Ablauf einer Simulationsuntersuchung kann in mehrere Phasen unterteilt werden (vgl. z.B. GAL und GEHRING 1981, S. 23f.). Im folgenden wird in Abb. 34 ein möglicher Ablauf bei einer Simulationsuntersuchung anhand eines Vorgangskettendiagramms (vgl. SCHEER 1990) beschrieben. In der Literatur existieren auch Darstellungen, in denen mehrere Schritte zusammengefaßt werden, unbeachtet oder zusätzlich aufgenommen werden. Im folgenden werden die in Abb. 34 dargestellten Vorgänge 1. bis 14. erläutert:

1. Problem formulieren

    Simulationsuntersuchungen stellen im betrieblichen Umfeld „Projekte" dar. D.h. Simulationsuntersuchungen haben einen definierten Anfang und ein definiertes Ende. Sie sind im Gegensatz zu den Linienaufgaben zeitlich begrenzt. Sie befassen sich zudem mit einem abgegrenzten Problem. Zu Beginn einer Simulationsuntersuchung sollte daher eindeutig geklärt und dokumentiert werden, welches Problem den Einsatz der Simulationsmethode als notwendig erscheinen läßt. Das Ergebnis sollte in Form eines Schriftstückes, z.B. eines sogenannten „Lastenheftes", vorliegen.

2. Ziele setzen

    Die Ziele einer Simulation müssen auf der Basis der Problemstellung (vgl. Kapitel 3.3) präzise formuliert werden: Welche Ergebnisse werden von der Untersuchung verlangt? In welcher Form sollen sie vorgelegt werden? Dieses kann z.B. in das erwähnte Lastenheft mit aufgenommen werden, in dem die Ziele und die gewünschte Leistungsfähigkeit der Simulationsuntersuchung festgelegt werden (z.B. Grob- oder Detailuntersuchung).

3. Alternativen bilden

    Um die Zielvorgaben zu erreichen, kann es u.U. möglich sein, mehrere verschiedene Lösungen zu verfolgen und Alternativen zu bilden. Jede Alternative stellt im folgenden Ablauf einen für sich abgeschlossenen Untersuchungsgegenstand der Simulation dar, der direkten Einfluß auf die Planung der Experimente (vgl. 10) hat.

4. Strukturen analysieren

    In der Strukturanalyse muß das System technisch, räumlich sowie organisatorisch gegen die Systemumgebung abgegrenzt werden, d.h. es werden die äußeren Schnittstellen des Modells festgelegt. Die Einflußgrößen müssen daraufhin überprüft werden, ob sie relevant sind, vernachlässigt werden können oder durch ein eigenes Modell ersetzt werden müssen.

    In der Analyse der Systemelemente wird danach in Abhängigkeit von der gewünschten Genauigkeit und auf Basis der Problembeschreibung (vgl. 1) bestimmt, welche Elemente berücksichtigt werden müssen und welches die wesentlichen Attribute und deren Werte sind (z.B. die Taktzeit von Bearbeitungsstatio-

3.5 Die Simulationsmethode zur Bewertung von Materialflußsystemen

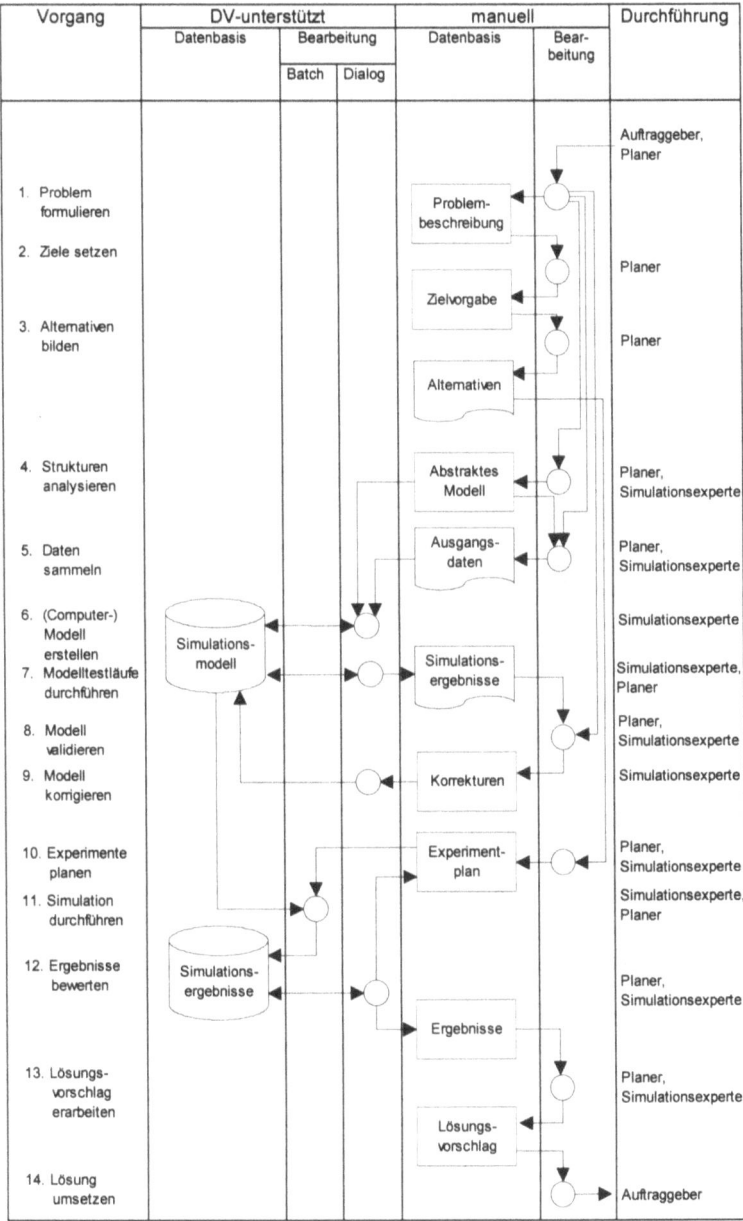

Abb. 34. Vorgangskettendiagramm „Simulationsuntersuchung".

-nen und die Kapazität von Lagern und Fördereinheiten). Im wesentlichen wird durch die Prinzipien der Abstraktion und der Idealisierung eine Komplexitätsreduzierung des Problems erreicht.

Die Schnittstellen und Einflußgrößen zwischen den einzelnen Systemelementen müssen festgelegt werden. Die Systemstruktur entspricht im grundsätzlichen dem Material- und/oder dem Informationsfluß. Hierbei wird z.B. auch die Steuerungsstrategie analysiert, d.h. es wird untersucht, welche Strategien und Regeln die zu simulierenden Objekte (z.B. die Werkstücke, die Bearbeitungsstationen oder die Transporteinheiten) steuern.

5. Daten sammeln

Die Daten müssen vollständig sein und die Datenqualität muß der geforderten Genauigkeit (vgl. 1) entsprechen. Ein größerer Detaillierungsgrad erfordert einen Mehraufwand und bürgt zudem das erhöhte Risiko in sich, daß das Modell fehlerhaft ist. Ist das Modell zu grob, werden möglicherweise nicht alle Einflüsse berücksichtigt. Außerdem müssen die Daten repräsentativ sein, d.h. Schwankungen müssen bereinigt werden. Dazu müssen oft einige Modellparameter auch geschätzt werden. Weiterhin müssen die Daten reproduzierbar sein, damit Simulationsläufe mit verschiedenen Modellvarianten mit den gleichen Daten durchgeführt werden können.

Bei geplanten Systemen kann man entweder auf Vergleichsdaten oder Erfahrungswerte mit ähnlichen Systemen zurückgreifen, ansonsten müssen Plandaten bzw. geschätzte Daten verwendet werden. Grundsätzlich können Daten durch visuelle Beobachtung, Strichlisten, EDV-unterstützte Datenerfassung und -auswertung oder durch ein Diagnosesystem gewonnen werden.

Man unterscheidet dabei grundsätzlich zwischen

- anlagenabhängigen Daten wie z.B. Maschinenanordnungen, Bearbeitungszeiten und Pufferdimensionen,
- auftragsabhängigen Daten wie z.B. Auftragsplänen, Stücklisten und Fertigungsfolgen sowie
- organisatorischen Daten wie z.B. Arbeitszeiten, Wartungsintervallen und Anlaufstrategien.

6. Modell erstellen

Bei dem *Top-Down-Verfahren* wird ausgehend vom Gesamtsystem das System schrittweise immer stärker detailliert, bis die im Lastenheft (vgl. 1) geforderte

3.5 Die Simulationsmethode zur Bewertung von Materialflußsystemen

Genauigkeit erreicht ist. Durch die schrittweise Verfeinerung ergeben sich verschiedene Abstraktionsebenen. Dadurch erreicht man eine strukturierte und übersichtliche Beschreibung des zu simulierenden Systems. Schon in einer frühen Phase der Modellierung können Aussagen über das Verhalten des Gesamtsystems getroffen werden. Dem Vorteil der schnellen Abbildung des Gesamtsystems stehen aber die Nachteile der groben Modellierung und die Schwierigkeit der Durchführung von Modelländerungen gegenüber.

Das *Bottom-Up-Verfahren* geht dagegen nicht von einem Gesamtsystem aus, sondern von der Beschreibung einzelner kleinerer und leicht überschaubarer Teilsysteme. Durch Synthese dieser Teilsysteme oder Einheiten werden dann schrittweise die verschiedenen Ebenen des Materialflußsystems gebildet, bis das Gesamtsystem modelliert ist. Durch das Bottom-Up-Verfahren erreicht man schnell detaillierte Analysen der einzelnen Teilstrukturen. Die Vorteile dieses Systems liegen in der guten Überschaubarkeit der Module und in der einfachen Möglichkeit der Durchführung von Modelländerungen. Von Nachteil ist aber, daß die Wechselwirkungen zwischen den Teilmodulen zunächst nur unvollständig nachgebildet werden und die Ergebnisse zunächst folglich nur für die einzelnen Teilsysteme gelten können.

Um die Vorteile der beiden Verfahren nutzen zu können und die Nachteile zu verringern, wird deshalb meist ein kombiniertes Verfahren gewählt. Ein größeres System wird zunächst schrittweise in kleinere, leicht überschaubare und voneinander unabhängige Teilsysteme und Einheiten aufgeteilt. Diese werden dann Schritt für Schritt mit Hilfe des Top-Down-Verfahrens immer weiter detailliert. Aus diesen einzelnen Modulen wird zum Schluß wieder mit Hilfe des Bottom-Up-Verfahrens ein Gesamtsystem gebildet (vgl. hierzu auch WECK 1991).

7. Modelltestläufe durchführen

Nach der Erstellung des Simulationsmodells muß die Ausführbarkeit des Modells überprüft werden, d.h. das Modell muß basierend auf der Syntax der Modellierungssprache formal korrekt dargestellt sein. Viele Simulationssysteme bieten für diese Syntaxprüfung eine Unterstützung, so daß der Anwender bei einer Reihe von maschinell erkennbaren Fehlern unterstützt wird. Wenn das Simulationsmodell syntaktisch korrekt ist, werden ausgehend von den Erfahrungen am realen System solche Simulationsexperimente durchgeführt, deren Ergebnisse vorhersagbar sind. Die produzierten Ergebnisse sind Grundlage für die Validierung des Simulationsmodells (vgl. 8).

Nur in wenigen Fällen gilt das Interesse bei Simulationsuntersuchungen dem „Anlaufverhalten" von Materialflußsystemen. In der Regel beziehen sich Simulationsuntersuchungen auf „im Betrieb" befindliche Materialflußsysteme. Bei der Durchführung einer Simulation muß daher bei der Ausführung der Experimente berücksichtigt werden, daß mit einem Anfangszustand des Simulationsmodells begonnen wird. Die mit diesem Anfangszustand simulierten Zustandsänderungen stimmen in der Regel über einen kürzeren oder längeren Simulationszeitraum nicht mit dem zu untersuchenden, im Dauerbetrieb befindlichen bzw. stationären Zustand des abgebildeten Materialflußsystems überein. So können z.B. die Füllstände der Puffer stark voneinander abweichen, da u.a. zu simulierende Störungen noch keinen Einfluß auf die Füllstände haben konnten, oder im Simulationsmodell dynamisch generierte Werkstückträger (z.B. Paletten) haben sich im Modell noch nicht gleichmäßig verteilt. Man spricht daher davon, daß ein Simulationsmodell zunächst „einschwingen" muß, d.h. es muß den stationären Zustand, den ein Materialflußsystem in der Realität üblicherweise bereits aufweist, erreichen, bevor Ergebnisse für Auswertungen gesammelt werden können.

Viele Prozesse in Materialflußsystemen laufen früher oder später gegen einen stationären Zustand. Das Problem ist nun, festzustellen, wann der stationäre Zustand erreicht ist. In der Praxis wird der Zeitraum, der bis zum Erreichen dieses Zustands vergeht, geschätzt. PAGE (1990, S. 122) umschreibt diese pragmatische Lösung wie folgt: „Für die Praxis erscheint es ausreichend, solche Prozesse über eine längere Zeitspanne zu simulieren".

8. Modell validieren

Bevor das Simulationsmodell für Experimente benutzt werden kann, muß es auf seine Richtigkeit hin geprüft werden. Die Simulationsexperimente können nur dann bewertbare Ergebnisse liefern, wenn das Simulationsmodell das Materialflußsystem hinreichend genau widerspiegelt. Große Simulationsmodelle können derart komplex werden, daß ein vollständiger Beweis der Richtigkeit der Abbildung des Materialflußsystems in das Simulationsmodell nicht mehr durchführbar ist. Daher wird das Modell validiert, d.h. es wird überprüft, ob man dem erstellten Simulationsmodell „trauen" darf. Zu diesem Zweck werden in der Praxis eine Vielzahl von Simulationsläufen durchgeführt (vgl. 7). Ziel der Validierung ist es,

3.5 Die Simulationsmethode zur Bewertung von Materialflußsystemen

die Analogie des Simulationsmodells zum realen Materialflußsystem zu überprüfen. Mit Hilfe von graphischen Animationen können Bewegungen und der Status von Modellelementen leicht am Bildschirm dargestellt werden. Die Prüfung der Funktionsfähigkeit eines Modells kann somit auch durch die Animation unterstützt werden.

Prinzipiell können bei der Validierung zwei Verfahren unterschieden werden: Mit Hilfe der Verifikation wird anhand von Beispielen nachgewiesen, daß das Modell gültig ist. Bei der Falsifikation wird anhand eines Gegenbeispiels die Ungültigkeit des Modells bewiesen (WECK 1991). Dabei ist zu beachten, daß eine positive Validierung wegen der fehlenden Allgemeingültigkeit der Beispiele keinen endgültigen Beweis für die Richtigkeit des Modells darstellt: Es ist stets zu beachten, daß die Folgerung, nach einer großen Anzahl von richtigen Beispielen die Modellbildung für richtig zu erklären, unzulässig sein kann, weil es doch noch ein Gegenbeispiel geben kann.

Stellt sich bei der Validierung heraus, daß das Modell ungültig ist, so kann das Modell selbst zwar richtig sein, aber zu grob. Eine andere Möglichkeit wäre, daß bei der Strukturanalyse (vgl. 4) Parameter falsch bestimmt wurden. Im ungünstigsten Fall ist das Modell selbst falsch und muß neu aufgebaut werden, während in den beiden ersten Fällen das Modell nur überarbeitet werden muß (vgl. 9).

Die Validierung eines Simulationsmodells ist einer der aufwendigsten Schritte bei der Durchführung einer Simulationsstudie. Einerseits liegen für die Modellbildung nur begrenzte Informationen vor, andererseits sollen mit dem Simulationsmodell weitergehende Experimente und Bewertungen des realen Materialflußsystems vorgenommen werden.

9. Modell korrigieren

    Ausgehend von der Validierung des Modells können sich erforderliche Korrekturen für das Simulationsmodell ergeben. Diese müssen dann im Simulationsmodell vorgenommen werden. Nach der Korrektur des Simulationsmodells sind erneut Modelltestläufe durchzuführen (vgl. 6) und deren Ergebnisse in Vorgang 8 zu validieren, bis keine Korrekturen mehr notwendig erscheinen.

10. Experimente planen

    Die Durchführung der Simulation sollte wegen des nicht zu unterschätzenden Aufwandes sorgfältig geplant werden. Insbesondere sollte vor der Durchführung entschieden werden, welche Zeit- und Parameterbereiche betrachtet werden. Im weiteren muß auch definiert werden, welche Simulationsdaten für die spätere Ergebnisauswertung protokolliert werden müssen.

Bei der Suche nach einem Optimum bieten sich verschiedene Verfahren an. Bei der rein manuellen Gestaltung der Experimentplanung durch den Planer und Simulationsexperten werden üblicherweise intuitive Heuristiken („Ausprobieren") angewendet, um ein Optimum zu finden. Prinzipiell können jedoch auch DV-gestützte Verfahren bzw. Algorithmen zum Finden eines Optimums in einem mehrdimensionalen Suchraum angewendet werden. Die vergleichsweise einfältige und aufwendige Enumeration über den gesamten Suchraum kommt nur für kleinere Probleme in Frage. Bei komplexeren Problemstellungen müssen effizientere Verfahren, die z.B. mit stochastischen Einflüssen arbeiten, eingesetzt werden. Hierzu zählen z.B. genetische Verfahren. Aber auch andere Heuristiken wie z.B. Tabu Search können in Kombination mit der Simulation sinnvoll angewendet werden, wie es in HEEPEN (1994) gezeigt wird.

11. Simulation durchführen

Nachdem ein validiertes Modell vorliegt und die Durchführung der Simulation geplant worden ist, erfolgen die eigentlichen Simulationsläufe. Hierfür werden bei jedem Simulationslauf bei den betroffenen Parametern bzw. Zustandsvariablen die gemäß Planung vorzunehmenden Wertzuweisungen vorgenommen. Die relevanten Ergebnisse werden jeweils protokolliert. Bei stochastischen Simulationsmodellen kann ein Simulationslauf wie das Werfen eines Würfels betrachtet werden, d.h. das erzielte Ergebnis ist lediglich eine Stichprobe. Damit die Ergebnisse eine gewünschte Wahrscheinlichkeit erhalten bzw. man den Ergebnissen vertrauen kann, sind daher mehrere Simulationsläufe durchzuführen.

In der Praxis wird nach den Erfahrungen des Autors diese Anforderung aufgrund der Rechenzeiten in der Regel nicht eingehalten. Statt dessen wird eine pragmatische Anzahl von Simulationsläufen durchgeführt. Den so erhaltenen Daten, die statistisch nicht abgesichert sind, wird dann dennoch Glauben geschenkt, da man meint, „das simulierte System zu kennen". Auf diese pragmatische und wenig befriedigende Vorgehensweise haben u.a. auch WAGNER und WARSCHAT (1994) hingewiesen. Allerdings stellen die verfügbaren Simulatoren auch keinerlei Unterstützung zur statistischen Absicherung der Simulationsergebnisse zur Verfügung.

3.5 Die Simulationsmethode zur Bewertung von Materialflußsystemen

12. Ergebnisse bewerten

    Die erzielten Ergebnisse werden in einer Ergebnisliste gesammelt und gemäß dem Untersuchungsziel bewertet. Dieses geschieht bei Simulationsuntersuchungen in der Regel manuell durch den Simulationsexperten. Das Ergebnis der Bewertung wird in der Regel eine Modifikation und/oder Ergänzung des Ablaufplanes sein. Die Werte verschiedener Zustandsvariablen werden als Folge der Bewertung geändert. Anstelle des Simulationsexperten könnten aber auch, wie bereits erwähnt, Optimierungsverfahren, wie z.B. Tabu Search oder genetische Algorithmen, die erzielten Ergebnisse gemäß dem Verfahren automatisch verarbeiten und neue Werte für die Zustandsvariablen berechnen.

    Unabhängig davon, ob es ein manueller oder automatischer Vorgang ist, wird er solange durchgeführt, bis die in der Aufgabenstellung gesetzten Ziele erreicht sind oder ein anderes Abbruchkriterium erfüllt ist (z.B. zeitliche Dauer der Simulationsstudie).

    Bei der Ergebnisauswertung müssen häufig umfangreiche Ergebnislisten bzw. Protokolle erstellt werden. Die Auswertung erfordert daher einen hohen Aufwand und viel Erfahrung. Mittels verschiedener graphischer Präsentationstechniken können die erzielten Daten für die Auswertung verdichtet werden. Mit Hilfe von graphischen Animationen kann die Modelldynamik in beliebiger zeitlicher Auflösung dargestellt werden. Die Auswirkungen z.B. verschiedener Strategien oder Dimensionierungen können somit wirkungsvoll veranschaulicht werden.

13. Lösungsvorschlag erarbeiten

    Die erzielten Ergebnisse müssen in einer zusammenfassenden Präsentation verdichtet und den Entscheidungsträgern dargestellt werden. Das Ergebnis einer Simulationsuntersuchung sollte die begründete Favorisierung einer der möglichen Lösungsalternativen des zugrundeliegenden Ablaufproblems sein.

14. Lösung umsetzen

    Letztendlich ist ein Simulationsprojekt nur dann erfolgreich, wenn die erzielte Lösung auch in der Realität umgesetzt wird.

Der Ablauf einer Simulationsuntersuchung ist ein iterativer Vorgang, d.h. alle bei einem einzelnen Vorgang der Simulationsuntersuchung zusätzlich herausgefundenen Erkenntnisse können in die vorhergegangenen Schritte mit eingearbeitet werden. Dabei kann es natürlich durchaus vorkommen, daß einige Schritte mehrfach durchlaufen werden müssen. Dem Schritt der Modellvalidierung kommt dabei besondere Bedeutung zu. Er hat über mehrere Phasen einer Simulationsuntersuchung eine wichtige Kontrollfunktion.

Abschließend seien - im Sinne einer Negativabgrenzung - noch einige typische Fehler erwähnt, die bei der Durchführung von Simulationsprojekten unbedingt vermieden werden sollten:

1. Falsche Problembeschreibung

   Der Auftraggeber einer Simulationsstudie ist sich nicht über die eigentlichen Ziele im klaren, oder es ist ihm die Tragweite der Konsequenzen nicht bewußt, die eine Änderung der Fragestellung zur Folge hat.

2. Ungenügende Partizipation des Auftraggebers

   Wenn zwischen Auftraggeber (Planer) und Auftragnehmer (Simulationsexperte) zu selten Abstimmungsgespräche durchgeführt wurden oder es Unstimmigkeiten in der Koordination gibt, kann die ganze Simulationsstudie gefährdet werden.

3. Unausgewogene Mischung von Kernkompetenzen

   Meist werden bei der Umsetzung der Modellierungskonzepte und -lösungen nicht alle betroffenen Personen berücksichtigt. Zudem besteht stets die Gefahr, daß eine nicht ausgewogene Mischung von in eine Simulationsstudie eingebrachten Kompetenzen aus den Bereichen der Produktionsabteilung, die über detaillierte Kenntnisse des realen Problems verfügt, und der EDV-Abteilung, die über Modellierungskompetenzen verfügt, auftritt.

4. Ungeeigneter Detaillierungsgrad

   Ein größerer Detaillierungsgrad erhöht auch das Risiko, daß ein Modell fehlerhaft ist. Ist das Modell zu grob, werden möglicherweise nicht alle Einflüsse berücksichtigt.

5. Wahl des falschen Simulationswerkzeuges

   Soll zum Beispiel ein bausteinorientierter Simulator für einen erweiterten Anwendungsbereich genutzt werden, dann kann der Simulator eventuell den neuen Anwendungsbereich nicht ausreichend abbilden, weil erforderliche Bausteine nicht vorhanden sind.

6. Unzureichende Validierung

   Der Schluß, nach einer großen Anzahl von richtigen Beispielen die Modellabbildung für richtig zu erklären, kann falsch sein, weil es doch noch ein Gegenbeispiel geben kann.

7. Klägliche Präsentation der Ergebnisse
Durch eine mangelhafte Darstellung der Ergebnisse kann die Simulationsstudie ihre Glaubwürdigkeit verlieren.

3.5.3 Defizite bestehender Materialflußsimulatoren

Die angebotenen Werkzeuge im Bereich der Simulation von Produktionsprozessen sind vielfältig (vgl. NOCHE und WENZEL 1991). Der Anwender kann bei der Wahl eines Simulators je nach Kenntnisstand und Neigung von universellen Programmiersprachen über spezielle Simulationssprachen bis hin zu komfortablen, grafischen Simulationsumgebungen für enger abgegrenzte Anwendungsgebiete sein gewünschtes Werkzeug wählen. Bei der Werkzeugwahl spielen dabei sowohl die Mächtigkeit und Flexibilität als auch der Bedienungskomfort des Werkzeuges eine hervorgehobene Rolle.

Simulatoren auf der Ebene von Sprachen (vgl. Abb. 35: (1), (2) und (3)) sind zwar sehr flexibel in ihrer Anwendungsbreite für Simulationsaufgaben, sie sind in der Regel aber nur von Fachleuten zu nutzen. Die bausteinorientierten, grafischen Simulatoren (4) zeichnen sich in der industriellen Praxis durch eine große Beliebtheit aus, da sie gegenüber den sprachorientierten Simulationswerkzeugen für einen gelegentlichen Anwender, wie z.B. einem Fachmann aus einer Produktionsplanungsabteilung, einfacher und schneller bedienbar sind. Die primären Nachteile dieser Simulatoren bestehen jedoch in der fehlenden Flexibilität und der standardmäßig begrenzten Funktionalität bzw. dem begrenzten Funktionsumfang der verschiedenen Bausteine.

Die fehlende Flexibilität drückt sich insbesondere dadurch aus, daß es bei bausteinorientierten Simulatoren nur mit ähnlich hohem Aufwand wie bei Simulationssprachen oder überhaupt nicht möglich sein kann, auch nur leicht geänderte Anforderungen an die Simulation hinsichtlich der Struktur des Modells umzusetzen. So kann es z.B. nur mit großen Aufwand möglich sein, vorhandene einfache Bearbeitungsbausteine (Bearbeitungsstationen) dahingehend zu erweitern, daß sie sogenannte „Montagebausteine" darstellen, in denen zwei oder mehrere Teile bzw. Teileströme zusammenlaufen, montiert bzw. demontiert werden und den Baustein als ein Teil bzw. Teilestrom verlassen.

In der Regel erfordern solche geänderten und zunächst nicht vorgesehenen Anforderungen einen hohen Entwicklungsaufwand, obwohl es ja bereits ähnliche Bausteine gibt. Dieser Aufwand ist im allgemeinen nur zu rechtfertigen, wenn die geänderte Anforderung von einer Vielzahl der Anwender des Simulators verlangt wird. Umgekehrt können geänderte Anforderungen, die nur wenige Anwender verlangen, aus Gründen des Aufwands im allgemeinen nicht umgesetzt werden.

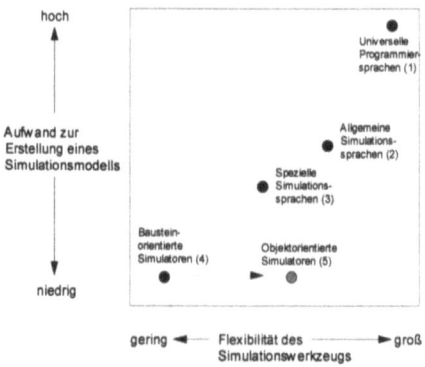

Abb. 35. Qualitative Beziehung zwischen Modellerstellungsaufwand und Flexibilität bei den verschiedenen Klassen von Simulationswerkzeugen.

So ermöglichen die bausteinorientierten Simulatoren zwar einerseits eine erhebliche Reduzierung des zur Erstellung von Simulationsmodellen zu betreibenden Aufwands. Andererseits steigt der zur Entwicklung solcher Simulatoren erforderliche Aufwand jedoch drastisch an. Und dieses gilt um so mehr, wenn vorhandene Simulatoren modifiziert bzw. erweitert werden sollen.

Das Ziel, dem Planer in einem Betrieb eine Methode und ein ausgewogenes Werkzeug in diesem Spannungsfeld zu liefern, ist offensichtlich noch nicht weitgehend genug erreicht worden. Nach den Erfahrungen des Autors wird in mittelständischen und kleineren Unternehmen auf den Einsatz der Simulationstechnik oftmals ganz verzichtet, während bei dem Einsatz der Simulationstechnik in großen Firmen neben den eigentlichen Planern zumeist auch Simulationsexperten an der Planung beteiligt sind. Zudem bietet eine Reihe von speziellen Simulationsdienstleistern ihre Fähigkeiten auf diesem Gebiet interessierten Firmen an. Dieses scheint ein Hinweis darauf zu sein, daß das Werkzeug Simulation von der eigentlichen Zielgruppe, den Planern, nicht vollständig akzeptiert wird, weil seine Handhabung praktischen Anforderungen (noch) nicht vollständig gerecht wird.

3.5 Die Simulationsmethode zur Bewertung von Materialflußsystemen

Unter Simulationsfachleuten wird allgemein angenommen, daß das mögliche Einsatzpotential der Simulationstechnik als entscheidungsunterstützendes Werkzeug im Bereich der Bewertung von Materialflußsystemen bei weitem noch nicht ausgeschöpft ist. Als Gründe für die Ablehnung der Simulationstechnik werden diverse Einzelprobleme genannt (vgl. auch BOCK und MEYER 1993). Die Defizite der vorhandenen Simulationsanwendungen lassen sich in die Bereiche der Nutzbarkeit der Simulation, der Modellierungsmethodik, der Integrationsfähigkeit und der Bedienoberflächen einordnen (vgl. WENZEL 1993). Teilweise stellt die objektorientierte Entwicklung von Simulatoren eine Antwort auf die damit aufgeworfenen Fragen dar. Sie erlaubt es, flexiblere Simulatoren mit geringeren Aufwand zu erstellen (vgl. Punkt (5) in Abb. 35). Was die Integration der Simulation in die betrieblichen Abläufe und in die vorhandenen Systeme anbelangt, existieren weitere Ansätze und Lösungsvorschläge zur Überwindung der Defizite (vgl. z.B. THIM 1992 oder SPLANEMANN 1995).

Im eher simulationstheoretischen Bereich stellt die unbefriedigende Effizienz von Simulationsverfahren eines der größten Defizite dar (vgl. MATTERN und MEHL 1989). Simulation ist zweifellos (rechen-) zeitaufwendig. Schon bei vergleichsweise kleinen Simulationsmodellen entsteht ein immenser Rechenaufwand. Handelt es sich dann noch um stochastische Simulationsmodelle, bei denen einige Eingangswerte Zufallsvariablen einer bestimmten Verteilung entsprechen, steigt der Rechenzeitbedarf dramatisch. In solchen Fällen müssen in Abhängigkeit von der geforderten Genauigkeit eine Vielzahl von Simulationsläufen durchgeführt werden, um nur ein einziges Experiment durchzuführen bzw. ein einziges Ergebnis zu erhalten. Sollen mehrere Ergebnisse miteinander verglichen werden, steigt der Rechenzeitbedarf weiter an. Dieses ist typischerweise bei Optimierungsexperimenten der Fall. Bei solchen Fragestellungen sind im Verlaufe der Untersuchungen ganze Serien von Experimenten, z.B. bei einer vollständigen Enumeration der Eingangswerte, durchzuführen. Aber auch effizientere Optimierungsverfahren als die vollständige Enumeration müssen noch einen großen Teil des Suchraums nach dem Optimum durchsuchen, d.h. sie müssen eine Vielzahl von Ergebnissen miteinander vergleichen.

Aber nicht nur bei stochastischen Modellen und Fragen der Optimierung weisen die vorhandenen Simulationskonzepte Defizite auf. Auch die Modellgröße und der Detaillierungsgrad sind derzeit noch wegen des Rechenzeitbedarfs auf praktikable Größen und Grade begrenzt. Der Rechenzeitaufwand steigt mit der Modellgröße und dem Detaillierungsgrad nämlich nicht proportional, sondern zuweilen exponentiell an. Soll z.B. die Modellgenauigkeit durch die Betrachtung entsprechend vieler Modellereignisse verdoppelt werden, so kann dieses unter Umständen eine Vervierfachung des Rechenzeitbedarfs bedeuten.

Um dieses Defizit der Rechenzeiten zu überwinden, werden einerseits Verbesserungen der vorhandenen, im weiteren auch als „sequentiell" bezeichneten, Simulationsverfahren vorgenommen. Andererseits wird aber auch versucht, Simulationsverfahren zu parallelisieren. Dieses macht insbesondere auch vor dem Hintergrund Sinn, daß die weitere Verkleinerung der Schaltkreise von Rechnerprozessoren schon bald an physikalische Grenzen stoßen wird und Mehrprozessorrechner daher zunehmend an Bedeutung gewinnen werden.

Das Ziel der folgenden Kapitel 4 bis 6 ist das Aufzeigen der Grenzen der sequentiellen Simulationsverfahren und der Defizite derzeitiger paralleler Simulationsverfahren sowie die Überwindung dieser Grenzen durch die Entwicklung eines neuartigen parallelen Simulationsverfahrens.

4 Die objektorientierte Analyse eines Materialflußsimulators

Die in Kapitel 2 erwähnten Schwächen der strukturierten Softwareentwicklung treffen insbesondere auch auf die Entwicklung von Simulationsanwendungen für die Materialflußsimulation zu.

Die objektorientierte Vorgehensweise kann einen wesentlichen Beitrag zur effizienten Lösung der geschilderten Defizite in Kapitel 3.5.3 leisten. Ziel der objektorientierten Softwareentwicklung ist es ja gerade, den Aufwand für die Erweiterung von Software erheblich zu reduzieren: Mittels der Objektorientierung wäre es wesentlich einfacher möglich, eventuell neu zu entwerfende Bausteinklassen (z.B. Montagebausteine) aus bestehenden Bausteinklassen (z.B. Bearbeitungsbausteinen) abzuleiten. Wichtig ist hierbei, daß der eigentliche Simulationskern, d.h. die Abarbeitung von Ereignissen im Simulator über klar definierte Schnittstellen erfolgt, die auch für Bausteinklassen gelten, an die bei der erstmaligen Implementierung des bausteinorientierten Simulators noch gar nicht gedacht wurde. Die objektorientierte Softwareentwicklung kann durch die strenge Modularität und die Unterstützung der Erweiterung von Typen einen hervorragenden Beitrag hierzu leisten. Mittels der objektorientierten Softwareentwicklung wird somit versucht, eine höhere Flexibilität des Softwarewerkzeugs bei niedrigem Modellierungsaufwand (siehe Punkt (5) in der Abb. 35) zu erreichen. Um diesem Ziel Rechnung zu tragen, ist die im folgenden dargestellte Entwicklung eines Materialflußsimulators daher „objektorientiert". Da der Schwerpunkt der Arbeit auf dem sequentiellen Simulatorkern und dessen Parallelisierung liegt, werden die anderen Bereiche des bausteinorientierten Simulators nur soweit exemplarisch und vom Konzept her behandelt, daß ein grundlegendes Verständnis der Gesamtzusammenhänge ermöglicht wird.

Die Basis für die hier vorgestellte, objektorientierte Modellierung sowie insbesondere für die Verarbeitung der simulierten Ereignisse sind die Arbeiten von LUCAS und RÖMMERMANN (1987) sowie von BOCK und MEYER (1988). In diesen Arbeiten ist das bausteinorientierte Simulationssystem FSS (FertigungsSimulationsSystem) für die Simulation von Materialflußsystemen speziell bei Automobilherstellern mittels eines Ansatzes der strukturierten Softwareentwicklung realisiert worden. Die Besonderheit dieses Ansatzes und auch der wesentliche Ausgangspunkt für diese Arbeit besteht darin, daß die ereignisorientierte Simulation mit FSS keine sogenannte Ereignisliste benötigt. Hierauf wird in Kapitel 4.3.2. detailliert eingegangen werden.

96 4 Die objektorientierte Analyse eines Materialflußsimulators

Die objektorientierte Modellierung konnte im Rahmen dieser Arbeit nicht in eine rein objektorientierte Weiterentwicklung des FSS-Simulators umgesetzt werden. Dazu hätte es einer kompletten Neuimplementierung bedurft. Da der FSS-Simulator aus mehr als 30.000 Zeilen Pascal-Programmanweisungen besteht, hätte die vorliegende Arbeit zu sehr den Charakter eines reinen Softwareprojektes angenommen. Es wurden daher, basierend auf der objektorientierten Philosophie, weite Teile von FSS im Zuge eines Reengineering der vorhandenen Implementierung in eine stärker *objektbasierte* (vgl. Kapitel 2.2) Implementierung überführt.

Das Kapitel 4 gliedert sich nun wie folgt: In Kapitel 4.1 werden die grundlegenden Subjekte eines Simulators analysiert und dargestellt. Eine durch die Objektorientierung besonders unterstützte Erweiterungsmöglichkeit wird in Kapitel 4.2 exemplarisch beschrieben. Im Kapitel 4.3 wird auf den Simulatorkern zur Ablaufsteuerung einer Simulation eingegangen. Es werden zwei wesentlich unterschiedliche Verfahren detailliert erläutert und verglichen, da dies der Ausgangspunkt für das Kapitel 5 sein wird. Wie bereits erwähnt, sind Teile der objektorientierten Analyse in den Simulator FSS eingeflossen. Um ein grundlegendes Verständnis für das Simulationssystem FSS zu erhalten, wird es in Kapitel 4.4 in einer zusammenfassenden Übersicht beschrieben.

4.1 Modellierung grundlegender Subjekte

Aufgrund der Komplexität eines bausteinorientierten Simulators ist es sinnvoll, die Darstellung entsprechend der objektorientierten Vorgehensweise auf mehrere Subjekte aufzuteilen (siehe Abb. 36).

1. Modell	2. Werkstueck	3. Simulator	4. Stochastik
Modell	Werkstueckliste	Ereignisliste	Verteilungen
Baustein	Werkstueck	Ereignis	Zufallszahl

Abb. 36. Objektorientierte Analyse eines Simulators: Subjekte (Auszug).

Zu den wichtigen Bereichen eines bausteinorientierten Simulators gehören das Modell, die Werkstücke, der Bereich der Stochastik und der Simulator selbst. Die Subjekte *Modell*, *Werkstücke* und *Stochastik* werden, wie bereits angedeutet, nur exemplarisch erläutert. Detaillierter wird auf das Subjekt *Simulator* mit den wichtigen Klassen *Ereignisliste* und *Ereignis* eingegangen werden.

4 Die objektorientierte Analyse eines Materialflußsimulators 97

4.1.1 Subjekt Modell

Die in einem Modell existierenden Bausteine, die der Anwender zunächst „wiederfinden" möchte, können direkt als Klassen des zu entwickelnden Softwaresystems modelliert werden. Dies ist in Abb. 37 dargestellt.

In einem Materialflußsystem bzw. einem Modell fließen Werkstücke durch eine Reihe von Bausteinen, aus denen das Modell zusammengesetzt ist. Das Modell selbst wird also mittels einer Reihe von Klassen und Objekten abgebildet. Die zentrale Klasse bzw. das zentrale Objekt ist somit das (Simulations-)Modell eines geplanten oder realisierten Materialflußsystems. Die Attribute eines Modells lauten z.B. *name*, *kurzbeschreibung* usw. Zur Verwaltung und Simulation eines Modells dienen Methoden wie *Erstellen*, *Ändern* und *Löschen*. Hinzu kommen z.B. Methoden für die grafische Darstellung, das Initialisieren und das Simulieren eines Modells. Betrachtet man ein Modell als eine Liste von Bausteinen, so könnte man ein Modell auch als eine Spezialisierung einer verketteten Liste modellieren. Ein Modell verfügt so über alle Attribute einer verketteten Liste und die darauf zulässigen Methoden zum Einfügen, Löschen und Zugreifen auf die Listenelemente. Listenelemente sind die Bausteine, die ihrerseits wiederum Spezialisierungen der Klasse *Listenelement* sind.

Da die Bausteine eines Modells einige gemeinsame Attribute aufweisen, können sie in einem ersten Schritt in einer einzigen Klasse *Baustein* zusammengefaßt werden. Die Attribute dieser Klasse gliedern sich in unterschiedliche Gruppen. Hierzu gehören die vom Anwender des Simulators anzugebenden Grunddaten des Bausteins (z.B. *id*, *name* usw.), die Eigenschaften für das Simulationsverhalten (z.B. die Attribute *zustand*, *protokollieren* usw.) und die grafischen Eigenschaften (z.B. die Attribute *x_koordinate*, *y_koordinate* usw.). Für die Aufnahme der bausteinbezogenen Simulationsergebnisse muß jedes Objekt dieser Klasse über eine Reihe von Attributen für Kenndaten verfügen (z.B. die Attribute *ausbringung*, *gesamt_laufzeit*, *gesamt_stoerzeit* usw.).

Als abgrenzbare Bereiche für die verschiedenen Methoden der Klasse *Baustein* lassen sich analog zu den Attributen u.a. die Modellverwaltung, die Simulationsdurchführung, die Ergebnisaufbereitung und -ausgabe sowie die grafische Darstellung und Animation nennen. Beispielhafte Methoden hierfür sind z.B. das Initialisieren, Aktualisieren, das Berechnen von Kenndaten sowie das Zeichnen eines Bausteins. Die rekursive mc:mc-Beziehung der Klasse *Baustein* drückt aus, daß ein Baustein keinen, einen oder mehrere Vorgänger und Nachfolgerbausteine haben kann.

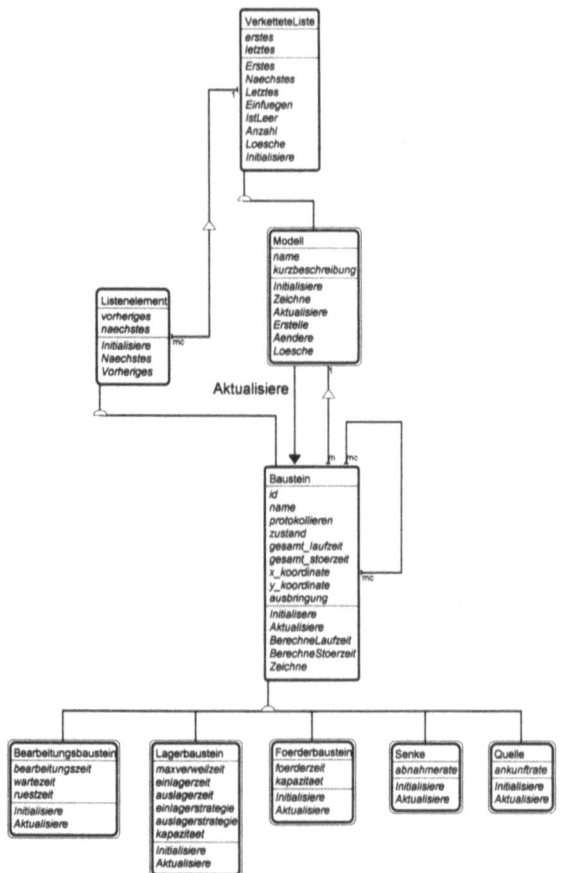

Abb. 37. Objektorientierte Analyse eines Simulators: Subjekt Modell (Auszug).

Die bisher betrachtete Klasse *Bausteine* ist abstrakt. Sie verfügt noch nicht über die Eigenschaften der folgenden spezialisierten Bausteine, mit denen eine bausteinorientierte Simulation erst Sinn macht.

Die Bausteine eines Materialflußsystems lassen sich zunächst vereinfachend durch die Vererbungsbeziehung der Klasse *Baustein* in die Klassen *Bearbeitungs-, Lager-* und *Förderbaustein* spezialisieren. Mit diesen drei Bausteinklassen lassen sich die Grundfunktionen eines Materialflußsystems bereits abbilden. Das Modell ist außerdem nach außen hin abgrenzbar durch die spezialisierten Klassen *Quelle* und *Senke*.

Bearbeitungsbausteine sind spezialisiert für die *Fertigung* von Werkstücken. Dazu verfügen sie über zusätzliche Eigenschaften wie z.b. die Attribute *bearbeitungszeit*, *wartezeit* und *ruestzeit*, die das Zeitmodell für die Bearbeitung abbilden.

Lagerbausteine bilden das *Lagern* von Werkstücken ab und müssen hinsichtlich dieser Eigenschaft spezialisiert werden. So ist es z.b. sinnvoll, die Attribute *einlagerzeit*, *maxverweilzeit*, *auslagerzeit*, *einlagerstrategie*, *auslagerstrategie* zu definieren. Ferner verfügen Lager üblicherweise über eine anzugebende Lagerkapazität.

Die Förderbausteine übernehmen die Aufgabe, Bearbeitungs- und Lagerbausteine miteinander zu verknüpfen. Sie *transportieren* die Werkstücke zwischen den Bearbeitungsbausteinen und Lagerbausteinen. Zu diesem Zweck verfügen sie über spezielle Eigenschaften wie z.B. die *foerderzeit* und die *kapazitaet*.

Quellen sind die Eingangspunkte eines Modells. Eine spezialisierte Eigenschaft wäre z.B. die Möglichkeit, eine Ankunftsrate von Werkstücken definieren zu können. Im umgekehrten Sinne gilt dieses dann auch für die Senken und die Abnahmerate.

Die in Abb. 37 dargestellte Übermittlung der Nachricht *Aktualisiere* von der Klasse *Modell* an die Klasse *Baustein* drückt beispielhaft folgendes aus: Wählt der Anwender z.B. ein Modell über die Benutzungsoberfläche zur Bearbeitung, so soll dieses Modell grafisch dargestellt werden. Im Zuge der Interaktion mit dem Anwender gelangt die Nachricht „Zeichne" an die Klasse *Modell*. Während der Ausführung der Methode *Zeichne* ruft die Klasse *Modell* ihrerseits die Klasse *Baustein* auf und fordert die Objekte dieser Klasse ebenfalls auf, „sich zu zeichnen".

```
 1  TYPE
 2  Baustein = OBJECT(Listenelement)
 3    PROCEDURE Initialisiere (...); VIRTUAL
 4    PROCEDURE Aktualisiere (...); VIRTUAL
 5    PROCEDURE BerechneLaufzeit (...); VIRTUAL
 6    PROCEDURE BerechneStoerzeit (...); VIRTUAL
 7    PROCEDURE Zeichne (...); VIRTUAL
 8
 9    PRIVATE
10    id                : Cardinal
11    name              : String
12    zustand           : (funktionsfähig, gestört, stillstand)
13    protokollieren    : Boolean
14    gesamt_laufzeit   : Cardinal
15    gesamt_stoerzeit  : Cardinal
16    ausbringung       : Cardinal
17    x_koordinate      : Cardinal
18    y_koordinate      : Cardinal
19  END
```

Abb. 38. Darstellung der Definition bzw. Schnittstelle der abstrakten Klasse *Baustein* auf Pseudocodeebene.

Die Aggregation zwischen der Klasse *Modell* und der Klasse *Baustein* drückt aus, daß ein Objekt der Klasse *Modell* mit einem oder mehreren Objekten der Klasse *Baustein* in Beziehung steht, d.h., ein Modell besteht üblicherweise aus mehreren Bausteinen. Ein Objekt der Klasse *Baustein* ist bei dieser Modellierung genau einem Modell zugeordnet. Diese Beziehung gilt auch für alle Spezialisierungen der Klasse *Baustein*. Diese Vererbung von Beziehungen bezieht sich ebenfalls auf die rekursive mc:mc-Beziehung der Klasse *Baustein* auf sich selbst. Durch diese Beziehung werden die Vorgänger- und Nachfolgerbeziehungen von Bausteinen in einem Modell ausgedrückt. Ein Baustein hat keinen, einen oder mehrere Nachbarn.

Die Umsetzung der objektorientierten Analyseergebnisse kann in objektorientierten Programmiersprachen weitgehend direkt erfolgen. Ein mögliches Design der Klasse *Baustein aus* Abb. 37 ist ansatzweise in Abb. 38 in Pseudocode dargestellt. In dem Beispiel wird durch das Schlüsselwort OBJECT in Zeile 2 ausgedrückt, daß die Klasse *Baustein* eine Spezialisierung der Klasse *Listenelement* ist und somit auch über dessen Attribute und Methoden verfügt.

4.1.2 Subjekt Werkstück

Eine weitere wesentliche Klasse eines Simulators für Materialflußsysteme ist die Klasse *Werkstück*. Die Werkstücke sind von temporärer Natur. Sie betreten das Materialflußsystem zu einem bestimmten Zeitpunkt über die Quelle, durchlaufen die Materialflußkomponenten und verlassen das System zu einem bestimmten Zeitpunkt durch die Senke wieder. Werkstücke bezeichnen somit die Teile und Baugruppen, die im Materialflußsystem bearbeitet, transportiert und gelagert werden. In Abb. 39 ist der Bereich zur Modellierung der Werkstücke dargestellt.

Die Werkstücke müssen für eventuelle werkstückbezogene Untersuchungen bzw. Aufgabenstellungen - z.B. Ermittlung von Durchlaufzeiten usw. - eindeutig identifizierbar sein. Anhand dieser Identität bzw. des Werkstücktyps kann auch entschieden werden, wie die einzelnen Werkstücke das Materialflußsystem zu durchlaufen haben. Die Attribute eines Werkstückes lauten somit u.a. *id, teilenr* und *typ*. Um statistische Ergebnisse über die Werkstücke zu erhalten, kommen entsprechende Eigenschaften bzw. Attribute wie z.B. *eintrittszeitpunkt, austrittszeitpunkt* usw. hinzu. Die wesentlichen Methoden der Klasse *Werkstück* dienen der Verarbeitung der Attribute; dazu gehören z.B. das Initialisieren, das Ermitteln der Durchlaufzeit sowie das Setzen des Eintritts- und Austrittszeitpunktes.

4 Die objektorientierte Analyse eines Materialflußsimulators 101

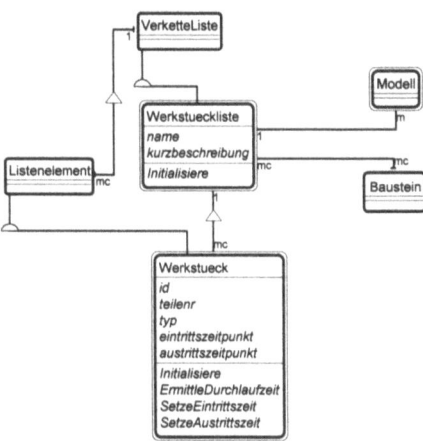

Abb. 39. Analyse eines objektorientierten Simulators: Subjekt Werkstueck (Auszug).

Mehrere Werkstücke lassen sich in einer Werkstückliste zusammenfassen. Sowohl die Klasse *Baustein* als auch die Klasse *Modell* machen nur dann Sinn, wenn sie eine Beziehung zu einem bzw. mehreren Objekten der Klasse *Werkstückliste* haben. So wird ein Objekt der Klasse *Lagerbaustein* eine Liste der Werkstücke beinhalten müssen, die sich gerade im Lager „befinden".

Da es sich bei den Werkstücken wiederum um eine Listenorganisation handelt, kann man sowohl die Klasse *Werkstückliste* als auch die Klasse *Werkstücke* als Spezialisierungen der Klasse *VerketteteListe* bzw. der Klasse *Listenelemente* modellieren.

4.1.3 Subjekt Stochastik

Eine wesentliche Motivation für die Durchführung von Simulationsuntersuchungen ist die Berücksichtigung von zufälligen Einflüssen, wie z.B. Störungen von Anlagen oder zufälligen Bearbeitungszeitschwankungen aufgrund von Spitzenlasten im Stromnetz. Damit man dieses Verhalten von Materialflußsystemen bei der Simulation berücksichtigen kann, muß der Simulator über eine stochastische Komponente verfügen. In Abb. 40 ist das Subjekt *Stochastik* abgebildet, das diesen Teil des Simulators modelliert .

Der Ausgangspunkt in Abb. 40 ist die Klasse, die über zufällige Eigenschaften verfügen muß. Dies ist die Klasse *Baustein*. Während des Simulationsablaufes ist es u.a. notwendig, die zufälligen Zeitpunkte für Störungsbeginne festzulegen und als Ereignisse in die Ereignisliste einzutragen. Die Objekte der Klasse *Baustein* stehen zu diesem Zweck mit den Objekten der Klasse *Verteilung* in Beziehung zueinander. Dadurch wird ausgedrückt, daß ein Objekt der Klasse *Baustein* bzgl. der stochastischen Eigenschaften sich gemäß einer bestimmten Verteilung verhält.

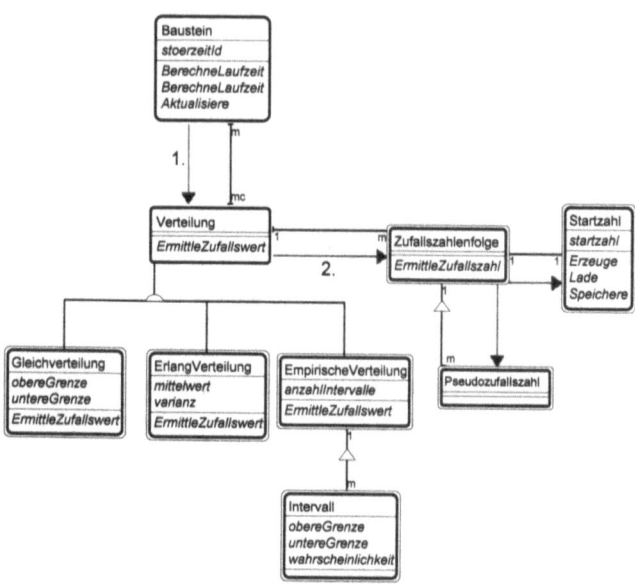

Abb. 40. Analyse eines objektorientierten Simulators: Subjekt Stochastik (Auszug).

Die Klasse *Verteilung* selbst ist abstrakt, d.h. sie definiert nur eine allgemeine Schnittstelle. Diese spezifiziert, in welcher Form ein Objekt der Klasse *Verteilung* eine Nachricht erwartet, nämlich durch Aufruf einer Funktion *ErmittleZufallswert* mit der Referenz *id* auf eine Verteilung und einem Wert als Rückgabeparameter (vgl. Abb. 41, Zeile 3). Die Klasse *Verteilung* ist in diesem Szenario spezialisiert in die Klassen *Gleichverteilung*, *ErlangVerteilung* und *EmpirischeVerteilung*. Diese drei Klassen sollen hier ausreichen, um das stochastische Verhalten von Bausteinen abzubilden. Aufgrund der unterschiedlichen Eigenschaften der drei genannten Klassen ist in jeder Klasse die Methode *ErmittleZufallswert* an die jeweilige Klasse, d.h. Verteilungsart, angepaßt. Diese Anpassung betrifft allerdings nicht die Schnittstelle - die ist in der abstrakten Klasse *Verteilung* definiert - sondern nur die interne Ausführung.

4 Die objektorientierte Analyse eines Materialflußsimulators

Um einen Zufallswert einer Verteilung generieren zu können, wird eine Pseudozufallszahl benötigt, die aus einer Zufallszahlenfolge entnommen werden kann. Sowie ein Objekt der Klasse *Verteilung* durch die Klasse *Baustein* mit der 1. Nachricht aufgefordert wird, einen Zufallswert zu ermitteln, benutzt das Objekt der Klasse *Verteilung* seinerseits die Methode *ErmittleZufallszahl* der *Klasse Zufallszahlenfolge* mittels der 2. Nachricht. Auf der Basis von einer oder mehreren Zufallszahlen werden dann die verschiedenen Verteilungen durch Umrechnungen realisiert. Um eine Zufallszahlenfolge benutzen zu können, ist es notwendig, eine erste zufällige Zahl zu generieren, die sogenannte Startzahl. Diesen Dienst stellt die Klasse *Startzahl* zur Verfügung. Um eine Zufallszahlenfolge zu reproduzieren, ist es natürlich möglich, verwendete Startzahlen zu speichern bzw. erneut zu laden.

```
1 TYPE
2   Verteilung = OBJECT
3   FUNCTION ErmittleZufallswert(id: Cardinal): Cardinal; VIRTUAL
4 END
```

Abb. 41. Darstellung der Definition bzw. Schnittstelle der abstrakten Klasse *Verteilung* auf Pseudocodeebene.

In Abb. 42 ist ausschnittsartig dargestellt, wie der Aufruf auf Programmebene ausgeführt wird: Im Zuge der Ausführung der Methode *Baustein.Aktualisiere* wird z.B. festgestellt, daß ein Störungsbeginn ermittelt werden muß. Das Objekt der Klasse *Baustein* ist zu diesem Zweck mit einem Objekt der Klasse *Verteilung* verbunden. Im Attribut *stoerzeitId* ist die Referenz auf ein solches Objekt bzw. auf eine konkrete Verteilung abgelegt. Bei dem Erzeugen bzw. Erstellen der Verknüpfung wurde festgelegt, welcher Art diese Verteilung ist: z.B. gleichverteilt, Erlang-verteilt oder empirisch verteilt. Durch den Aufruf der Methode *ErmittleZufallswert* für das im Baustein referenzierte Objekt der Klasse *Verteilung* (siehe Zeile 2) ermittelt das Laufzeitsystem der Programmiersprache, um welche Verteilung es sich konkret handelt, d.h. es sucht das Objekt in der Vererbungshierarchie und gibt einen entsprechenden Zufallswert zurück. Der Methodenaufruf *ErmittleZufallswert* wird dynamisch zur Laufzeit an den Methodenrumpf *ErmittleZufallswert* eines Objektes der Klassenhierarchie der Klasse *Verteilung* gebunden, z.B. an ein Objekt der Klasse *Gleichverteilung*.

Durch die Vereinbarung der abstrakten Klasse *Verteilung* ist definiert, daß die Benutzung der Methode *ErmittleZufallswert* stets die gleiche, dargestellte Schnittstelle hat, selbst wenn später einmal das Subjekt *Stochastik* um eine Normalverteilung erweitert werden sollte. Der Programmteil in Abb. 42 muß nicht angepaßt werden.

```
1 ...
2 zeitpunkt := Verteilung.ErmittleZufallswert (baustein.stoerzeitId)
3 Ereignis.Initialisiere (stoerzeitbeginn, zeitpunkt)
4 ...
```

Abb. 42. Benutzung der Methode *Verteilung.ErmittleZufallswert* im Rahmen der Methode *Baustein.Aktualisiere*.

4.2 Erweiterungsmöglichkeiten

Wenn die vorhandenen Bausteine nicht ausreichen, um ein Materialflußsystem in ein Simulationsmodell abzubilden, lassen sich aus vorhandenen Klassen mittels Vererbung neue Klassen ableiten. Dieser Vorgang kann einem Anwender allerdings nicht zugemutet werden. Vielmehr ist hier der Softwareentwickler gefordert. Durch die objektorientierte Struktur des Simulators wird diese Entwicklungsarbeit besser unterstützt, so daß der Aufwand hierfür stark sinkt.

Im folgenden wird angenommen, daß der Simulator um den Baustein „Montagestation" erweitert werden soll. Eine Montagestation stellt eine Verfeinerung einer Bearbeitungsstation dar. Die Montagestation besitzt zunächst auch die Eigenschaften des zuvor behandelten allgemeinen Bausteins, d.h. sie besitzt z.B. auch einen Namen, ein Laufzeit- und Störzeitverhalten usw. Ferner verfügt sie auch über die Eigenschaften eines Bearbeitungsbausteins. Wesentlicher Unterschied ist jedoch, daß bei der Montage mehrere Materialflüsse bzw. Werkstücke zusammenfließen, um dann nach dem Montageprozeß als ein montiertes oder demontiertes Werkstück den Weg im Materialflußsystem fortzusetzen. Die Klasse *Montagebaustein* in einem Materialflußsystem kann somit durch Erweiterung der bereits vorhandenen Klasse *Bearbeitungsbaustein* relativ leicht modelliert werden. Eine neue Klasse von Objekten erbt alle Attribute und Methoden der übergeordneten Klasse. Für die Modellierung einer Klasse *Montagebaustein* werden die Attribute der Klasse *Bearbeitungsbaustein* um neue montagespezifische Attribute ergänzt.

Es muß z.B. vom Anwender des Simulators beschrieben werden, welche Werkstücke montiert werden und welches neue Werkstück dabei entsteht. Ebenso müssen Methoden für die Durchführung des Montagevorgangs neu hinzugefügt werden, d.h. es müssen Werkstücke softwaretechnisch vernichtet und erzeugt werden. Außerdem ist

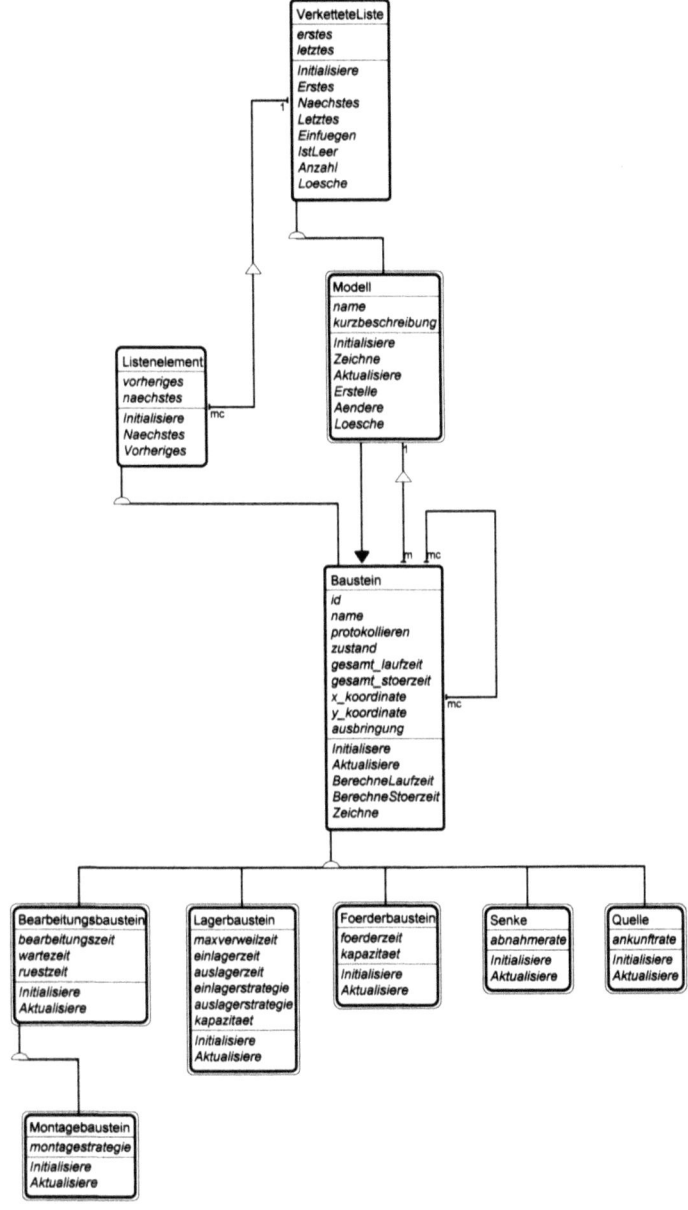

Abb. 43. Spezialisierung der Klasse *Montagebaustein* aus der Klasse *Bearbeitungsbaustein*.

festzulegen, wie sich die Montagestation zu verhalten hat, wenn nicht alle der zu montierenden Werkstücke vorhanden sind. Einige geerbte Methoden werden somit verändert, so z.B. die Aktualisierung des Zustandes. Hingegen brauchen einige andere geerbte Methoden, z.B. zur Modellverwaltung, nicht geändert werden.

Die Erweiterung des Simulators um die Klasse *Montagebaustein* ist in Abb. 43 grafisch veranschaulicht. Aus der Klasse *Bearbeitungsbaustein* kann durch die Vererbung die Klasse *Montagebaustein* als direkter Nachfahre abgeleitet werden. In objektorientierten Programmiersprachen wird dieser Vererbungsmechanismus unterstützt, wie in Abb. 44 gezeigt wird.

```
1 TYPE
2 Montagebaustein = OBJECT(Bearbeitungsbaustein)
3   PROCEDURE Aktualisiere (...); VIRTUAL
4   PROCEDURE Initialisiere (...); VIRTUAL
5
6 PRIVATE
7   montagestrategie : Strategietyp
8 END
```

Abb. 44. Darstellung der Klasse *Montagebaustein* auf Pseudocodeebene.

In dem Pseudocode wird durch den auf das Schlüsselwort OBJECT in Klammern folgenden Typbezeichner bzw. Klassennamen „Bearbeitungsbaustein" die Vererbung zum Ausdruck gebracht. Die Klasse *Montagebaustein* ist somit ein direkter Nachkomme der Klasse *Bearbeitungsbaustein* und erbt alle Attribute und Methoden eines Bearbeitungsbausteins (vgl. hierzu Abb. 38). Daher ist in der Vereinbarung auch nur das Attribut *montagestrategie* neu (und in diesem Beispiel vereinfachend) hinzugekommen. Zudem werden für diese Klasse nur die Methoden vereinbart, die entweder neu sind oder geändert werden. Da sich die Methoden zur Modellverwaltung (Speichern, Laden, Zeichnen) der Klasse *Montagebaustein* nicht gegenüber den Methoden der Klasse *Bearbeitungsbaustein* unterscheiden, werden sie in der Deklaration der Klasse *Montagebaustein* in Abb. 44 nicht neu aufgeführt.

Der Aufruf dieser Methoden bezüglich eines Objektes *Montagebaustein* hat zur Folge, daß die Methoden des Vorfahren *Bearbeitungsbaustein* ausgeführt werden. Die Methode zur Aktualisierung des Modells einschließlich aller Bausteine braucht bzgl. dieser Erweiterung nicht verändert werden (vgl. Abb. 45 und Abb. 21).

Analog können Erweiterungen in anderen Bereichen des Simulators, z.B. die Hinzunahme weiterer Verteilungstypen, realisiert werden.

```
 1  PROCEDURE Modell.Aktualisiere(zeitraum: Cardinal)
 2
 3  BEGIN
 4    modell.bausteineListe.GeheZumAnfang
 5    WHILE modell.bausteinliste.NichtLeer DO
 6      temp := modell.bausteinliste.HoleNaechstes
 7      temp.Aktualisiere(zeitraum)
 8      modell.bausteinliste.Update(temp)
 9    END
10  END
```

Abb. 45. Pseudocode zur Aktualisierung aller Bausteine eines Modells.

4.3 Modellierung des Subjektes Simulator

Neben den bereits skizzierten Klassen und Objekten müssen noch weitere Klassen definiert werden, die den Ablauf der Simulation steuern. Diese Klassen werden im Subjekt *Simulator* zusammengefaßt. Im folgenden soll dieses Subjekt genauer betrachtet werden.

Die wesentliche Aufgabe der Klassen des Subjektes *Simulator* besteht darin, die Zeit in einer geeigneten Art und Weise abzubilden. In Abb. 46 sind verschiedene Möglichkeiten für eine solche Abbildung dargestellt. Das klassische Verfahren der ereignisorientierten Simulation basiert nach TOCHER (1962) typischerweise auf der Verwaltung zukünftiger Ereignisse in einer Liste, die aus diesem Grunde auch als „Ereignisliste" bezeichnet wird. Verfeinerungen dieses Verfahrens arbeiten ebenfalls auf der Grundlage einer Ereignisliste, benutzen aber Hilfsorganisationen (z.B. BROWN 1988), um eine effizientere Ablaufsteuerung zu realisieren. Obwohl diese grundlegende und effiziente Datenstruktur für die Ablaufsteuerung in dieser Arbeit aus noch darzulegenden Gründen letztendlich nicht gewählt worden ist, wird sie zu Vergleichszwecken dennoch zunächst in Kapitel 4.3.1 objektorientiert präsentiert und erläutert, da sie eine übliche Lösung darstellt. Neben den auf einer Ereignisliste basierenden Ansätzen wurden auch Verfahren entwickelt, die ohne eine zentrale Ereignisliste (GOSH 1985) oder gänzlich ohne Ereignisliste arbeiten (LUCAS und RÖMMERMANN 1987 sowie BOCK und MEYER 1988). Auf das ohne Ereignisliste arbeitende Verfahren, das in dem Simulationssystem FSS realisiert worden ist, wird in Kapitel 4.3.2 eingegangen.

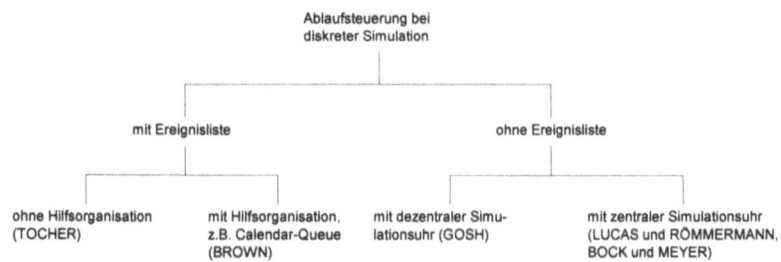

Abb. 46. Klassifikation von Ablaufsteuerungen der diskreten Simulation.

Zur Veranschaulichung der beiden unterschiedlichen Verfahren der Ablaufsteuerung, soll ein kleines Modell eines Materialflußsystems dienen. Es besteht lediglich aus fünf Bausteinen und ist in Abb. 47 abgebildet.

| 1: Quelle | 2: Strecke 1 | 3: Maschine | 4: Strecke 2 | 5: Senke |

Abb. 47. Beispielhaftes Simulationsmodell.

Bei der Darstellung der Verfahren der Ablaufsteuerung wird die Betrachtung auf das Stör- und Laufzeitverhalten der Objekte der Klasse *Baustein* beschränkt. Der Zustand eines Bausteins kann entweder „funktionsfähig" oder „gestört" sein (vgl. auch Abb. 22). Er wird im Zuge der Ausführung der Methode *Aktualisiere* der Klasse *Baustein* bestimmt, wie im folgenden noch erläutert werden wird. Die Simulationsdauer wird für das folgende Beispiel mit 500 Zeiteinheiten angenommen.

4.3.1 Ablaufsteuerung mit Ereignisliste

Die Ereignisliste dient als „Terminkalender" für den Simulator. Ein Ereignis definiert den Anfang eines neuen und das Ende eines alten Modellzustandes. Es stellt somit einen Zeitpunkt dar, zu dem sich der Modellzustand ändert. Der Begriff des Ereignisses wird also *nicht*, wie zuweilen in der Umgangssprache üblich, für die Beschreibung einer Zeitdauer verwendet sondern exakt für einen Zeitpunkt auf der Zeitachse. Für die Nachbildung eines realen, diskreten Fertigungsablaufes genügt es, nur solche Zeitpunkte zu betrachten, in denen Ereignisse auftreten. Zwischen den Ereigniszeitpunkten ändert sich der Modellzustand nicht. Da bei dieser Sicht der realen Welt nur bei Eintritt eines Ereignisses der Modellzustand zu aktualisieren ist, steuert die Folge der eintre-

4 Die objektorientierte Analyse eines Materialflußsimulators

tenden Ereignisse den Simulationsablauf. Bei dieser Betrachtungsweise hängt die Genauigkeit der Simulationsergebnisse natürlich ganz wesentlich davon ab, welche Ereignisse als simulationsrelevant und welche als nicht simulationsrelevant betrachtet werden. Zu viele Ereignisse wirken sich negativ auf die Performance eines Simulators aus, zu wenige Ereignisse vereinfachen hingegen die Realität zu stark und machen die Simulationsergebnisse wertlos. Ereignisse können je nach Modellierung viel oder wenig Informationen bzw. Attribute beinhalten. Die minimal notwendigen Attribute eines Ereignisses sind
- der Zeitpunkt in dem das Ereignis auftritt und
- der Typ des Ereignisses.

Was den Ereignistyp betrifft, werden hier u.a. folgende Attributwerte des Attributs *typ* der Klasse *Ereignis* für die Simulation von Materialflußsystemen berücksichtigt:
- Bearbeitungsbeginn und -ende eines Bearbeitungsbausteins,
- Förderbeginn und -ende eines Förderbausteins,
- Störungsbeginn und Störungsende eines Bausteins und
- Ende eines Simulationslaufs.

Bei diesen minimalen Informationen muß sich aus dem Modellzustand ableiten lassen, für welchen Baustein ein Ereignis bestimmt ist. Sofern sich dieser Zusammenhang aus dem Modellzustand nicht ergibt, muß eine Beziehung zwischen Ereignissen und Bausteinen hergestellt werden. Ein Ereignis bezieht sich dann jeweils auf genau einen Baustein. Ein Baustein kann dagegen mehrere Ereignisse auslösen. Eine qualitativ hochwertige Modellierung von Ereignislisten sollte nach KINGSTON (1984) die fünf Kriterien
- Effizienz,
- Robustheit,
- Anpassungsfähigkeit,
- Allgemeinheit und
- Einfachheit

erfüllen. Obwohl die sequentielle, verkettete Liste das Kriterium der Effizienz nicht unter allen Umständen erfüllt, ist sie für die Darstellung der ereignisorientierten Simulation mit einer Ereignisliste besonders geeignet, da sie alle anderen vier Kriterien sehr gut erfüllt. Die Modellierung ist besonders *einfach* und die Verwaltung der Ereignisse kann mittels als bekannt vorauszusetzender Standardfunktionen der Listenmanipulation erfolgen. Sie wird daher auch im folgenden als Grundlage der Darstellung gewählt. Solange die Anzahl der einzuplanenden Ereignisse nicht zu groß wird (<50), kann mit der sequentiellen, verketteten Liste auch dem Effizienzkriterium Rechnung getragen werden. Qualitativ höherwertig einzuschätzende Modellierungen sowie ein umfangreicher Vergleich verschiedener Modellierungsansätze können in JONES (1986) nachgelesen werden. Die sequentielle Ereignisliste in ihrer einfachsten Form ist in Abb. 48 veranschaulicht.

Abb. 48. Ereignisliste als einfach verkettete Liste.

In die Ereignisliste werden alle Ereignisse chronologisch sortiert nach ihrem Ereigniszeitpunkt eingetragen. Man spricht hierbei auch vom „Einplanen". Das Einfügen bzw. Einplanen eines neuen Ereignisses benötigt bei der sequentiellen Liste $O(n)$ Zugriffe, wobei n die Länge der Liste angibt bzw. die Anzahl der bereits eingeplanten Ereignisse. Um das nächste Ereignis zu entnehmen, reicht ein Zugriff auf die Ereignisliste aus ($O(1)$), da das früheste Ereignis aufgrund der chronologischen Sortierung ganz vorne steht.

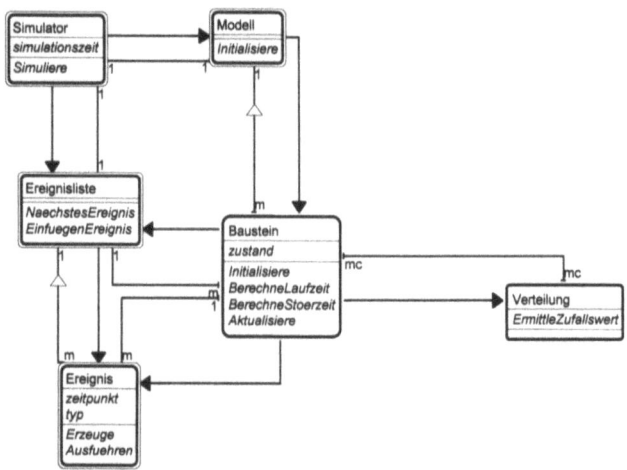

Abb. 49. Szenario der objektorientierten Simulation mit einer Ereignisliste.

4 Die objektorientierte Analyse eines Materialflußsimulators

Das Szenario der objektorientierten Simulation mit einer Ereignisliste ist in Abb. 49 zu sehen. Der eigentliche Simulationsalgorithmus ist die Methode *Simuliere* der Klasse *Simulator*. Diese Methode wird über die Benutzerschnittstelle vom Anwender benutzt, d.h. die Klasse *Simulator* ist direkt mit der Benutzerschnittstelle verknüpft und stellt z.B. ein entsprechendes Menü zur Verfügung. Der Ablauf der Methode ist in Form eines Struktogramms in Abb. 50 dargestellt.

Die Methode *Simuliere* wird vom Anwender aufgerufen, wenn ein Modell simuliert werden soll. Der Simulator hat dementsprechend eine Verbindung zu genau einem Modell. Andererseits wird ein Modell genau mit einem Simulator durch eine Beziehung verbunden. Zwischen den Objekten der Klasse *Simulator* und der Klasse *Modell* besteht somit eine 1:1-Beziehung. Neben der Methode und den Beziehungen zum Simulationsmodell ist das wichtigste Attribut der Klasse *Simulator* die Simulationsuhr, die als das Attribut *simulationszeit* modelliert wird und in der die aktuelle Simulationszeit als Wert fortgeschrieben wird.

Das Simulationsverfahren bzw. die Methode *Simuliere* setzt sich im wesentlichen aus den fünf komplexen Verarbeitungsschritten der Abb. 50 zusammen (vgl. PAGE 1991, S. 33).

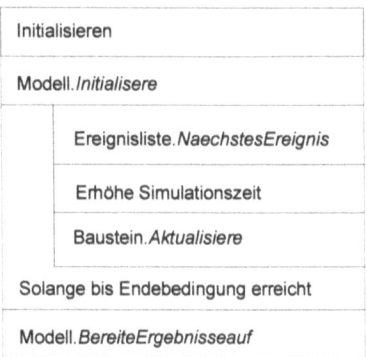

Abb. 50. Strukturdiagramm der Methode *Simuliere* der Klasse *Simulator* für das sequentielle Simulationsverfahren mit Verwendung einer Ereignisliste.

1. Initialisieren und *Modell.Initialisiere*

   Die Initialisierungsphase betrifft sowohl die (privaten) Attribute des Simulators als auch die Attribute des Objektes der Klasse *Modell* bzw. der darin enthaltenen Objekte der Klasse *Baustein*. Zur Initialisierung gehören
   - das Setzen der Simulationsuhr auf 0,
   - das Initialisieren der Zustandsvariablen und statistischen Zähler des Modells einschließlich der über die Aggregationsbeziehung referenzierten Bausteine,
   - die Generierung von Startereignissen sowie deren Eintrag in die Ereignisliste und
   - das Eintragen eines Endeereignisses in die Ereignisliste (z.B. die Simulationsdauer).

   Im Szenario benutzt die Klasse *Simulator* die Methode *Initialisiere* der Klasse *Modell*. Die in dem Modell enthaltenen Bausteine werden im Rahmen der Methode *Modell.Initialisiere* ebenfalls durch Nutzung deren Methode *Baustein.Initialisiere* mit dem Wert „funktionsfähig" für das Attribut *zustand* initialisiert. Die anfänglichen Ereignisse der Bausteine werden durch die Methode *ErmittleZufallswert* der Klasse *Verteilung* bestimmt und mit der Methode *Ereignis.Erzeuge* und *Ereignisliste.EinfuegenEreignis* in die Ereignisliste eingetragen. Sie haben für das Beispiel die Werte 103 Zeiteinheiten (ZE) für die Quelle, 217 ZE für die Strecke 1, 345 ZE für die Maschine, 115 ZE für die Strecke 2 und 168 ZE für die Senke. Für die Quelle folgt z.B. daraus, daß ein Zustandswechsel von „funktionsfähig" nach „gestört" zum Zeitpunkt 103 auftreten wird. Zu Beginn der Simulation sieht der Inhalt der Ereignisliste somit wie in Abb. 51 aus. Der Zustand des Modells ist in Tab. 6 dargestellt.

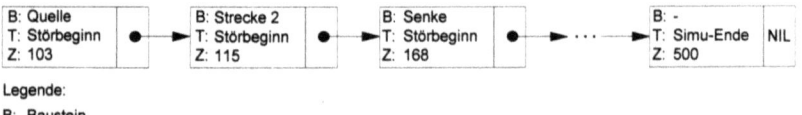

Legende:
B: Baustein
T: Ereignistyp
Z: Ereigniszeitpunkt

Abb. 51. Inhalt der Ereignisliste nach der Initialisierung.

4 Die objektorientierte Analyse eines Materialflußsimulators

Tab. 6. Zustand des Simulationsmodells zum Zeitpunkt *simulationszeit* = 0.

Baustein Attribute	Quelle	Strecke 1	Maschine	Strecke 2	Senke
Zustand	funktions- fähig	funktions- fähig	funktions- fähig	funktions- fähig	funktions- fähig
nächstes Ereignis in ZE	103	217	345	115	168

2. *Ereignisliste.NaechstesEreignis*: Entnehme nächstes Ereignis aus der Ereignisliste
   Die Abarbeitung der Ereignisse erfolgt durch Entnahme des nächsten Ereignisses aus der Ereignisliste. Der Simulator nutzt dazu die Methode *NächstesEreignis* der Klasse *Ereignisliste*. Aufgrund der chronologischen Ordnung ist dieses Ereignis das Ereignis, das ganz vorne in der Liste steht. Es betrifft in dem Beispiel den Baustein „Quelle", d.h. ein Objekt der Klasse *Quelle*. Der Wert des Attributes *ereignistyp* lautet „Störbeginn". Die Ereigniszeit ist 103 ZE (vgl. Abb. 51).
3. Erhöhe Simulationszeit
   Die Simulationsuhr (bzw. das Attribut *simulationszeit*) wird auf die Ereigniszeit 103 ZE des entnommenen Ereignisses sprunghaft erhöht. Die Simulationszeit ändert sich also sprunghaft von 0 auf den Zeitpunkt $t = 103$ ZE, in dem das nächste Ereignis eintritt. In dem Zeitraum zwischen 0 und 103 ZE treten in dem Beispielmodell keine weiteren simulationswürdigen Ereignisse auf.
4. *Baustein.Aktualisiere*: Aktualisiere den Baustein
   Der Simulator ruft als nächstes die Aktualisierung des betroffenen Bausteins auf. Je nach der Art des Ereignisses werden der Zustand und die statistischen Zähler des betreffenden *Bausteins*, und eventuell weiterer Bausteine bei anderen Ereignistypen, wie z.B. Werkstückabgabe, aktualisiert. Dazu wird die Methode *Aktualisiere* der Klasse *Baustein* genutzt. Diese Aktualisierung führt zu einem Zustandswechsel bei der Quelle von „funktionsfähig" nach „gestört". Es wird ferner ein Zufallswert mit Hilfe der Methode *BerechneStoerzeit* bestimmt. Gemäß dem in Kap. 4.1.6 beschriebenen Szenario wird das zufällige Ende der Störung ermittelt. Der ermittelte Zufallswert beschreibt den Zeitpunkt des Störungsendes, d.h. den Zeitpunkt des Beginns der nächsten Laufzeit. Das erzeugte Ereignis, *Ereignis.Erzeuge*, wird mittels der Methode *EinfuegenEreignis* der Klasse *Ereignisliste* in die Ereignisliste eingeplant. Der ermittelte Zufallswert sei z.B. eine Störungsdauer von 78

ZE. Da die aktuelle Simulationszeit 103 ZE ist, ergibt sich der Zeitpunkt 78 + 103 = 181 ZE für die Quelle, d.h. zum Zeitpunkt 181 ZE ist die Störung bei der Quelle beendet und der Wert des Attributs *zustand* wird wieder von „gestört" auf „funktionsfähig" wechseln. Die Ereignisliste hat nach der Entnahme des ersten Ereignisses und der Aktualisierung den in Abb. 52 dargestellten Inhalt. Der Modellzustand entspricht der Beschreibung in Tab. 7.

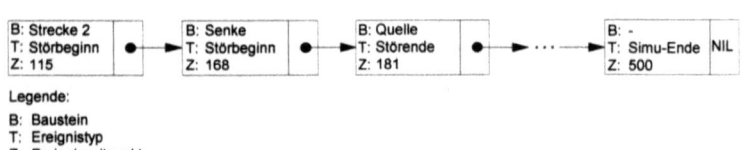

Legende:
B: Baustein
T: Ereignistyp
Z: Ereigniszeitpunkt

Abb. 52. Inhalt der Ereignisliste nach dem ersten Durchlauf bzw. der ersten Aktualisierung.

Tab. 7. Zustand des Simulationsmodells zum Zeitpunkt *simulationszeit* = 103.

Baustein Attribute	Quelle	Strecke 1	Maschine	Strecke 2	Senke
Zustand	*gestört*	funktions- fähig	funktions- fähig	funktions- fähig	funktions- fähig
nächstes Ereignis in ZE	181	217	345	115	168

Die Schritte 2 bis 4 bzw. die zentrale Simulationsschleife wird solange wiederholt durchlaufen, bis durch das eingeplante Endeereignis eine Endebedingung erfüllt ist, d.h. z.B. die Simulationsdauer abgelaufen ist oder die Ereignisliste leer ist.

5. *Modell.BereiteErgebnisseauf*

Abschließend werden die statistischen Schätzwerte sowie ein Ergebnisreport generiert, der dem Anwender das Ergebnis des Simulationslaufes darstellt.

Das beschriebene Verfahren wird auch als „2-Phasen-Ansatz" bezeichnet (vgl. DAVIES und O'KEEFE 1989, S. 26 f.). Die beiden Phasen beziehen sich auf das Erhöhen der Simulationszeit und das Ausführen der Ereignisse bzw. die Aktualisierung des Modellzustandes.

Die Ablaufsteuerung kann alternativ auch nach dem 3-Phasen-Ansatz realisiert werden (siehe TOCHER 1962). Neben der eigentlichen Ereignisliste mit planmäßigen Er-

4 Die objektorientierte Analyse eines Materialflußsimulators

eignissen wird hierbei eine weitere Ereignisliste manipuliert, in der abhängige Ereignisse verwaltet werden. Abhängige Ereignisse können im Gegensatz zu planmäßigen Ereignissen aufgrund des aktuellen Modellzustands nicht ausgeführt werden. So wäre z.B. das Ende einer Störung ein planmäßiges Ereignis, da es offenkundig weitgehend unabhängig von anderen Ereignissen ist, es sei denn, das Ende der Störung wird von der Verfügbarkeit eines „Reparaturtrupps" abhängig gemacht. Die Aufnahme eines Werkstücks durch eine Strecke kann dagegen ein abhängiges Ereignis werden, wenn die Strecke aufgrund von Kapazitätsrestriktionen keine Werkstücke mehr aufnehmen kann bzw. die Förderung ins Stocken gerät. Beim 3-Phasen-Ansatz werden jeweils nach einer Ereignisentnahme und Erhöhung der Simulationsuhr wie beim 2-Phasen-Ansatz alle planmäßigen Ereignisse ausgeführt. Nicht ausführbare Ereignisse werden in die zweite Liste übernommen. In einer dritten Phase wird jedes abhängige Ereignis in der zweiten Liste auf seine Ausführbarkeit hin geprüft. Ein abhängiges Ereignis wird nur dann ausgeführt, wenn alle Bedingungen hierfür erfüllt sind. Andernfalls verbleibt es in der Liste der abhängigen Ereignisse und wird beim nächsten Durchlauf erneut überprüft. Durch den 3-Phasen-Ansatz kann die Komplexität der Ausführungsroutinen gegenüber der des 2-Phasen-Ansatzes reduziert werden (vgl. DAVIES und O'KEEFE 1989, S. 26 f.).

Durch besser angepaßte Datenstrukturen bzw. Hilfsorganisationen für die Verwaltung der Ereignisliste sind, wie bereits erwähnt, für bestimmte Anwendungsgebiete von BROWN (1988) die Zugriffe beim Einplanen von Ereignissen im Mittel sogar auf $O(1)$ reduziert worden, d.h. nur maximal ein Zugriff ist notwendig! BROWN verwendet zu diesem Zweck ein sogenanntes adaptives Hash-Verfahren. Die Ereignisse werden bei diesem 2-Phasen-Ansatz nicht mehr nur in eine Ereignisliste sondern in mehrere Ereignislisten (Teillisten) aufgeteilt.

Jede einzelne Ereignisliste stellt bei BROWN z.B. den Terminkalender für einen bestimmten Zeitabschnitt, z.B. einen Tag, dar. In einer zweiten Liste werden nun alle einzelnen Ereignislisten zusammengefaßt. Diese zweite Liste (Hauptliste) repräsentiert sozusagen den gesamten betrachteten Zeitabschnitt, z.B. ein Jahr. Aufgrund der Ähnlichkeit zu einem Tischkalender wird diese Repräsentation der Ereignisliste auch als „Calendar-Queue" bezeichnet (vgl. Abb. 53). Wird nun ein Ereignis eingeplant, so wird durch eine Hashfunktion die Position der Teilliste in der Hauptliste bestimmt. In dieser Teilliste wird das Ereignis dann durch sequentielles Vergleichen eingeplant. Die ganze Datenstruktur, d.h. die Anzahl und maximale Länge der Teillisten kann sich dynamisch der aktuellen Ereignisverteilung anpassen. Die Parameter, die die Anpassung steuern, müssen von Anwendungsfall zu Anwendungsfall, also z.B. für die Simulation von Materialflußsystemen, experimentell bestimmt werden. Für den Bereich der Simulation von kleineren Materialflußsystemen hat sich allerdings herausgestellt, daß keine signifikanten Geschwindigkeitssteigerungen zu erwarten sind. Dieses liegt vor allem an der geringen Anzahl von zu verwaltenden Ereignissen in der Ereignisliste, die bei keinem Beispiel über 50 anstieg (vgl. hierzu auch HERKERT 1995).

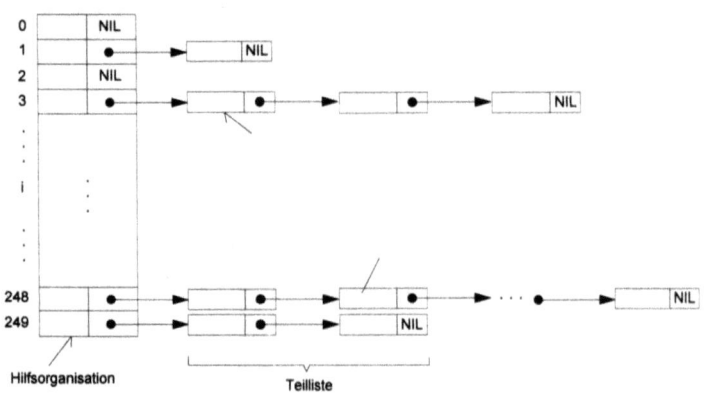

Abb. 53. Ereignisliste als „Calendar-Queue".

Es bleibt daher festzuhalten, daß bei der Simulation von kleinen Materialflußsystemen und somit kleinen Modellen, einfache Datenstrukturen für die Ereignisliste ausreichend sind. Sollen dagegen größere Modelle oder Modelle detaillierter simuliert werden, so sollten geeignetere Datenstrukturen für Ereignislisten, wie die Calendar-Queue, verwendet werden.

4.3.2 Ablaufsteuerung ohne Ereignisliste

Zur ereignisorientierten Simulation kann man neben Verfahren mit einer Ereignisliste auch Verfahren verwenden, die eine ereignisorientierte Simulation *ohne eine* Ereignisliste durchführen können. So stellte GOSH (1985) z.B. einen Verfahren vor, das bereits ohne *eine zentrale* Ereignisliste und ohne zentrale Simulationsuhr arbeitet. Alle beteiligten Simulationsobjekte verfügen jedoch noch über ihre eigenen Ereignislisten und Uhren. Dieser Ansatz wird daher auch als *asynchrone* Simulation bezeichnet, da in

4 Die objektorientierte Analyse eines Materialflußsimulators

dem Simulationsmodell bei einem Rechenschritt nicht unbedingt überall die gleiche Simulationszeit herrscht.

Noch weiter geht das von LUCAS und RÖMMERMANN (1987) entwickelte sowie von BOCK und MEYER (1988) verbesserte und in dieser Arbeit objektorientiert modellierte Simulationsverfahren. Es stellt ein Verfahren zur ereignisorientierten Simulation dar, das gänzlich *ohne* eine Ereignisliste arbeitet. Im Gegensatz zu der Vorgehensweise bei GOSH gibt es bei diesem Ansatz nur eine zentrale Simulationsuhr, so daß in dem Simulationsmodell überall die gleiche Simulationszeit herrscht. Es handelt sich daher um eine *synchrone* Simulation ohne Ereignisliste. Da dieses Verfahren ohne eine Ereignisliste arbeitet, eignet es sich insbesondere zur parallelen Ausführung auf Parallelrechnern; hierauf wird in Kapitel 6 eingegangen werden. An dieser Stelle soll es zunächst für die Ausführung auf einem „normalen" (sequentiellen) Rechner ausführlicher - anhand des bereits eingeführten Beispiels von Abb. 47 - erläutert werden. Ohne die Allgemeingültigkeit des Konzepts in Frage zu stellen, kann man die Darstellung der Zeitsteuerung während der Simulationsausführung auf das Abbilden des Störverhaltens eines Modells, d.h. der darin enthaltenen Bausteine, beschränken. Es werden also wie bei der Darstellung des Verfahrens mit Ereignisliste nur die Ereignisse
- Störungsbeginn bzw. Laufzeitende und
- Störungsende bzw. Laufzeitbeginn

betrachtet. Durch diese Einschränkung kann die folgende Darstellung übersichtlich und leicht nachvollziehbar gehalten werden. Alle anderen Ereignisse in einem Modell, d.h.
- Bearbeitungsbeginne und -enden in Bearbeitungsbausteinen,
- Förderbeginne und -enden bei Förderbausteinen,
- das Ende eines Simulationslaufs

lassen sich vollkommen analog modellieren. Die Modellierung ist in dem in Abb. 54 gezeigten Szenario veranschaulicht. Das Ereignis, das ansonsten in der Ereignisliste abgelegt wird, ist bei dieser Modellierung als zusätzliches Attribut *laufstoerzeit* in der Klasse *Baustein* abgebildet. Dieses Attribut beschreibt nicht mehr den Ereignis*zeitpunkt* sondern vielmehr den Ereignis*zeitraum*, der noch vergehen wird, bis das Ereignis eintritt. Das Ereignis wird also nunmehr als Zeitraum betrachtet und nicht mehr als Zeitpunkt. Dieser Zeitraum wird fortwährend um die bereits verstrichene Simulationszeit reduziert, bis er schließlich Null und somit zum Ereignis wird.

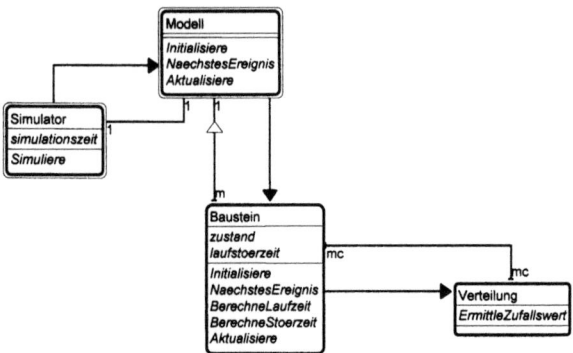

Abb. 54. Szenario der objektorientierten Simulation ohne Verwendung einer Ereignisliste.

Das Attribut *zustand* der Klasse *Baustein* in Abb. 54 beinhaltet wie zuvor den aktuellen Zustandswert des Bausteins hinsichtlich seines Störverhaltens, nämlich „gestört" oder „funktionsfähig". Die Methoden *NaechstesEreignis* und *Aktualisiere* führen - wie noch erläutert werden wird - Berechnungen durch und aktualisieren den Zustand des Bausteins, d.h. sie weisen dem Attribut *zustand* die entsprechenden Werte zu. Der Zustand des Bausteins wechselt während einer Simulation wiederum zwischen „gestört" und „funktionsfähig" (vgl. hierzu Abb. 22). Dieser Wechsel findet im Rahmen der Aktualisierung des Modells statt, bei der allerdings - und das ist ein weiteres Charakteristikum dieses Ansatzes - *alle* Bausteine aktualisiert werden. Durch eine Beziehung zwischen der Klasse *Baustein* und der Klasse *Verteilung*, wird wie bisher das stochastische Lauf- und Störzeitverhalten der Bausteine beschrieben. Wenn man eine so modellierte Klasse *Baustein* zur ereignisorientierten Simulation nutzt, d.h. insbesondere das Zeitverhalten in der Klasse *Baustein* modelliert, sowie das Attribut *laufstoerzeit* entsprechend interpretiert, kann man auf eine Ereignisliste gänzlich verzichten.

Die Abarbeitung der Simulation ohne Ereignisliste weicht bei grober Betrachtung nur bei scheinbaren Kleinigkeiten von der Simulationsdurchführung mit einer Ereignisliste ab. Diese Abweichungen werden im folgenden erläutert. Wiederum wird die Simulation durch eine Methode *Simuliere* der Klasse *Simulator* durchgeführt. Die Beschreibung der Methode *Simuliere* ist in Abb. 55 zu sehen.

Die Abb. 54 und Abb. 55 werden im folgenden zusammen betrachtet, d.h. das in Abb. 54 dargestellte Szenario ist in Abb. 55 wiederum als Struktogramm dargestellt. Das Verfahren läßt sich ebenfalls in fünf Hauptschritte aufteilen und wird zunächst

4 Die objektorientierte Analyse eines Materialflußsimulators

allgemein und dann anhand des Beispiels aus dem vorherigen Kapitel 4.3.1 beschrieben.

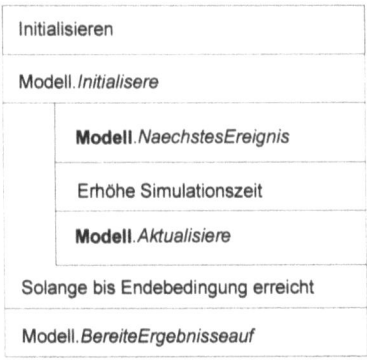

Abb. 55. Strukturdiagramm der Methode *Simuliere* der Klasse Simulator ohne Verwendung einer Ereignisliste.

1. Initialisieren und *Modell.Initialisiere*

   Der Simulator initialisiert sich selbst, wie bereits zuvor ausgeführt worden war. Hierzu nutzt er die Methode *Modell.Initialisiere*, um das zu simulierende Modell, wie ebenfalls zuvor bereits beschrieben, zu initialisieren. Die Klasse Modell geht entsprechend der Vorgehensweise zur Initialisierung der Bausteine vor, d.h. die bei allen Bausteinen vorhandene Methode *Baustein.Initialisiere* wird bei Ausführung der Methode *Modell.Initialisiere* benutzt. Es werden alle Zustände auf „funktionsfähig" gesetzt und jeweils Laufzeiten bis zu den nächsten Störungen ermittelt.

2. *Modell.NaechstesEreignis*: Berechne nächstes Ereignis im Modell

   Um das nächste Ereignis im Modell zu bestimmen, wird entsprechend vorgegangen. Der Simulator nutzt zu diesem Zweck die Methode *Modell.NaechstesEreignis*. Die Klasse *Modell* wertet innerhalb dieser Methode bei jedem Baustein des Modells den Zeitraum bis zum Auftreten des nächsten Ereignisses aus. Sie nutzt dafür die Methode *Baustein.NaechstesEreignis*. Der von der Klasse *Baustein* zurückgelieferte Wert für den Zeitraum, der bis zum nächsten Ereignis bei dem Baustein vergeht, entspricht dem aktuellen Wert des Attributs *laufstoerzeit*. Abhängig vom aktuellen Zustand des Bausteins handelt es sich hierbei um eine (noch verbleibende) Störzeit bzw. Laufzeit des Bausteins. Von den für jeden Baustein ermittelten Zeiträumen bis zum nächsten Ereignis wird der minimale Zeitraum bzw. der minimale Wert *laufstoerzeit* gewählt, da dieser Zeitraum das nächste Ereignis im Modell darstellt. Dieser Zeitraum wird an die Klasse *Simulator* zurückgeliefert.

3. Erhöhe Simulationszeit

   Der Wert des Attribut *simulationszeit* wird um den in Schritt 2 ermittelten minimalen Zeitraum erhöht, d.h. die Simulationsuhr wird sprunghaft bzw. diskret weiter geschaltet.

4. *Modell.Aktualisiere*: Aktualisiere das Modell

   Anschließend wird das *Modell* mit Hilfe der Methode *Modell.Aktualisiere* der Klasse *Simulator* aktualisiert, d.h. jeder Baustein wird mittels *Baustein.Aktualisiere* aktualisiert. Die Aktualisierung eines Bausteins erfolgt dadurch, daß der in Schritt 2 ermittelte minimale Zeitraum von dem aktuellen Wert des Attributs *laufstoerzeit* subtrahiert wird, da dieser Zeitraum in Schritt 3 „vergangen ist". Mindestens bei einem Baustein muß folglich dieser Wert Null werden. Bei diesem bzw. diesen Bausteinen tritt dann ein Zustandswechsel auf. Der Zustand wechselt im Beispiel von „gestört" auf „funktionsfähig" bzw. umgekehrt. Um die Dauer des neuen Zustands stochastisch bestimmen zu können, nutzt die Klasse *Baustein* die Methode *ErmittleZufallswert* der Klasse *Verteilung*. Der ermittelte Zufallswert wird dem Attribut *laufstoerzeit* zugewiesen.

   Die Schritte 2-4 werden wiederholt durchlaufen und enden, wenn in der Methode *Simulator.Simuliere* die Endebedingung erfüllt ist.

5. *Modell.BereiteErgebnisseauf*

   Abschließend werden die Simulationsergebnisse aufbereitet. Dieser Vorgang entspricht prinzipiell dem Schritt 5 des Simulationsverfahrens mit einer Ereignisliste.

Zurückkommend auf das Beispiel in Abb. 47 und den gleichen Ereigniszeitpunkten, die bei der Darstellung des Verfahrens mit Ereignisliste gewählt wurden, würde sich somit folgender Ablauf ergeben:

1. Initialisieren und *Modell.Initialisiere*

   Der Simulationsuhr bzw. dem Wert des Attributs *simulationszeit* der Klasse *Simulator* wird Null zugewiesen. Alle fünf Bausteine des Simulationsmodells werden mit den Werten „funktionsfähig" für das Attribut *zustand* und einem Zufallswert für das Attribut *laufstoerzeit* initialisiert.

4 Die objektorientierte Analyse eines Materialflußsimulators

Tab. 8. Zustand des Simulationsmodells zum Zeitpunkt *simulationszeit* = 0.

Baustein Attribute	Quelle	Strecke 1	Maschine	Strecke 2	Senke
Zustand	funktions- fähig	funktions- fähig	funktions- fähig	funktions- fähig	funktions- fähig
Lauf- stoerzeit in ZE	103	217	345	115	168

Als anfängliche, zufällige Laufzeiten, d.h. für den Zustand „funktionsfähig", für die Bausteine werden wieder 103, 217, 345, 115 und 168 Zeiteinheiten angenommen. Für Baustein 1, die Quelle, folgt daraus wieder, daß ein Zustandswechsel von „funktionsfähig" nach „gestört" *nach* 103 ZE auftreten wird. Der anfängliche Zustand des Simulationsmodells ist in Tab. 8 dargestellt.

2. *Modell.NaechstesEreignis*: Berechne nächstes Ereignis im Modell

   Es ist offensichtlich, daß im gegebenen Beispiel der minimale Zeitraum bis zum nächsten Ereignis durch den Baustein „Quelle" mit min {103, 217, 345, 115, 168} = 103 Zeiteinheiten gegeben ist.

3. Erhöhe Simulationszeit

   Der Wert 103 wird dem Attribut *simulationszeit* zugewiesen. Die aktuelle Simulationszeit wechselt somit von 0 sprunghaft auf 103, da zu diesem Zeitpunkt das nächste Ereignis bei dem Baustein „Quelle" auftreten wird.

4. *Modell.Aktualisiere*: Aktualisiere das Modell

   Die Modellaktualisierung erfolgt durch die Aktualisierung grundsätzlich *aller Bausteine* des Modells, d.h. der Wert des Attributs *laufstoerzeit* wird für alle Bausteine um den Zeitraum, der in Schritt 2 ermittelt worden war und mit dem in Schritt 3 die Simulationszeit erhöht worden war, reduziert (hier also 103 ZE). Für mindestens einen Baustein, nämlich die Quelle, wird der Wert des Attributs *laufstoerzeit* Null und es tritt ein Zustandswechsel von „funktionsfähig" nach „gestört" auf. Um den neuen Wert für das Attribut zu berechnen, wird anhand der zugewiesenen Verteilung ein Zufallswert ermittelt. Dieser Wert könnte z.B. 78 sein. Dieser Wert besagt, daß der Baustein „Quelle" nach weiteren 78 ZE seinen Zustand wieder von „gestört" nach „funktionsfähig" wechselt. Zum aktuellen Simulationszeitpunkt 103 treten im Modell keine weiteren Zustandswechsel von Bausteinen auf.

Der Modellzustand nach der Aktualisierung zum Zeitpunkt 103 ist in Tab. 9 dargestellt.

Tab. 9. Zustand des Simulationsmodells zum Zeitpunkt *simulationszeit* = 103.

Baustein Attribut	Quelle	Strecke 1	Maschine	Strecke 2	Senke
Zustand	*gestört*	funktions- fähig	funktions- fähig	funktions- fähig	funktions- fähig
Lauf- stoerzeit in ZE	78	114	241	12	65

Die Schritte 2 bis 4 werden nun wiederholt, bis z.B. die Simulationszeit die Simulationsdauer erreicht bzw. überschritten hat.

5. *Modell.BereiteErgebnisseauf*

Abschließend werden wiederum die statistischen Schätzwerte sowie ein Ergebnisreport generiert, der dem Anwender das Ergebnis des Simulationslaufes darstellt.
Der Ablauf der Simulation ist in Abb. 56 nochmals bezüglich des Zustands des Simulationsmodells über die Zeit als Zustandsdiagramm dargestellt. Ausgehend vom initialisierten Modell wird zunächst das nächste Ereignis im Modell bestimmt. Nach der Berechnung wird das Modell entsprechend aktualisiert. Im aktualisierten Zustand kann wiederum das nächste Ereignis berechnet werden. Die sequentielle Folge von Zustandsänderungen dauert solange an, bis die Endebedingung der Simulation erfüllt ist. Auf das Zustandsdiagramm in Abb. 56 wird in Kapitel 6 nochmals Bezug genommen werden. Dort wird gezeigt werden, wie das geschilderte sequentielle Verfahren parallel ausgeführt werden kann.

Ein besonderes Aktualisierungsproblem kann auftreten, wenn die Zustände mehrerer Bausteine *zum selben* Zeitpunkt wechseln bzw. mehrere Zeiträume bei einer Aktualisierung Null werden. In diesem Fall taucht die Frage auf, in welcher Reihenfolge die Bausteine des Modells aktualisiert werden sollen? Betrachtet man einen solchen Fall in dem zugrundeliegenden Beispiel anhand des Bearbeitungsbausteins (Maschine) und des nachfolgenden Förderbausteins (Strecke 2) als Basis, so tritt folgendes Problem auf: Beide Bausteine haben einen Zustandswechsel zum absolut selben Aktualisierungszeitpunkt. Ein Werkstück könnte den Bearbeitungsbaustein einerseits nur dann verlassen, wenn der Förderbaustein funktionsfähig, d.h. aufnahmebereit ist. Die Frage, ob dies der Fall ist, kann nur durch eine Aktualisierung des Zustands des Förderbausteins beantwortet werden. Andererseits kann der Förderbaustein eventuell nur dann ein Werkstück aufnehmen, wenn der vorhergehende Bearbeitungsbaustein abgabebereit ist. Es muß also der Konflikt der gleichzeitigen Ausführung von *abhängigen* Ereignissen gelöst werden. Die Lösung ist einfach: Ereignisse mit gleicher Ausführungszeit können prinzipiell und in zulässiger Weise in beliebiger Reihenfolge ausgeführt werden; denkbar sind daher verschiedene Lösungen.

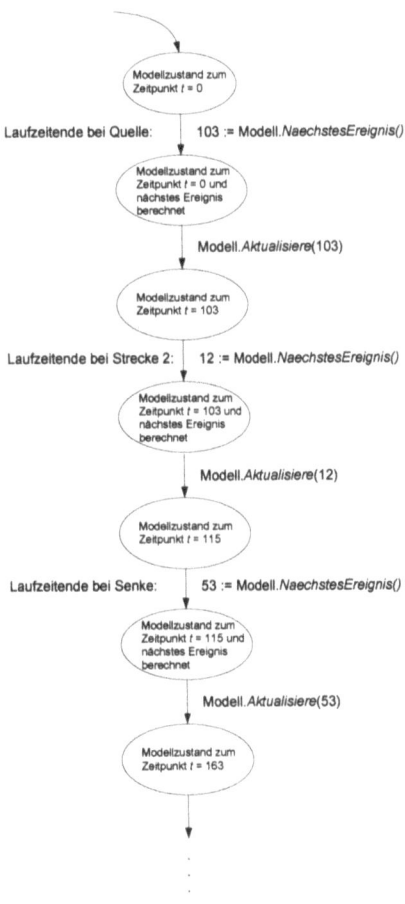

Abb. 56. Diagramm des Modellzustands über die Zeit für das gegebene Beispiel.

Von LUCAS und RÖMMERMANN (1987, S. 39 f.) ist eine Entkoppelung in Form einer hierarchischen Aktualisierungsstrategie entwickelt worden. Den verschiedenen Bausteinklassen werden jeweils Hierarchieebenen zugeordnet. Die Aktualisierung erfolgt zunächst mit den Bausteinen, die der höchsten Hierarchieebene zugeordnet sind. Im gegebenen Beispiel würde zunächst der Förderbaustein und dann der Bearbeitungsbaustein aktualisiert werden. Diese Lösung muß aber nicht zwangsweise die einzige Lösung sein. Selbst in der Realität wäre dieser Konflikt nicht entscheidbar und es würde ebenfalls eine „Verklemmung" entstehen. Folglich wäre auch eine andere Konfliktlösung als die Priorität von Bausteinen, z.B. mittels des Zufalls, vorstellbar. Einen weiteren Einfluß auf solche Konflikte hat die Anzahl der definierten Ereignisse. Bei relativ wenig Ereignissen ist das Konfliktpotential höher. Modelliert man den Zeitfortschritt mittels mehr Ereignissen oder die Zeit selbst genauer, so wird auch das Konfliktpotential geringer.

Die Änderung der von LUCAS und RÖMMERMANN entwickelten Aktualisierungsstrategie, d.h. die Änderung der Hierarchie, im Zusammenwirken mit der Definition von weiteren Ereignistypen sowie einer genaueren Modellierung der Zeit hat gezeigt, daß sich die Ergebnisse der Simulation jeweils nur geringfügig unterscheiden. Aber auch in der Realität sind die Geschehnisse beim absolut gleichzeitigen Auftreten zweier voneinander abhängiger Ereignisse von zufälliger Natur, so daß sich der beobachtete geringfügige Unterschied hiermit erklären läßt. Die Korrektheit des beschriebenen synchronen Simulationsverfahrens ohne Verwendung einer Ereignisliste hat sich im Rahmen mehrerer Simulationsstudien bewiesen.

Das geschilderte Aktualisierungsproblem ist keine konzeptionelle Schwäche des erläuterten Verfahrens ohne Ereignisliste. Es tritt ebenfalls bei Verfahren auf, die mit einer Ereignisliste arbeiten. Bei diesen Verfahren müßten bei dem geschilderten Konflikt zwei oder mehr Ereignisse mit gleicher Ausführungszeit dennoch „chronologisch" in die Ereignisliste eingefügt werden. Denn auch hier muß entschieden werden, welches Ereignis letztendlich eher bzw. später ausgeführt werden soll.

4.3.3 Optimierung des Verfahrens ohne Ereignisliste

Als Nachteil des Verfahrens ohne Ereignisliste muß jedoch der notwendige hohe Rechenzeitbedarf bewertet werden. Im Gegensatz zu Verfahren mit Ereignisliste müssen nämlich statt eines bzw. einer begrenzten Menge von Bausteinen alle Bausteine des Modells aktualisiert werden. Ebenso müssen zur Feststellung des nächsten Ereignisses

4 Die objektorientierte Analyse eines Materialflußsimulators

alle Bausteine berücksichtigt werden. Der Rechenaufwand wird noch größer, wenn die von LUCAS und RÖMMERMANN sowie BOCK und MEYER aus Effizienzgründen unberücksichtigten Ereignisse, die im Fördersystem eines Materialflußsystems auftreten, z.B. der Positionswechsel eines Werkstücks in einem Förderbaustein, in die Simulationsberechnung einbezogen werden sollen. Dieses ist insbesondere dann notwendig, wenn das Fördersystem selbst einen „Flaschenhals" des Materialflusses darstellt. Rechenzeitvergleiche mit Simulatoren, die mit einer Ereignisliste arbeiten, zeigten, daß diese um mehr als 100-mal schneller Simulationsberechnungen für vergleichbare Modelle bei höherer Funktionalität durchführen konnten.

Es stellte sich somit die Frage der Vorteilhaftigkeit dieses Ansatzes gegenüber einem Ansatz, der mit einer Ereignisliste als zentraler Datenstruktur arbeitet. Auf der Ebene des Anwenders sind auf jeden Fall *keine* Vorteile in dem Verzicht auf eine Ereignisliste zu erkennen. Allerdings sind die Möglichkeiten der Effizienzsteigerung bei dem entwickelten Verfahren bei weitem noch nicht so ausgeschöpft wie bei den Verfahren, die mit einer Ereignisliste arbeiten. Es wurden daher Schritte notwendig, die Rechenzeit für das sequentielle Verfahren ohne Ereignisliste weiter zu reduzieren und dabei zusätzlich die Funktionalität des Simulators zu erhöhen.

Der erste Schritt der Rechenzeitreduzierung des von LUCAS und RÖMMERMANN entwickelten Verfahrens bestand bei BOCK und MEYER darin, das komplette Simulationsmodell bei der Simulationsdurchführung ausschließlich im Primärspeicher des Rechners zu verwalten. Einerseits konnte natürlich die Rechenzeit durch diesen Schritt drastisch reduziert werden, andererseits bestanden aber nunmehr nicht mehr theoretische sondern praktische Restriktionen bezüglich der Größe von Simulationsmodellen.

Im Verlaufe dieser Arbeit wurden weitere Schritte zur Reduzierung der Rechenzeit und zur Verkleinerung des Speicherbedarfs durchgeführt. Die einzelnen Maßnahmen lassen sich in die drei Bereiche Verfahrensbeschleunigung, Bausteinreduzierung und Codeoptimierung unterscheiden. Die in diesen Bereichen vorgenommenen Änderungen werden nachfolgend erläutert:

1. Verfahrensbeschleunigung

    Was die Beschleunigung des Simulationsverfahrens anbelangt, konnte insbesondere aufgrund verbesserter Compiler und der verbesserten Technologie von Personalcomputern für den Simulator mehr Primärspeicherplatz zur Verfügung gestellt werden. Hierdurch ist es möglich geworden, mehr Informationen eines Simulationsmodells permanent im Primärspeicher zu halten. Als ein drastischer Schritt zur Rechenzeitreduzierung erwies sich hierbei die permanente Speicherung der Vorgänger-/ Nachfolgerbeziehungen von Bausteinen. Beim bisherigen Verfahren mußten die Speicheradressen der Nachbarn eines Bausteins bei jedem Aktualisierungsschritt neu gesucht werden. Durch mehr und besser genutzten Speicherplatz werden die Speicheradressen der Nachbarn nunmehr bei der Initialisierung einmalig berechnet. Im Verlaufe der Simulation kann dann direkt auf die ermittelte Adresse bzw. den ermittelten Nachbarn zugegriffen werden.

Ebenso konnte bei der Berechnung des nächsten Ereignisses Rechenzeit gespart werden. Bislang wurden prinzipiell alle Bausteine nach dem minimalen Zeitraum bis zum nächsten Ereignis durchsucht. Diese Suche ist aber spätestens dann nicht mehr notwendig, wenn für den minimalen Zeitraum bis zum nächsten Ereignis die untere Grenze von einer Zeiteinheit erreicht ist. Die Suche kann dann vorzeitig beendet werden. Insbesondere bei Modellen mit vielen Modellelementen und zahlreichen Ereignissen hat diese Maßnahme spürbare Auswirkungen. Die Simulation wechselt dann von einem ereignisgesteuerten zu einem zeitgesteuerten Ablauf.

Im Rahmen der Bausteinaktualisierung konnte gegenüber der ersten Version des Simulators weitere Rechenzeit durch eine intelligentere Aktualisierungsstrategie eingespart werden. Ursprünglich ist z.B. unabhängig von Füllstand eines Förderbausteins jede einzelne Förderstreckenposition aktualisiert worden. Die Aktualisierung dieser Zustandsdaten braucht aber nur dann stattfinden, wenn dieses auch notwendig ist. So kann z.B. bei den Förderbausteinen der Aufruf der Routine zur Aktualisierung der Förderstreckenpositionen vermieden werden, wenn der Füllstand des Förderbausteins Null ist. In diesem Fall brauchen keine Förderstreckenpositionen aktualisiert werden, da in dem Förderbaustein keine Werkstücke transportiert werden.

Der Fördervorgang von Werkstücken in Förderbausteinen wird zudem nur noch abstrakt nachvollzogen, d.h. die Werkstücke wechseln im Programm in der entsprechenden Datenstruktur nicht - wie zuvor realisiert - ihre Förderstreckenpositionen durch Kopieren von Feldern. Vielmehr fungieren die Förderbausteine als FIFO-Speicher, wobei jedoch bei der Aufnahme neuer Werkstücke zusätzlich überprüft wird, ob die Einschleusposition des Förderbausteins frei ist.

Schließlich konnte der gesamte Simulatorkern aufgrund des modularen Aufbaus als eigenständiges Programm aus der Gesamtanwendung herausgenommen werden, so daß neben dialogorientierten Simulationsläufen auch Batchläufe ohne aufwendige Bildschirmausgaben aber mit einer spürbaren Rechenzeitreduzierung möglich sind.

2. Bausteinreduzierung

Zu dem Rechenzeitbedarf für ein Simulationsmodell trägt auch die Anzahl der zu aktualisierenden Bausteine bei. Je mehr Bausteine (gleicher Komplexität) ein Modell aufweist, desto länger dauert die Rechenzeit. Die Anzahl der notwendigen Bausteine für die Abbildung eines Materialflußsystems konnte dadurch reduziert werden, daß Strecken, Weichen und Heber nicht mehr durch den übergeordneten Baustein „Förderstrecke" „umklammert" werden müssen. Dadurch stehen nach einem Simulationslauf zwar keine unmittelbaren Informationen über die Förderstrecken mehr zur Verfügung - diese müßten erst nachträglich aus den Förderstreckenelementen generiert werden -, die Reduzierung der Rechenzeit ist aber durch den Wegfall dieser nicht simulationsrelevanten aber zu aktualisierenden Bausteine ebenfalls spürbar gesunken.

3. Codebeschleunigungen

Der entwickelte Quellcode ist - insbesondere hinsichtlich der Ausführung von Schleifen - nochmals optimiert worden. So werden z.B. die Grenzen für FOR-Schleifen prinzipiell nicht mehr während der Ausführung sondern vor Eintritt in die Schleife berechnet (vgl. Abb. 57).

```
Vorher                      Nachher
...                         ...
FOR i := a TO (b + c) DO    d := b + c
  <Statement>               FOR i := a TO d DO
...                           <Statement>
                            ...
```

Abb. 57. Beispiel für eine Codeoptimierung.

Ferner sind die Hinweise des Compilerherstellers bzgl. bestimmter vorzuziehender Anweisungen, z.B. Verwendung der Prozedur „INC(i)" statt der Anweisung „i := i + 1", in den rechenzeitrelevanten Programmabschnitten weitgehend umgesetzt worden.

Die mittels der dargestellten Maßnahmen erzielte Rechenzeitreduzierung ist z.T. durch eine wesentlich gesteigerte Funktionalität, nämlich Montage- und Demontage bei Bearbeitungsbausteinen, Werkstückverfolgung, neue Lagerstrategien, und durch die bereits angesprochene Aufnahme weiterer Ereignisse in die Berücksichtigung der Simulationsberechnung wieder gesunken. Ohne die Erweiterung der Funktionalität von FSS wären nachfolgende Vergleiche von Simulationsexperimenten mit anderen Simulatoren jedoch nicht sehr aussagekräftig bzw. unmöglich geworden. Dennoch konnte unter dem Strich eine Beschleunigung erreicht werden: So wird ein Materialflußsystem einer Automobilfertigung (vgl. hierzu BIBURGER 1994 und TIMMER 1994), das als Referenzmodell für die Rechenzeitreduzierung gewählt worden ist, im Vergleich zu der ursprünglichen von BOCK und MEYER (1988) vorgelegten FSS Version 1.3 durch die Summe der vorgenommenen Maßnahmen in der überarbeiteten Version von FSS um nahezu 50% schneller berechnet (vgl. Anhang 3, Tab. 29).

4.4 Das Simulationssystem FSS

Das wie zuvor beschriebene Simulationsverfahren liegt, wie bereits erwähnt, dem bausteinorientierten Simulationssystem FSS zugrunde. Im Kapitel 4.4.1 werden der prinzipielle Aufbau und die Möglichkeiten dieses Werkzeuges übersichtsartig beschrieben. Eine detaillierte Darstellung dieses Systems befindet sich in GEHRING u.a. (1993a und 1993b). In Kapitel 4.4.2 wird ein Rechenzeitvergleich mit einem bausteinorientierten Simulator durchgeführt, der mit einer Ereignisliste arbeitet.

4.4.1 Beschreibung

Die grundlegende Struktur des Simulationssystems FSS ist in Abb. 58 zu sehen. Sie gliedert sich in die vier wesentlichen Systemkomponenten Benutzeroberfläche, Modelldefinition, Simulationsdurchführung und Ergebnisanalyse.

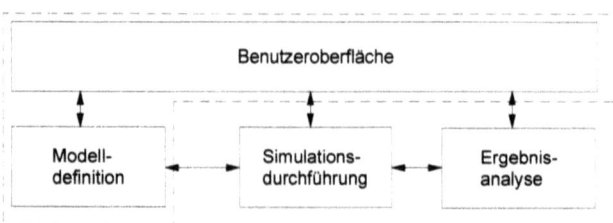

Abb. 58. Aufbau des Simulationssystems FSS.

Die zeichenorientierte *Benutzeroberfläche* ermöglicht das menü- und maskengesteuerte Bedienen des Simulationssystems FSS bzw. der Module Modelldefinition, Simulationsdurchführung und Ergebnisanalyse. Zeichenorientierte Benutzeroberflächen stel-

4 Die objektorientierte Analyse eines Materialflußsimulators

len allerdings nicht mehr den aktuellen Stand der Interaktion eines Anwenders mit einer Anwendung dar. Grafische Benutzeroberflächen sind heutzutage Standard. Da die Entwicklung solcher grafischen Oberflächen allerdings einen nicht zu unterschätzenden Aufwand bedeutet, sind die Module Benutzeroberfläche und große Teile der Modelldefinition aus dem Simulationssystem herausgelöst worden. Alle relevanten Eingabedaten eines Simulationsmodells (Modelldaten usw.) können alternativ auch direkt in Form von strukturierten Textdateien mit einem Texteditor erstellt werden. Eine Beschreibung der Struktur der relevanten Eingabedaten befindet sich im Anhang 1. Neben der Interaktion mit der Anwendung über die Benutzeroberfläche ist somit auch eine batchorientierte Arbeitsweise möglich. Das Simulationsmodell und die Experimentdaten werden in diesem Fall direkt vom Modul Simulationsdurchführung eingelesen und die Simulationsberechnung wird anschließend ausgeführt. Somit kann das Simulationssystem FSS auch ohne die Module Benutzeroberfläche und Modelldefinition benutzt werden.

Unabhängig davon, ob eine interaktive oder batchorientierte Arbeitsweise bevorzugt wird, kann die *Modelldefinition* dabei aus den in Tab. 10 symbolisch dargestellten Bausteinen bestehen. Die Bausteine werden im folgenden kurz beschrieben.

Tab. 10. Symbolische Darstellung von FSS-Bausteinen.

Nr.	Symbol	Bausteinbezeichnung	Nr.	Symbol	Bausteinbezeichnung
1	AE201 1E, 19ze	Bearbeitungsbaustein	5	SP006 1000E 20ze	Sortierlagerbaustein
2	BX006 20E,800ze	Boxenbaustein	6	ST126.11 6E, 18ze	Streckenbaustein
3	AE201 1E, 19ze	(De)Montagebaustein	7	VE134.02 1E, 13ze	Vereinigungsbaustein
4	HE126.10 1E, 3ze	Heberbaustein	8	VZ129.02 1E, 1ze	Verzweigungsbaustein

Bearbeitungsbausteine stellen Fertigungseinheiten bzw. Maschinen dar, in denen ein Werkstück eine gewisse Zeitdauer verweilt, um bearbeitet zu werden. Wird die Kapazität eines Bearbeitungsbausteins mit mehr als einem Werkstück modelliert, dann liegt ein sogenanntes Shuttle-System vor. Ein solches System besteht aus mehreren hintereinander angeordneten Maschinen, die jeweils gleichzeitig mit einem Werkstück beschickt werden. Sowie die längste Bearbeitungsdauer in dem Shuttle-System abgelaufen ist, werden die Werkstücke um eine Maschine bzw. Position weitergerückt. Shuttle-Systeme werden durch mehrere hintereinander liegende Symbole für Bearbeitungsbausteine dargestellt. *Boxenbausteine* sind sehr komplexe Systeme und setzen sich aus mehreren Komponenten zusammen. Sowohl an dem Eingang als auch an dem Ausgang befindet sich ein Lager bzw. Puffer, um schwankende Werkstückströme auszugleichen. Das Boxensystem selbst besteht aus einer Reihe von Fertigungseinheiten, in denen Werkstücke bearbeitet werden. Um die Werkstücke innerhalb des Boxensystems von und zu den Puffern bzw. Fertigungseinheiten transportieren zu können, verfügen Boxensysteme über ein lokales Transportsystem, das in FSS aus fahrerlosen Flurförderern oder einer Drehscheibe bestehen kann. Ein *(De)Montagebaustein* ist, wie bereits erwähnt, ein Spezialfall eines Bearbeitungsbausteins. In ihm laufen zwei Materialflüsse zusammen bzw. auseinander. Die Werkstücke werden dementsprechend montiert oder demontiert. Ein *Heberbaustein* ist ein spezieller Förderbaustein. Er transportiert Werkstücke vertikal wie ein Fahrstuhl. Der *Sortierlagerbaustein* ist ein spezieller Lagerbaustein mit wahlfreiem Zugriff auf jedes in ihm gelagerte Werkstück. Er wird z.B. in der Automobilindustrie verwendet, um bestimmte Reihenfolgen von Werkstücken herzustellen. Diese Reihenfolgen können entweder nach einer bestimmten Strategie, z.B. „Wähle immer das Werkstück aus dem Sortierlagerbaustein, das die bisher längste Durchlaufzeit hat", oder nach einer vorgegebenen festen Reihenfolge erzeugt werden. Der *Streckenbaustein* dient dem Transport der Werkstücke zwischen den anderen Bausteinen. Er bietet zudem aufgrund seiner Pufferfunktion die Möglichkeit der Entkoppelung von Teilbereichen eines Materialflußsystems. Mittels der *Vereinigungs-* und *Verzweigungsbausteine* können die Materialflüsse zusammengeführt bzw. aufgeteilt werden. Der Verzweigungsbaustein bietet zum Zwecke der Aufteilung unterschiedliche Strategien an, wie z.B. das Verzweigen in Abhängigkeit vom Typ des Werkstücks. In allen Bausteinsymbolen befinden sich Beschriftungen mit dem Namen des Bausteins, seiner Kapazität in Einheiten und seiner Bearbeitungs- bzw. Förderzeit in Zeiteinheiten.

Die *Ergebnisanalyse* dient schließlich der Aufbereitung der berechneten Simulationsergebnisse zu entsprechenden Kenngrößen, wie z.B. der Durchlaufzeit eines Werkstücks, den maximalen Füllstand einer Strecke oder der Ausbringung einer Arbeitseinheit usw.

Für die vorzunehmenden Vergleiche werden für die beiden verschiedenen Varianten von FSS im weiteren folgende Kürzel eingeführt:

FSSS - sequentielles FSS-Simulationsverfahren,

FSSPx_i - paralleles FSS-Simulationsverfahren, wobei x für die Anzahl der parallelen Prozesse steht (z.B. bedeutet FSSP8 eine Simulation mit acht parallelen Simulationsprozessen) und i für die Benennung eines Teilprozesses von FSSPx verwendet werden kann (z.B. bedeutet FSSP8$_1$ die Benennung des ersten Teilprozesses; vgl. auch Kapitel 5.5).

Sofern Teile des FSS-Simulationssystems betrachtet werden, für die es unerheblich ist, welches Simulationsverfahren - sequentiell oder parallel - verwendet wird, wird allgemein von dem FSS-Simulator gesprochen.

4.4.2 Anwendung des sequentiellen Materialflußsimulators

Als Basis für den folgenden Rechenzeitvergleich mit dem anerkannt sehr schnellen bausteinorientierten Simulator DOSIMIS wurde das im folgenden als „EuroSim" bezeichnete Materialflußsystem gewählt. Es ist ein Literaturbeispiel für eine flexible Fertigungsanlage und in BREITENECKER und HUSINSKY (1991) veröffentlicht worden. DOSIMIS ist ein kommerzieller Simulator. Er ist primär für die Modellierung und Simulation von innerbetrieblichen Materialflußsystemen entwickelt worden (vgl. NOCHE und WENZEL 1991, S. 62). Das EuroSim-Materialflußsystem kann sowohl mit FSS als auch mit DOSIMIS simuliert werden. In Abb. 59 ist das Materialflußsystem „EuroSim" schematisch dargestellt.

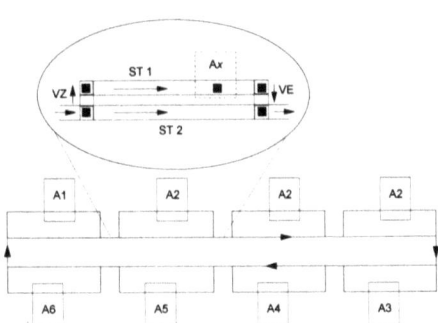

Abb. 59. Schematische Darstellung des Modells „EuroSim" (nach BREITENECKER und HUSINSKY 1991, S. 28).

Es besteht aus 8 identisch aufgebauten Subsystemen. Die acht Subsysteme sind über ein Fördersystem in einem Kreislauf miteinander verbunden. Die zu bearbeitenden

Werkstücke treten im Subsystem A1 in die Anlage ein und verlassen die Anlage dort auch wieder, wenn sie von A1, A2, A3, A4 und A5 bearbeitet worden sind. Sie werden jeweils auf Paletten transportiert und je nach aktuellem Bearbeitungszustand zu den Stationen Ax (mit x = 1, 2, 3, 4, 5, 6) zur Bearbeitung geschleust. Dazu müssen sie den Verzweigungsbaustein VZ und die Warteschlange bzw. den Streckenbaustein ST 1 passieren. Danach werden sie wieder in den Kreislauf über den Vereinigungsbaustein VE abgegeben. Sie haben hierbei Vorrang vor den von dem Streckenbaustein ST 2 kommenden Paletten. Findet eine Bearbeitung in dem Bearbeitungsbaustein Ax nicht statt oder tritt ein Stau in ST 1 auf, so werden sie an diesem Bearbeitungsbaustein über die Strecke ST 2 vorbeigeschleust.

Die Reihenfolge der Bearbeitung von Werkstücken in den Arbeitseinheiten erfolgt nach einer komplexen Steuerungsstrategie in Abhängigkeit vom Bearbeitungszustand des jeweiligen Werkstücks. Die Simulation beginnt mit einem leeren Materialflußsystem und dauert 10 Stunden, in denen eine Einschwingphase von 2 Stunden enthalten ist. Das EuroSim-Modell ist deterministisch, d.h., es beinhaltet keine zufälligen Komponenten, wie Störungen oder Bearbeitungszeitschwankungen. Ein Ziel der Simulationsuntersuchung des EuroSim-Modells ist die Bestimmung der optimalen Anzahl von Paletten im System. Für den hier interessierenden Vergleich ist dieses Simulationsziel nicht relevant, da lediglich die Rechenzeiten bei gleichen Ausgangsbedingungen miteinander verglichen werden. Im Anhang 2 wird aber die Problemstellung des EuroSim-Materialflußsystems und die komplette Durchführung der Simulationsuntersuchung mit FSSS ausführlich beschrieben.

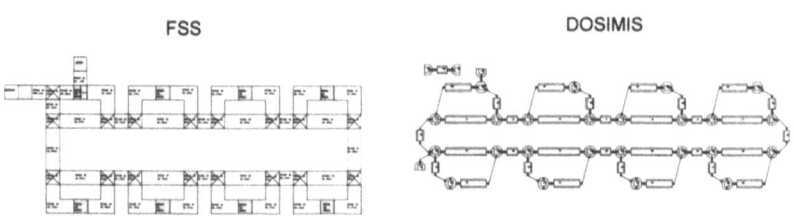

Abb. 60. Layouts des EuroSim-Modells bei FSS und unter DOSIMIS.

In Abb. 60 erkennt man den nahezu identischen Aufbau der Modelle aus den entsprechenden Bausteinen der jeweiligen Simulatoren. In Tab. 11 sind die Rechenzeiten

4 Die objektorientierte Analyse eines Materialflußsimulators

des optimierten Simulators FSSS den Rechenzeiten von DOSIMIS gegenübergestellt worden.

Die Gegenüberstellung der Werte kann lediglich ein Anhaltspunkt sein. Eigentlich wäre es zusätzlich wünschenswert gewesen, einen „FSS-Simulator" mit Ereignisliste und mit gleichen Modellierungsmöglichkeiten und gleichem Funktionsumfang wie DOSIMIS den Rechenzeiten des vorhanden FSS-Simulators ohne Ereignisliste gegenüberzustellen. Der Vergleich der Rechenzeiten zeigt dennoch ganz offensichtlich, daß das Leistungspotential auch nach der Rechenzeitreduzierung noch nicht an die Leistung von Simulatoren, die mit Ereignislisten arbeiten, heranreicht. In der Praxis hat sich auf jeden Fall die Verwendung einer Ereignisliste zur Ablaufsteuerung der ereignisorientierten Simulation durchgesetzt.

Tab. 11. Rechenzeitvergleich des sequentiellen Verfahrens FSSS.

Simulator	Modus	Betriebssystem	Rechenzeit in Sek. (absolut)	Rechenzeit in % (relativ)
DOSIMIS	Batch	SCO-Unix 3.2	32	100
DOSIMIS	Dialog	X-Windows	120	375
FSSS	Batch	MS-DOS 5.0	259	809
FSSS	Dialog	MS-DOS 5.0	470	1469
Rechnerbasis: IBM PC 486/ 33 MHz				

Da sich das Verfahren ohne Ereignisliste im Gegensatz zu dem Verfahren mit Ereignisliste sehr einfach parallelisieren läßt, ist diese Situation ein Anlaß und die Ausgangsbasis für die Weiterentwicklung des beschriebenen Verfahrens zwecks Erreichung einer größeren Rechenzeitreduzierung. Das Konzept wird im folgenden Kapitel 5 beschrieben und an dem eingeführten Beispiel aus Kapitel 4.2 erläutert werden.

5 Parallelisierung des ereignisorientierten Simulationsverfahrens

Die Simulation kann eine geeignete Methode zur Entscheidungsunterstützung bei komplexen Problemstellungen sein. Dieses ist bereits in Kapitel 3 ausgeführt worden. Einer der wesentlichen Nachteile der Simulation ist, unabhängig vom Simulationsverfahren, der unter Umständen immense Rechenzeitaufwand und die damit verbundenen direkten und indirekten Kosten für Personal und Hardware. Die Kosten steigen insbesondere dann überproportional stark an, wenn
- große Simulationsmodelle erstellt und berechnet werden sollen,
- eine Vielzahl von Simulationsläufen durchgeführt werden müssen oder
- eine besonders detailgetreue Darstellung des jeweils simulierten Systems notwendig ist.

Steigende Kosten drücken sich natürlich auch in längeren Wartezeiten bis zum Erhalt der ersten Simulationsergebnisse aus. Im Idealfall sollten solche Ergebnisse „auf Knopfdruck" bzw. umgehend zur Verfügung stehen.

Besonders im Bereich der Simulation von hochintegrierten Schaltkreisen, der digitalen Logiksimulation von VLSI-Chips, tritt dieses Rechenzeitproblem auf. Solche Schaltkreise werden mittels der (ereignisorientierten) Simulation auf ihre Leistungsfähigkeit und Fehlerfreiheit hin überprüft. Mit der steigenden Komplexität und Leistungsfähigkeit der Schaltkreise kann paradoxer Weise die Rechengeschwindigkeit von Simulationsanwendungen, die auf diesen „Schaltkreisen" ausgeführt werden, nicht mehr mithalten. Die Folge ist, daß vollständige und detailgetreue Simulationen von hochintegrierten Schaltkreisen innerhalb akzeptabler Zeiträume nicht mehr durchgeführt werden können (vgl. MATTERN und MEHL 1989, S. 199). Ansätze zur Rechenzeitreduzierung durch die parallele Ausführung ereignisorientierter Simulationen haben daher meistens dieses spezielle Anwendungsgebiet als Hintergrund (vgl. auch LUKSCH 1993).

Im Bereich der Simulation von Materialflußsystemen tritt die geschilderte Problematik in dieser massiven Form nicht auf. Allerdings führen bei der Simulation von Materialflußsystemen andere Anforderungen zu einem starken Ansteigen der Rechenzeiten und den damit verbundenen Kosten:
- Wegen der zu berücksichtigenden stochastischen Einflüsse, wie z.B. Störungen, Bearbeitungszeitschwankungen, Ankunftsraten usw., und der Vielzahl der Kombinationen von Werten für die Entscheidungsparameter muß eine sehr große Anzahl von Simulationsläufen ausgeführt werden, um glaubwürdige Simulations-

ergebnisse zu erhalten. Neben fehlendem Problembewußtsein (vgl. auch Kapitel 3.5.2) spielt für die Vernachlässigung der Erzeugung statistisch abgesicherter Simulationsergebnisse sicherlich die stark ansteigende Rechenzeit eine entscheidende Rolle, denn würde die Rechenzeit nicht ansteigen, wäre es kein Problem, entsprechende Ergebnisse zu produzieren.

- Typische Simulationsuntersuchungen sind bisher auf eher kleine Teilbereiche von Materialflußsystemen beschränkt. Die detaillierte Simulation unternehmens- oder gar konzernweiter Materialflußsysteme, d.h. großer Simulationsmodelle, würde die zuvor genannte Problematik zusätzlich verschärfen, da dann auch die Rechenzeit für jeden *einzelnen* Simulationslauf überproportional ansteigt. Gleichwohl wäre es wünschenswert, auch solche unternehmensweite Modelle von Materialflüssen in einem Modell zu simulieren, um so ganz neue Fragestellungen, z.B. hinsichtlich der Lieferketten (supply chain management) zwischen den verschiedenen Konzern- und Fertigungsbereichen, besser untersuchen zu können.

Da hohe Rechenzeiten in der Folge auch zu hohen Rechenkosten führen, ist es ohne Zweifel sehr wünschenswert, im Bereich der ereignisorientierten Simulation von Materialflußsystemen die Rechenzeiten und die damit verbundenen Kosten zu reduzieren.

Die Reduzierung der Rechenzeit kann durch verschiedene Maßnahmen erreicht werden. So läßt sich, wie bereits in Kapitel 4.3 beschrieben, auch die Ausführung sequentieller Simulationsberechnungen erheblich beschleunigen. Die dort unterbreiteten Vorschläge basieren auf der Verbesserung der Datenstrukturen für Ereignislisten und den darauf operierenden, *sequentiellen* Algorithmen, d.h. der sequentiellen Berechnung von Simulationsmodellen. Zusätzliche tiefergreifende Verfahrensverbesserungen zum Erreichen weiterer Rechenzeitreduzierungen scheinen aber mit sequentiellen Verfahren nicht erreichbar zu sein.

Der gleichzeitig anhaltende Bedarf nach höherer Rechenleistung, so z.B. im Bereich von TeraFlops für Anwendungen der Klimaforschung, der Gentechnik usw., einerseits und die durch die physikalischen Eigenschaften von Bauelementen für Prozessoren gegebenen Grenzen - die heutige Grenze der „sequentiellen Rechenleistung" wird auf einige GigaFlops geschätzt (siehe BURKHARDT u.a. 1993) - andererseits bilden den Ausgangspunkt für die Entwicklung paralleler Verfahren auf parallelen Rechnerarchitekturen. Ein vielversprechender Ansatz, der auch in ganz anderen Anwendungsgebieten der DV-Technik verfolgt wird, basiert daher auf der Parallelverarbeitung. Übertragen auf die Simulation bedeutet dies die Parallelisierung des ereignisorientierten Simulations-

5 Parallelisierung des ereignisorientierten Simulationsverfahrens

verfahrens und die Ausführung eines solchen Verfahrens auf einem Parallelrechner. Neben den vielversprechenden Möglichkeiten zur Rechenzeitreduzierung reizt es natürlich auch, eine Vielzahl von Rechnern bzw. Prozessoren so zu koordinieren, daß sie in bestmöglicher Weise zur Lösung eines gemeinsamen Problems beitragen.

Die Grundidee dieses Kapitels besteht dementsprechend darin, statt eines Einzelprozessorrechners einen Mehrprozessorrechner zu verwenden und die Ausführung der Simulation sowie das Simulationsmodell selbst auf die verschiedenen Prozessoren zu verteilen. Dieses - wegen der Parallelität der Vorgänge in den zu simulierenden realen Materialflußsystemen - scheinbar unproblematische Vorgehen ist jedoch nicht ohne weiteres umzusetzen, wie im folgenden noch dargestellt werden wird. Der Nachteil der fehlenden Ereignisliste des entwickelten FSSS-Simulators und seines daher relativ schlechten Laufzeitverhaltens bei sequentieller Ausführung (vgl. Kapitel 4.3) wird sich dabei im Verlaufe dieses Kapitels bezüglich seiner Parallelisierung aber als ein Vorteil erweisen.

Im folgenden werden in Kapitel 5.1 zunächst die grundlegenden Parallelrechnerarchitekturen vorgestellt sowie in Kapitel 5.2 die grundsätzlich möglichen Ebenen der Verfahrensparallelisierung beschrieben. Daran anschließend werden in Kapitel 5.3 drei abgrenzbare Bereiche benannt, die bei ereignisorientierten Simulationsverfahren prinzipiell parallel ausgeführt werden können. Auf zwei populäre Parallelisierungskonzepte, die die Verwendung einer Ereignisliste voraussetzen, wird in Kapitel 5.4 eingegangen. Schließlich wird in Kapitel 5.5 das hier neu entwickelte Konzept vorgestellt, das eine synchrone, parallele und ereignisorientierte Simulation ohne die Verwendung einer Ereignisliste realisiert und zu spürbaren Rechenzeitreduzierungen führt.

5.1 Parallelrechnerarchitektur

Parallelrechner bezeichnen Rechnerarchitekturen, die zu einem Zeitpunkt mehrere Programme (echt) ausführen können. Sie müssen zu diesem Zweck über mehrere Prozessoren verfügen. Zur Abgrenzung gegenüber sequentiellen Rechnern wurde bereits 1966 von FLYNN (1966) eine grobe Klassifizierung aufgestellt. Diese teilt die Rechner danach ein, ob zu einem gegebenen Zeitpunkt
- ein oder mehrere Befehle (Programme) ausgeführt werden und
- ein oder mehrere Datenwerte bearbeitet werden.

Durch die Kombination dieser Eigenschaften kann man die vier Rechnerarchitekturen

- SISD (single instruction single data)
- SIMD (single instruction multiple data),
- MISD (multiple instruction single data) und
- MIMD (multiple instruction multiple data)

unterscheiden (vgl. Tab. 12).

Tab. 12. Klassifizierung von Rechnerarchitekturen nach FLYNN (1966).

Befehlsströme	Datenströme	
	1	> 1
1	SISD	SIMD
> 1	MISD	MIMD

Die *SISD-Klasse* bezeichnet die klassische von Neumann-Architektur mit einem einzigen Zentralprozessor. Nach Ansicht des Autors dieser Arbeit passen in diese Klasse aber so gut wie keine für einen Anwender im üblichen Sinne gebräuchlichen Rechner mehr - Ausnahmen bilden hier z.B. Haushaltsgeräte mit einem SISD-Rechner - weil selbst einfache Personalcomputer mittlerweile standardmäßig neben dem Zentralprozessor zumindest über einen Grafikprozessor für die Videoausgabe und einen Arithmetikprozessor für arithmetische Berechnungen verfügen. Gleichwohl wird auf diesen Rechnern zu einem Zeitpunkt nur ein Programm ausgeführt; es handelt sich bei diesen Rechnern nicht um Parallelrechner. Für die *MISD-Klasse* existieren derzeit keine realen Rechner, und es ist fraglich, ob sie jemals konstruiert werden, da es offenbar keinen Sinn macht, mehrere Prozessoren zur gleichen Zeit auf einen Datenwert operieren zu lassen. Heutzutage vorhandene Rechnerarchitekturen fallen somit in die *SIMD*- und die *MIMD*-Klasse. Die Feststellung, daß MIMD-Rechner die vorausgesetzte Rechnerarchitektur für diese Arbeit sind, wäre allerdings wenig aussagekräftig und unscharf. Im weiteren wird daher auf die Parallelitätsebenen von Rechnerarchitekturen detaillierter eingegangen, wobei aber auf die Taxonomie nach FLYNN aufgrund seiner großen Bekanntheit Bezug genommen werden wird. In Tab. 13 sind vier Ebenen der Parallelität und ihre Realisierung in bestimmten Rechnerarchitekturen dargestellt.

Auf der *Bitebene* wird die parallele Bitbearbeitung von Befehlen und Daten durch einen einzigen Prozessor betrachtet, die durch die Verarbeitungsbreite des Rechners gegeben ist. Der erste Personalcomputer von IBM verarbeitete z.B. ursprünglich 8 Bit und später 16 Bit parallel. Heutige Personalcomputer verarbeiten 32 Bit in einem

5.1 Parallelrechnerarchitektur

Arbeitsgang. Die Parallelität auf dieser Ebene übt bei Verwendung höherer Programmiersprachen nur geringen bis gar keinen Einfluß auf den Entwurf von Programmen aus, so daß z.B. ein Umstieg von 16-Bit auf 32-Bit Rechner in der Regel kaum Probleme bereitet, wohl aber eine Rechenzeitreduzierung ermöglicht. In dieser Ebene liegen alle vier Klassen nach FLYNN.

Tab. 13. Parallelitätsebenen von Rechnerarchitekturen (angelehnt an BURKHARDT u.a. 1993, S. 11).

Ebene	Realisierung
1. Bitebene	Bitparallelität: 8/ 16/ 32 /64/ ...-Bit Wortbreite
2. Funktionseinheitenebene	spezialisierte Prozessoren je Zentralprozessoreinheit: Grafik, Arithmetik, Kommunikation (Pipelining)
3. Datenebene	Feldrechner, Vektorrechner (SIMD)
4. Befehlsebene	Mehrere Zentralprozessoreinheiten mit mehreren Steuereinheiten (MIMD)

Auf der *Funktionseinheitenebene* verfügen die Rechner über mehrere Prozessoren, die jeweils für verschiedene Aufgaben spezialisiert sind und so durch eine parallele Bearbeitung die Gesamtleistung des Systems erhöhen. In diesem Zusammenhang wird auch vom sogenannten „Befehls-Pipelining" gesprochen. Hierbei werden Aufgaben so in Befehle aufgeteilt und gruppiert, daß sie hintereinander von mehreren Einzelprozessoren im Sinne einer Fließbandarbeit überlappend durchgeführt werden können. Das (Befehls-)Pipelining ist inzwischen auch bei Mikroprozessoren in Personalcomputern, wie dem Intel Pentium-Prozessor, Stand der Technik. Typische Spezialisierungen sind z.B. der Aufbau der Bildschirmgrafik durch einen Grafikprozessor, die Kommunikation mit einem anderen Rechner über einen Kommunikationsprozessor (Modem) oder die Berechnung von arithmetischen Ausdrücken durch einen Arithmetikprozessor. Die Inanspruchnahme und Auslastung der Spezialprozessoren durch ein Programm kann automatisch durch entsprechende Übersetzer von Programmiersprachen gewährleistet werden. Solche Compiler setzen z.B. arithmetische Programmanweisungen einer Programmiersprache in spezielle Maschinenbefehle zur Ausnutzung eines vorhandenen Arithmetikprozessors um und entlasten so den Zentralprozessor, was wiederum zu einer Rechenzeitreduzierung führt.

Es ist im allgemeinen Sprachgebrauch nicht üblich, auf der 1. und 2. Ebene von Parallelrechnern zu sprechen, da zu einem Zeitpunkt stets nur ein Programm im umgangssprachlichen Sinne ausgeführt wird!

Auf der *Datenebene* ist es möglich, explizit parallele Abläufe in einem Programm zu formulieren. Die Parallelität wird durch eine Vervielfachung der Rechenwerke erreicht, die zur gleichen Zeit den gleichen (Vektor-)Befehl auf unterschiedliche Daten anwenden. Die Steuerung der Rechenwerke obliegt dabei einem Steuerwerk. Voraussetzungen für die Nutzung dieser Parallelität ist es, entsprechende Vektoroperationen in der zu parallelisierenden Anwendung definieren zu können. Es wird dann jeweils ein Programm für viele gleichartige Daten abgearbeitet. Dabei wird dieselbe Operation gleichzeitig auf mehreren Rechenwerken ausgeführt. Zu den Rechnern dieser Klasse zählen sogenannte Vektorrechner und SIMD-Architekturen nach FLYNN. Es handelt sich hierbei um Parallelrechner im weiteren Sinne, da die Beschränkung der Ausführung nur eines Programms zur gleichen Zeit bestehen bleibt.

Die *Befehlsebene* bezeichnet schließlich Parallelrechner im engeren Sinn, wie sie auch für diese Arbeit vorausgesetzt werden. Sie werden auch als „Mehrprozessorrechner" bzw. kurz als „Parallelrechner" bezeichnet. In diese Rechnerklasse fallen die MIMD-Rechner nach FLYNN. Bei dieser Rechnerklasse sind mehrere Prozessoren miteinander verbunden und wenden zum gleichen Zeitpunkt unterschiedliche Befehle auf unterschiedliche Daten an. Parallelrechner lassen sich weiter nach der Struktur der beteiligten Prozessoren unterteilen. Liegen gleichartige Prozessoren vor, so spricht man von einem *homogenen* Parallelrechner. Entsprechend spricht man von einem *inhomogenen* oder heterogenen Parallelrechner, wenn die beteiligten Prozessoren z.B. hinsichtlich bestimmter Aufgaben unterschiedlich optimiert sind.

Weiter kann man symmetrische und asymmetrische Systeme unterscheiden. Bei *symmetrischen* Parallelrechnern sind alle Prozessoren vollkommen gleichberechtigt. Bei *asymmetrischen* Parallelrechnern trifft diese Voraussetzung nicht zu, d.h. unter den Prozessoren existiert eine Ordnung (vgl. GILOI 1981). In der Regel gibt es bei asymmetrischen Systemen einen sogenannten „Master" und eine Reihe von „Slaves". Der Master koordiniert dann die Arbeit der Slaves.

Ein weiteres Merkmal der Architektur von Parallelrechnern ist die Art der Kopplung der Prozessoren bzw. die Kommunikation. Bei einer Kopplung über einen oder mehrere *gemeinsame Speicher* (shared memory based) spricht man von einer starken oder auch *engen Kopplung* bzw. einem speichergekoppelten System. Die gekoppelten Prozessoren schreiben in und lesen aus dem gemeinsamen Speicher ihre Daten. Die Kommunikation erfolgt implizit. Die verwendeten Werkzeuge zur Realisierung eines gemeinsamen Speichers müssen Synchronisationsmittel, wie z.B. Semaphore, zur Ver-

5.1 Parallelrechnerarchitektur

fügung stellen, mit denen der Zugriff auf die gemeinsamen Bereiche geregelt werden kann.

Sind die Prozessoren dagegen über ein Verbindungsnetzwerk miteinander verbunden, spricht man von einer schwachen oder auch *losen Koppelung* bzw. einem nachrichtengekoppelten System. Es existiert kein gemeinsamer Speicher. Die Daten der gekoppelten Prozessoren werden über Nachrichten (message passing based) ausgetauscht. Die Kommunikation erfolgt explizit. Alle Prozessoren besitzen nur lokale Speicher.

HOCKNEY (1985) unterscheidet MIMD-Systeme weiter danach, ob die Prozessorkoppelung starr oder dynamisch ist. Bei starren Koppelungen wird von geschalteten Systemen gesprochen und bei dynamischen Verbindungen von Netzwerken.

Der für diese Arbeit *ideale* Parallelrechner ist in Abb. 61 dargestellt. Er besteht aus mehreren symmetrischen, homogenen, eng gekoppelten Prozessoren, die jeweils einen lokalen Speicher haben. Es ist ein geschaltetes System. Jeder Prozessor bearbeitet parallel mit den anderen Prozessoren seine Teilaufgabe, d.h. er wendet seine Befehle auf seine Daten an. Alle Prozessoren haben einen Zugriff auf einen gemeinsamen Speicher. Die Kommunikation der Prozessoren erfolgt über den gemeinsamen Speicher implizit. Auf diesem Parallelrechner ist somit ein echter Parallelismus, d.h. eine massive Parallelverarbeitung möglich: Ein (Simulations-) Programm wird gleichzeitig durch mehrere Prozessoren ausgeführt.

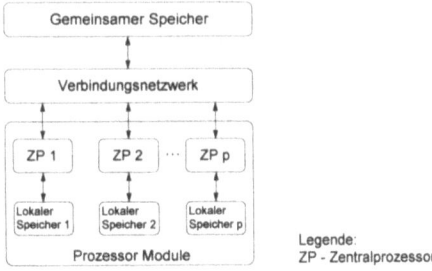

Abb. 61. Aufbau eines Parallelrechners.

Wenn ein solcher Parallelrechner nicht zur Verfügung steht, wie es bei dieser Arbeit der Fall war, müssen Ersatzlösungen gesucht werden. Prinzipiell bieten sich an:
- Einzelprozessorrechner mit einem Multitasking-Betriebssystem oder

- Rechnernetze.

Bei *Multitasking-Betriebssystemen*, wie sie heutzutage auf Personalcomputern eingesetzt werden (z.B. SCO-Unix, Linux, MS-Windows, Windows NT oder OS/2), stehen dem Anwender scheinbar mehrere Prozessoren bereit, d.h. der Rechner präsentiert sich dem Anwender als ein *virtueller* Parallelrechner. Mit Hilfe des Betriebssystems können mehrere Programme scheinbar gleichzeitig ausgeführt werden. Da Personalcomputer aber nur über einen Zentralprozessor verfügen, werden die Programme nur quasiparallel mittels eines sogenannten Zeitscheibenverfahrens, wie es in Abb. 62 dargestellt ist, abgearbeitet.

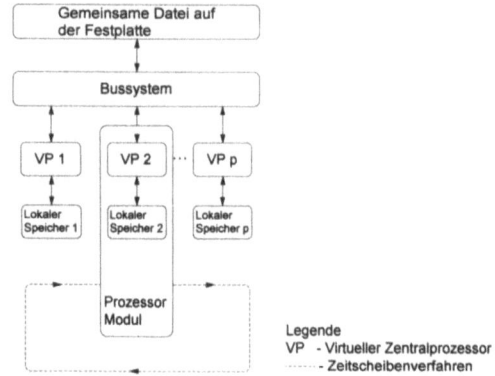

Abb. 62. Die Benutzung eines Einzelprozessorrechners mit Multitasking-Betriebssystem als virtueller Parallelrechner.

Bei diesem Zeitscheibenverfahren simuliert das Betriebssystem des Rechners mehrere „virtuelle" Prozessoren in einem Umlaufverfahren, d.h. jeder virtuelle Prozessor bekommt für eine bestimmte Dauer Rechenzeit des Zentralprozessors über das Betriebssystem zugewiesen. Daher kann bei einem rechenintensiven parallel ausgeführten (Simulations-)Verfahren, d.h. einem Verfahren ohne lange Leerlaufzeiten, auf der Basis eines Multitasking-Betriebssystems gegenüber der sequentiellen Verfahrensvariante kein Zeitgewinn entstehen. Im Gegenteil, in der Regel wird die Quasi-Parallelverarbeitung sogar länger dauern, da der Synchronisationsaufwand der parallel ausgeführten Prozesse zusätzliche Rechenzeit benötigt. Dennoch verfügt diese Lösung über alle Komponenten eines Parallelrechners: Die Prozessoren werden durch virtuelle, d.h. in der Wirklichkeit nicht vorhandene Prozessoren simuliert, das Bussystem des Einzelprozessorrechners ist das Verbindungsnetzwerk und als gemeinsamer Speicher dient ein von allen virtuellen Prozessoren genutzter gemeinsamer Speicherbereich (z.B. eine Datei oder ein gemeinsamer Bereich im Hauptspeicher). Ein parallel arbeitendes (Simulations-)Verfahren kann somit zumindest konzeptionell umgesetzt und validiert werden.

Die skizzierte Lösung findet allerdings ihre Grenzen bei der relativ geringen Anzahl der sinnvoll nutzbaren „virtuellen" Prozessoren. So führte bei Personalcomputern im Verlaufe der Untersuchung schon die Erzeugung weniger virtueller Prozessoren, die mit rechenintensiven Aufgaben belastet wurden, zu inakzeptablen Wartezeiten bzw. nahezu zum Stillstand des gesamten Systems. Ein weiterer Grund für die Suche nach einer anderen Lösung war das Problem der notwendigen Rechenzeitmessung unter Multitasking-Betriebssystemen, um die reine Rechenzeit des parallelen Simulationsverfahrens ohne die Berücksichtigung der (langen) Kommunikationszeiten und der Sekundärspeicherzugriffszeiten ermitteln zu können. Letztendlich konnte mit den vorhandenen Mitteln, d.h. der gegebenen Programmiersprache und dem gegebenen Betriebssystem, keine Rechenzeitmessung realisiert werden. Die Modellierung eines Parallelrechners mittels eines Multitasking-Betriebssystems wurde daher lediglich während der frühen Arbeiten an dem parallelen Simulationsverfahren genutzt, um das Konzept als Prototyp zu überprüfen.

Neben Multitasking-Betriebssystemen können auch verteilte Rechnersysteme, d.h. (lokale oder globale) *Rechnernetzwerke*, als Parallelrechner, wie in Abb. 63 dargestellt, genutzt werden. Die vernetzten Rechner stellen hierbei Prozessoren mit einem lokalen, verteilten Speicher dar. Die Vernetzung selbst, z.B. mittels Ethernet oder Token-Ring, kann als das Verbindungsnetzwerk aufgefaßt werden. Als gemeinsamer Speicher kann eine Datei auf einem Netzwerkserver dienen. Man spricht in diesem Zusammenhang auch von „Prozessorfarmen" (MATTERN und MEHL 1989, S. 199) oder einem „Workstation-Cluster" (BURKHARDT u.a. 1993, S. 17).

Von Vorteil bei einer solchen Realisierung eines Parallelrechners ist die real zur Verfügung stehende Gesamtrechnerleistung bei einer gleichzeitig freien Skalierbarkeit, d.h. es können zwei, drei, vier bzw. beliebig viele angebundene Rechner als Prozessoren genutzt werden. Dem stehen allerdings einige Nachteile gegenüber: Die Übertragungsleistung des Verbindungsnetzwerkes ist für den, im Vergleich zu dem Geschehen in einem Prozessor, relativ seltenen Datenaustausch (auf Dateiebene) ausgelegt. Moderne Rechnernetze bieten heute eine Übertragungsleistung von 100 MBit/ Sek. Selbst eine optimistisch angenommene, zukünftige Verhundertfachung der Übertragungsleistung auf 10000 MBit/ Sek. wäre aber noch nicht annähernd so leistungsfähig wie das Verbindungsnetzwerk eines echten Parallelrechners.

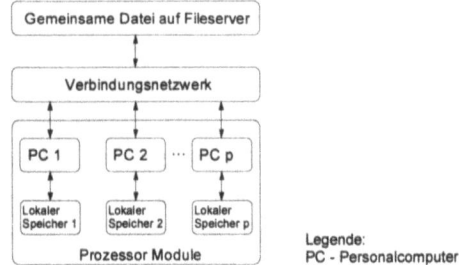

Abb. 63. Die Benutzung eines Rechnernetzes mit angebundenen Rechnern als Parallelrechner.

Da die Leistungswerte somit deutlich unter den Werten eines Verbindungsnetzwerkes eines echten Parallelrechners liegen und der gemeinsame Speicher mittels des langsamen Sekundärspeichers realisiert werden muß, ist für die Ausführung kommunikationsintensiver Parallelverfahren somit *keine* Rechenzeitreduzierung wie bei der Ausführung auf einem echtem Parallelrechner zu erwarten.

Alternativ zu einem gemeinsamen Speicher kann in einem Netzwerk die Kommunikation auch über Nachrichten ohne Verwendung eines gemeinsamen Speichers realisiert werden, wodurch sich aufgrund fehlender Sekundärspeicherzugriffe Geschwindigkeitsvorteile ergeben können. Diese sind aber wegen der erwähnten geringen Kommunikationsleistung heutiger Netzwerke, die einen erheblichen Engpaß darstellt, nur marginal.

Eine echte Rechenzeitreduzierung durch Ausführung eines parallelen Verfahrens in einem Rechnernetz kann erst dann erzielt werden, wenn der Kommunikationsbedarf zwischen den einzelnen Prozessoren gering ist und die geringe Kommunikationsleistung des Netzwerkes damit kaum zum Tragen kommt. Ob dieses allerdings der Fall ist, hängt wiederum entscheidend von der sogenannten Ebene ab, auf der die Aufgaben parallelisiert werden. Im Unterschied zu den in Tab. 13 unterschiedenen Ebenen der Rechnerarchitektur geht es hier allerdings bereits um die „höheren" Ebenen der Parallelverarbeitung von Aufgaben:

5.1 Parallelrechnerarchitektur

Parallelverfahren, die auf der Programmebene eine Parallelisierung durchführen, haben einen vergleichsweise geringen Kommunikationsbedarf bzw. arbeiten weitgehend autonom. Die Zeiträume zwischen den Kommunikationspunkten sind relativ lang. Mehrere Programme werden auf verschiedenen Prozessoren parallel ausgeführt. Sie tauschen nach dem Programmlauf ihre Ergebnisse über einen gemeinsamen Speicher oder per Nachrichten aus, um dann neue Programmläufe zu initiieren. Man spricht bei dieser Ebene auch von *grobgranularen* Verfahren.

Parallelverfahren, die auf Anweisungsebene innerhalb *eines* Programms eine Parallelisierung durchführen sind dagegen sehr kommunikationsintensiv, d.h. die Zeiträume zwischen den Kommunikationspunkten sind sehr kurz. Informationen werden auf der Basis von gemeinsamen Variablen ausgetauscht. Solche Verfahren werden als *feingranular* bzw. als *massiv-parallel* bezeichnet.

Auf die Granularität von Parallelverfahren wird in Kapitel 5.2.1 nochmals eingegangen werden.

Realistischer Weise wird der operative und wirtschaftliche Einsatz von Prozessorfarmen bzw. Workstation-Clustern als Parallelrechner auf längere Sicht auf grobgranulare Verfahren beschränkt bleiben. Sie sind für den Einsatz von feingranularen, massiv-parallelen Verfahren auf längere Sicht nicht geeignet (vgl. TROTTENBERG 1993).

Die angestrebte Parallelisierung der Simulation ist jedoch der Klasse der feingranularen Verfahren zuzuordnen, was in Kapitel 5.5 noch dargestellt werden wird. Trotz der Schwächen, die bei Ausführung des Verfahrens mittels eines verteilten Rechnersystems bzw. Rechnernetzes in Kauf zu nehmen sind, kann dieses aber *konzeptionell* durchaus als ein Parallelrechner genutzt werden. Da ein echter Parallelrechner für diese Arbeit nicht verfügbar war, mußte diese Lösung gewählt werden.

Aufgrund der geringen Kommunikationsleistung eines Rechnernetzes und der Verwendung eines Sekundärspeichers als gemeinsamer Speicher ist, wie bereits erläutert, zu erwarten, daß sich bei der Ausführung eines feingranularen, massiv-parallelen Simulationsverfahrens aller Wahrscheinlichkeit nach weitaus höhere Rechenzeiten ergeben als bei einem sequentiellen Simulationsverfahren auf einem Einzelprozessorrechner. Eine Einbeziehung der Kommunikations- und Speicherzugriffszeiten würde somit ganz überwiegend nur die Leistung des Kommunikations- und Speicherzugriffssystems und nicht die des parallelen Verfahrens berücksichtigen. Um diese unerwünschte, in der Versuchsanordnung begründete „Schieflage" der geringen Kommunikationsleistung des Rechnernetzes wieder zu beseitigen, müssen diese langen

Kommunikationszeiten im Rechnernetz und die Zugriffszeiten auf den gemeinsamen Speicher bzw. Sekundärspeicher bei allen Verfahrenstests *herausgerechnet* werden, so daß lediglich die reine Rechenzeit, sowohl für die sequentielle als auch für die parallele Verfahrensvariante, übrig bleibt (vgl. ähnliche Probleme bei LUKSCH 1993, S. 210).

Im Gegensatz zu dem Multitasking-Betriebssystem war es im Rechnernetz kein Problem, eine entsprechende Rechenzeitmessung zu implementieren. Auf den genauen „Versuchsaufbau" und die Zeitberechnung wird in Kapitel 5.6 eingegangen werden.

Nachdem somit die Rechnerarchitektur prinzipiell ausgewählt und beschrieben ist, wird im folgenden Abschnitt das darauf auszuführende, feingranulare, massive Parallelverfahren behandelt. Dazu wird zunächst die Parallelverarbeitung allgemein beschrieben.

5.2 Parallelverarbeitung

Die Parallelverarbeitung beschreibt die gleichzeitige Bearbeitung eines Problems durch mehrere Prozessoren auf einem Parallelrechner, wie er in Kapitel 5.1 vorausgesetzt worden ist und für diese Arbeit in einem Rechnernetz seine (konzeptionelle) Realisierung finden kann.

Bei der Anwendung der Parallelverarbeitung wird einerseits die Rechenzeit durch Aufteilung des Problems auf mehrere Prozessoren reduziert, andererseits wächst die Rechenzeit für zusätzliche Verwaltungsaufgaben zur Koordinierung der einzelnen parallel ausgeführten Teilaufgaben. Eine Parallelverarbeitung lohnt sich somit nur dann, wenn die Reduzierung der Rechenzeit durch die Verteilung größer ist als die zusätzliche Zeit, die für die Verwaltung der parallel ausgeführten Teilaufgaben benötigt wird. In einem Rechnernetz wird dieses bei der angestrebten feingranularen, massiven Parallelisierung aus den genannten Gründen nicht möglich sein. Es soll an dieser Stelle daher einschränkend nochmals hervorgehoben werden, daß eine reale Rechenzeitreduzierung des im folgenden entwickelten, parallelen Simulationsverfahrens für praxisrelevante Simulationsmodelle nur auf einem echten Parallelrechner erreichbar ist.

Gleichwohl können auch in einem Rechnernetz Geschwindigkeitsvorteile erzielt werden, nämlich dann, wenn die Rechenzeit für einen parallel auszuführenden Prozeß wesentlich höher ist, als die notwendige Kommunikations- und Speicherzugriffszeit. Dieser Fall kann bei sehr großen Problemen durchaus eintreten: Ein Rechnernetz bietet

5.2 Parallelverarbeitung

nämlich den Vorteil, daß man gegenüber einem Einzelrechner sehr große Simulationsmodelle durch Aufteilung auf mehrere Rechner (noch) berechnen kann.

Zur weiteren Charakterisierung dieses Ansatzes der Parallelverarbeitung sind zunächst die Ebenen der Parallelisierung zu unterscheiden (Kapitel 5.2.1), dann ist die Koordinierung der parallel ablaufenden Prozesse, d.h. die Kommunikation und Synchronisation, zu behandeln (Kapitel 5.2.2) und schließlich sind Sprachkonstrukte für die Darstellung paralleler Algorithmen zu formulieren (Kapitel 5.2.3).

5.2.1 Ebenen der Parallelverarbeitung

Ob eine Aufgabe parallel bearbeitet werden kann, hängt entscheidend davon ab, inwieweit sie in unabhängig voneinander zu bearbeitende Teilaufgaben zerlegt werden kann. Ein qualitatives Maß hierfür stellt die sogenannte *Lokalitätseigenschaft* dar. Eine starke Lokalitätseigenschaft von Problemen bietet gute Voraussetzungen für eine parallele Ausführung. Eine schwache Lokalitätseigenschaft führt zu erheblichen Problemen, da die Teilaufgaben dann sehr stark voneinander abhängen. Die Stärke der Lokalitätseigenschaft kann man auch durch die bereits erwähnte Granularität des Verfahrens beschreiben. Die parallele Berechnung bzw. die parallele Ausführung von Befehlen auf einem Rechner kann auf unterschiedlichen Granularitätsebenen erfolgen. In dieser Arbeit sollen

- die Programmebene und
- die Prozeßebene

unterschieden werden. Auf der *Programmebene* werden verschiedene voneinander unabhängige Programme auf mehreren Prozessoren ausgeführt. Man spricht von grober Granularität. Diese vergleichsweise unproblematische Parallelausführung wird z.B. von Betriebssystemen genutzt.

Darüber hinaus können aber auch einzelne Programme so aufgeteilt werden, daß mehrere Programmanweisungen bzw. Prozesse, z.B. Schleifen oder Prozeduren und Funktionen, parallel ausgeführt werden, was ebenfalls zu einer Rechenzeitreduzierung führt. Diese *Prozeßebene* wird auch als mittel- bis feingranular bezeichnet. Das zentral zu lösende Problem ist dabei die Identifizierung von unabhängigen Programmteilen, d.h. Anweisungen, Prozeduren und Funktionen, die tatsächlich parallel ausgeführt werden können. Sind diese Programmteile voneinander abhängig, so müssen bei ihrer Abarbeitung die parallel arbeitenden Prozessoren aufeinander warten. Die Vorteile der Parallelverarbeitung würden nicht voll ausgeschöpft. Unabhängige Teilprogramme können teilweise algorithmisch durch entsprechende Compiler in einem ursprünglich sequentiell entworfenen Programm gefunden werden. Wesentlich effektiver ist jedoch die *explizite* Formulierung und das *explizite* Design eines Programms in unabhängige und parallel auszuführende Teilaufgaben. Voraussetzung hierfür sind Sprachkonstrukte, die eine solche Formulierung erlauben.

Bei der Parallelisierung auf Prozeßebene kann man sinnvoll zwischen der Funktions- und der Datenpartitionierung unterscheiden. Bei der Funktionspartitionierung wird das Verfahren nach logisch abgrenzbaren Teilaufgaben untersucht. Bei der Datenpartitionierung hingegen wird das sequentielle Verfahren repliziert und um Komponenten zur Kommunikation und Synchronisation erweitert. Das zugrundeliegende Berechnungsproblem wird dann aufgeteilt und von dem replizierten Verfahren parallel berechnet.

Das Finden von unabhängigen Teilprogrammen bzw. Partitionen und das parallele Ausführen dieser Teilaufgaben ist das wesentliche Ziel der ereignisorientierten, parallelen Simulation und damit auch dieser Arbeit.

5.2.2 Koordination des Datenaustausches

Ein parallel auszuführendes Programm wird an geeigneten Stellen in unabhängige Teilprogramme bzw. Prozesse zerlegt. Diese Prozesse werden im Rahmen eines „Supersteps" abgearbeitet (vgl. BURKHARDT 1993). Jeder Prozeß besteht dabei aus einer Reihe unabhängig voneinander abarbeitbarer Anweisungen. Voraussetzung ist, daß die von jedem Prozeß erzeugten Größen nur innerhalb desselben benötigt werden und erst nach der Ausführung des Supersteps allen anderen Prozessen zur Verfügung stehen müssen. Es spielt keine Rolle ob die Prozesse eines Supersteps wirklich parallel ausgeführt werden oder in irgendeiner beliebigen Reihenfolge nacheinander; das Ergebnis am Ende des Supersteps ist immer das gleiche.

Der Datenaustausch bzw. die Kommunikation nach einem Superstep kann auf unterschiedliche Art und Weise erfolgen, d.h. die Synchronisation der einzelnen Prozesse kann unterschiedlich gelöst werden. Üblicherweise spricht man von einem „Senden" und „Empfangen" der Daten durch die parallelen Prozesse. Diese treten dabei sowohl als Sender als auch als Empfänger auf. Die Kommunikation kann synchron oder asynchron erfolgen.

Bei der *asynchronen* Kommunikation kann ein Senderprozeß Daten abschicken, ohne den Empfang durch den Empfängerprozeß quittiert zu bekommen. Die gesendeten Daten müssen vom verwendeten Kommunikationssystem zwischengespeichert

5.2 Parallelverarbeitung

werden. Sie werden erst dann an den Empfänger abgegeben, wenn dieser zum Empfang bereit ist. Ebenso kann der Empfängerprozeß beim Fehlen von zu empfangenden Daten mit der Arbeit ohne zu warten fortfahren.

Bei der *synchronen* Kommunikation muß dagegen ein Senderprozeß auf die Quittierung des Empfangs von Daten durch den Empfängerprozeß warten. Ebenso muß ein Empfängerprozeß beim Ausbleiben von zu empfangenden Daten anhalten und auf die Daten des Senderprozesses warten. Neben dieser strikten Einteilung kann die Kommunikation der Prozesse auch halbsynchron erfolgen. So kann z.B. ein Senderprozeß Daten versenden, ohne auf die Empfangsquittung der Daten zu warten, während der Empfängerprozeß auf zu empfangende Daten in jedem Fall warten muß. Erst wenn alle beteiligten Prozesse ihren Synchronisationspunkt erreicht haben, fahren sie mit der Arbeit fort.

Ein synchrones Verfahren hat den Vorteil, das es vollständig und jederzeit auf einem Parallelrechner reproduzierbar und damit einfach überprüfbar ist. Der Berechnungsweg ist vollkommen unabhängig von der aktuellen Belastung des Parallelrechners und für gegebene Eingangsgrößen immer gleich. Die einzige schwankende Größe stellt jeweils die benötigte Rechenzeit dar, die von der Auslastung des Parallelrechners mit anderen Aufgaben abhängt. Ein solche Synchronisation wird nach VALIANT (1990) und BURKHARDT (1993, S. 116) auch als „bulk synchronisation" bzw. BSP-Modell bezeichnet. Der Test eines Parallelverfahrens wird bei Verwendung dieses Kommunikationsmodells bzw. Synchronisationsprotokolls wesentlich vereinfacht, da das Verhalten des parallel ausgeführten Programms für gegebene Daten beim jedem Programmlauf identisch ist.

Die Nachteile dieses Verfahrens liegen darin, daß sich die Rechenzeiten für das nächste Ereignis in einem Teilmodell sehr stark voneinander unterscheiden können. Da die Dauer bis zum nächsten Superstep durch den langsamsten Prozeß bzw. durch das komplexeste Teilmodell bzw. Teilproblem bestimmt wird, entstehen viele Leerlaufzeiten (unproduktive Wartezeiten) bei den schnelleren Prozessen bzw. weniger komplexen Teilproblemen.

5.2.3 Parallele Sprachkonstrukte

Um in den darzustellenden Algorithmen die parallele Ausführung von Programmschritten, z.B. Anweisungen, Funktionen und Prozeduren, verdeutlichen zu können, benötigt man zusätzliche Sprachmittel für die jeweils verwendeten Notationen. Da in dieser Arbeit Struktogramme und Pseudocode zur Beschreibung von Algorithmen eingesetzt werden, werden für diese beiden Methoden auch die zusätzlich notwendigen Sprachmittel beschrieben.

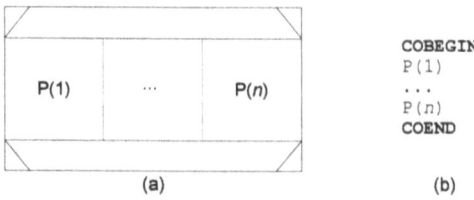

Abb. 64. Ausdrucksmittel für parallel auszuführende Programmabschnitte.

Die parallele Ausführung der Programmschritte P(1), ..., P(n) ist in Abb. 64a mittels des Sinnbildes für Struktogramme nach DIN 66261 (1985) und in Abb. 64b in Form eines Pseudocodes dargestellt. Die Notation des Pseudocodes verwendet dabei die allgemein übliche Abkürzung „co" für „coherente" Verarbeitung und stellt sie den Schlüsselwörtern BEGIN und END eines Anweisungsblockes voran. Die COBEGIN-Anweisung dient dann als ein Signal dafür, daß die folgenden Anweisungen P(1), ..., P(n) nicht unmittelbar ausgeführt werden, sondern für eine parallele Ausführung markiert werden. Erst beim Erreichen der COEND-Anweisung wird die Ausführung des Hauptprogramms unterbrochen und mit der parallelen Ausführung der markierten Anweisungen begonnen. Wenn alle parallelen Prozesse beendet sind, wird die Ausführung des Hauptprogramms mit der der COEND-Anweisung folgenden Anweisung fortgeführt (vgl. hierzu auch BEN ARI 1985, S. 23).

5.3 Parallelität von Simulationsberechnungen

Bei der Untersuchung der Möglichkeiten für eine parallele Ausführung der ereignisorientierten Simulationsverfahren stößt man nach anfänglicher Zuversicht aufgrund der Beobachtung von Parallelität in der realen (Materialfluß-)Welt schnell auf die sogenannte „Dualitäts-Eigenschaft" der ereignisorientierten Simulation (MATTERN und MEHL 1989, S. 201):

> „Die Ausführung von Ereignisaktionen kostet Rechenzeit, jedoch keine Simulationszeit. Dagegen benötigt eine durch Anfangs- und Endereignis modellierte Aktivität Simulationszeit, jedoch keine Rechenzeit."

5.3 Parallelität von Simulationsberechnungen

Die intuitive und naheliegende Vermutung, parallele Aktivitäten, z.b. die gleichzeitige Bearbeitung von mehreren Werkstücken durch mehrere Maschinen, in der Realität auch auf dem Rechner parallel ausführen zu können, ist daher ein Trugschluß, da die abgebildeten parallelen Aktivitäten *keine* Rechenzeit sondern Simulationszeit verursachen. Eine mögliche Parallelisierung muß vielmehr Ereignisaktionen gleichzeitig ausführen, da *nur* diese für die Rechenzeit von Belang sind. Die parallele Ausführung von Ereignissen führt jedoch schnell zu dem Problem der inhärenten Sequentialität (vgl. MATTERN und MEHL 1989, S. 200) der Zeitpunkte von Ereignissen, welche anhand der Abb. 65 erläutert werden soll.

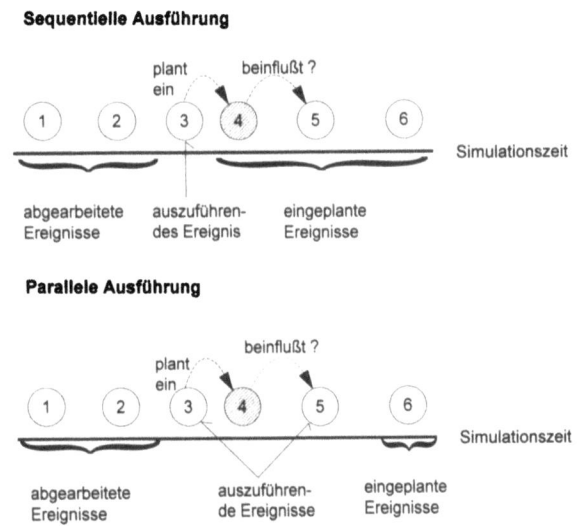

Abb. 65. Inhärente Sequentialität von Ereigniszeitpunkten.

In der Abb. 65 sind sechs Ereignisse chronologisch aufgeführt. Im oberen Teil der Abbildung erfolgt die Abarbeitung der Ereignisse 3 und 5 sequentiell, im unteren Teil dagegen parallel. Die beiden Ereignisse können nur dann parallel ausgeführt werden, wenn sie unabhängig voneinander sind, d.h. die beiden Ereignisse 3 und 5 beeinflussen sich gegenseitig nicht. Diese Voraussetzung ist jedoch nicht unbedingt gegeben. Ändert z.B. das Ereignis 3 den Modellzustand derart, daß deshalb ein Ereignis 4 eingeplant wird, so wäre möglicherweise auch die Ausführung des Ereignisses 5 davon betroffen, wenn Ereignis 4 einen Einfluß auf Ereignis 5 hat. Eine parallele Ausführung von Ereignis 3 und 5 würde daher zu einem anderen und falschen Ergebnis führen als eine sequentielle Ausführung.

Die geschilderte Problematik ist ein grundlegendes Problem der ereignisorientierten Simulation. Die Ereignisse sind strikt chronologisch auf der Zeitschiene auszuführen. Sie sind daher auch inhärent sequentiell in der Ereignisliste abgelegt. Da jedes Ereignis dabei von vorherigen Ereignissen abhängen kann, ist die parallele Ausführung der streng nach der Zeit sortierten Ereignisse eine schwierig zu lösende Aufgabe.

Inhärent sequentielle Ereignisse können somit nicht ohne weitere Maßnahmen parallel ausgeführt werden. Ernüchternd stellte AMELING (1982) in diesem Zusammenhang fest:

„These problems are better handled by serial computers than by parallel computing devices."

Trotz dieses prinzipiellen Problems und der gedämpften Erwartungen wurden verschiedene Vorschläge zur parallelen und ereignisorientierten Simulation zum Zwecke der Rechenzeitreduzierung gemacht. Zu unterscheiden sind bei der Simulation ebenfalls Rechenzeitreduzierungen, die durch eine Parallelisierung auf *Programmebene* (grobgranular) und eine Parallelisierung auf *Prozeßebene* (feingranular) erreicht werden können.

Parallelisierung auf Programmebene

Die Berücksichtigung von stochastischen Einflüssen und die Optimierung von Simulationsergebnissen durch die Variation von Entscheidungsparametern führen bei Materialflußsimulationen zu einer großen Anzahl von einzelnen, unabhängigen Simulationsläufen. Insbesondere die Generierung statistisch abgesicherter Simulationsergebnisse läßt die Anzahl der Versuche - wie bereits erwähnt - dramatisch ansteigen. Ein typisches Simulationsexperiment im Bereich der Materialflußsimulation besteht somit aus einer Vielzahl unabhängiger Simulationsläufe, die sich lediglich durch den Zufallseinfluß bzw. die verwendete Zufallszahlenfolge voneinander unterscheiden. Jeder Simulationslauf entspricht einer Programmausführung. Diese unabhängigen Simulationsläufe können parallel ausgeführt werden. Die Parallelisierung auf Programmebene ist vergleichsweise einfach umzusetzen, da auf jedem Prozessor eines Parallelrechners unabhängige Simulationsläufe ausgeführt werden könnten. Eine zentrale Instanz sorgt für die Synchronisation der einzelnen parallel ablaufenden Programme, d.h. sie führt die Ergebnisse der Läufe zusammen, wertet sie aus und stößt neue Läufe an.

Da es sich hierbei um ein grobgranulares Verfahren mit wenig Kommunikationsaufwand handelt, wären hierfür neben echten Parallelrechnern auch Workstation-Cluster sehr gut geeignet. Obwohl dieser Ansatz sehr attraktiv ist, viele im folgenden noch aufkommende Probleme vermeidet, große Rechenzeitreduzierungen verspricht und zudem in der betrieblichen Praxis leicht auf vorhandenen Infrastrukturen realisiert werden könnte bzw. technisch ohne große Komplikationen zu lösen wäre, liegen nur wenige Arbeiten, z.B. von BILES (1985) oder HEIDELBERGER (1986), hierzu vor.

In dieser Arbeit wird dieses grobgranulare Parallelverfahren nicht weiter verfolgt, denn es löst nur das Problem der Vielzahl von unabhängigen Simulationsläufen. Der Aspekt steigender Rechenzeiten verursacht durch sehr detailgetreue Simulationsmodelle bleibt bestehen. Ebenso läßt sich auch das Problem der Handhabung großer Simulationsmodelle, die nicht mehr auf einem Einzelprozessorrechner berechnet werden können, mit diesem Verfahren nicht lösen.

Nichtsdestotrotz sind Untersuchungen und die Entwicklung von Konzepten auf diesem Gebiet unbedingt wünschenswert, da man sich ja ohne weiteres statt Workstation-Clustern mit Einzelprozessorrechnern in Zukunft auch Workstation-Cluster mit Parallelrechnern vorstellen kann. Auf den Parallelrechnern können dann jeweils große und sehr detailgetreue Simulationsmodelle im Rahmen eines umfangreicheren Experiments mit einer Vielzahl von Einzelläufen simuliert werden.

Parallelisierung auf Prozeßebene

Die parallele Ausführung auf Prozeßebene bewegt sich im mittel- bis feingranularen Bereich. Ende der siebziger Jahre wurden hierzu erste Lösungen von BRYANT (1979), CHANDY und MISRA (1979a) sowie PEACOCK u.a. (1979 und 1980) veröffentlicht. Von JEFFERSON und SOWIZRAL (1982 und 1985) wurde ein weiteres, das sogenannte „Time-Warp-Konzept" vorgestellt. In KAUDEL (1987) findet sich über die genannten, parallelen, ereignisorientierten Simulationsverfahren ein Überblick. Sie lassen sich grob in drei Klassen einteilen:

1. Verfahren mit Verklemmungsvermeidung (deadlock avoidance)
2. Verfahren mit Verklemmungsbehandlung (deadlock detection and recovery)
3. Verfahren mit Widerrufung von Ereignissen (state rollback, time warp)

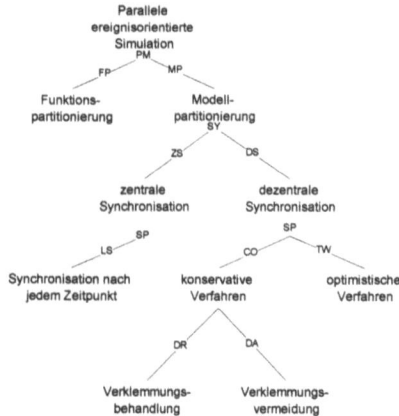

Abb. 66. Methoden der parallelen, ereignisorientierten Simulation (angelehnt an: LUKSCH 1993, S. 78).

Tab. 14. Klassifizierung von parallelen Simulationsverfahren nach LUKSCH (1993) und FRANKLIN u.a. (1984).

Merkmal	Abkürzung	Mögliche Ausprägung	Bedeutung
Ablaufsteuerung	AS	CM	compiled mode
		ED	event driven
Zeitfortschaltung	ZF	EI	Einheitsinkrement
		EB	ereignisbasiert
Ereignisliste	EL	ZL	zentrale Ereignisliste
		VL	verteilte Ereignisliste
Parallelisierungsmethode	PM	FP	Funktionspartitionierung
		MP	Modellpartitionierung
		FP+MP	Funktionspartitionierung mit untergeordneter Modellpartitionierung
		MP+FP	Modellpartitionierung mit untergeordneter Funktionspartitionierung
Synchronisation	SY	ZS	Zentrale Fortschaltung der Simulationszeit
		DS	Dezentrale Fortschaltung der Simulationszeit
Parallelitätsgrad Anzahl der Prozesse in der Funktionspartitionierung in der Modellpartitionierung	P_{FP} P_{MP}	>= 1 >= 1	
Synchronisationsprotokoll	SP	LS	Synchronisation nach jedem Zeitpunkt (lockstep)
		CO	konservativ
		DA	Verklemmungsvermeidung (deadlock avoidance)
		NM	durch Nullnachrichten
		RQ	anfragegesteuert
		DR	Verklemmungsbehandlung (deadlock recovery)
		TW	optimistisch (Time Warp)
		AC	aggressive cancellation
		LC	lazy cancellation
		DC	direct cancellation

5.3 Parallelität von Simulationsberechnungen

In LUKSCH (1993) wird diese Klassifizierung aufgegriffen und detaillierter für die verschiedenen Parallelisierungsverfahren der ereignisorientierten Simulation auf Prozeßebene dargestellt. In Abb. 66 ist dieses Klassifikationsschema nach LUKSCH grafisch und in Tab. 14 tabellarisch dargestellt.

Wie bereits erwähnt, kann man zwischen einer parallelen Ausführung von Funktionen (Funktionspartitionierung) und einer parallelen Ausführung der Berechnung und Manipulation von Daten (Datenpartitionierung) unterscheiden. Diese Unterscheidung ist auch bei der ereignisorientierten Simulation sinnvoll anzuwenden.

Bei der parallelen Ausführung von Funktionen der ereignisorientierten Simulation bzw. der *Funktionspartitionierung* handelt es sich per Definition um die parallele Ausführung aller sogenannter Unterstützungsfunktionen, die im Rahmen der Simulationsdurchführung sekundär benötigt werden. Hierzu zählen z.B. solche Teilaufgaben wie
- die Erzeugung von Zufallszahlen,
- die Berechnung statistischer Schätzwerte,
- das Auslagern von Daten vom Primärspeicher auf den Sekundärspeicher und
- die Verwaltung der Ereignisliste.

Hierzu gehören *nicht* die Ereignisroutinen, die den Zustand des Simulationsmodells ändern. Die erwähnten Teilaufgaben werden zu eigenständigen Prozessen zusammengefaßt und parallel ausgeführt. Die parallele Ausführung solcher Unterstützungsfunktionen bzw. die Funktionspartitionierung ist vergleichsweise unproblematisch und einfacher zu realisieren, als die noch zu beschreibende Datenpartitionierung.

Nach COMFORT (1983) fallen 80% des Rechenaufwandes in die Kategorie der Unterstützungsfunktionen. Ob dieser Wert für ereignisorientierte Verfahren mit einer Ereignisliste allerdings realistisch ist, muß im Rahmen dieser Arbeit bezweifelt werden. Angesichts der durch Funktionspartitionierung erreichten Rechenzeitbeschleunigungen von nur 5-12% (vgl. KAUDEL 1987, S.14 und REED u.a. 1988) scheint dieser Wert fraglich. MATTERN und MEHL (1989) behaupten daher auch, daß COMFORT methodisch nicht korrekt vorgegangen ist und ungeeignete Datenstrukturen für Verfahrenstests zugrunde gelegt hat. Für das in dieser Arbeit weiterentwickelte und in Kapitel 5.5 dargestellte Verfahren der ereignisorientierten Simulation *ohne* Ereignisliste liegt der anteilige Rechenaufwand für Unterstützungsfunktionen nur bei ca. 10-20% und ist damit bedeutend geringer. Die Unterstützungsfunktionen spielen somit bei einer potentiellen Rechenzeitreduzierung des Verfahrens ohne Ereignisliste nur eine nachrangige

Rolle; 80-90% der Rechenzeit werden für die im folgenden beschriebenen Datenmanipulationen verwendet.

Ziel der *Datenpartitionierung* ist es, die Datenmanipulationen, d.h. die Ereignisroutinen selbst, parallel auszuführen. Zu diesem Zweck muß - wie bereits allgemein beschrieben - das sequentielle Simulationsverfahren bzw. der Simulator repliziert, man spricht in diesem Zusammenhang auch von dem replicated worker-Prinzip, und um Komponenten zur Kommunikation und zur Synchronisation erweitert werden. Der so erweiterte Simulator bearbeitet dann ein Teilmodell, bzw. einen Teil der Simulationsdaten. Dieser modifizierte Simulator führt dann parallel mehrere Simulationsprozesse aus. Man spricht nach LUKSCH bei diesem Ansatz auch von „Modellpartitionierung".

Eine Modellpartitionierung ist nicht trivial, da die Komplexität der Teilmodelle nicht ohne weiteres bekannt ist. Die Partitionierung von Modellen wird daher normalerweise vor Beginn der parallelen Simulation manuell vorgenommen (vgl. KAUDEL 1987, S. 14). Die Komplexität von Teilmodellen kann aber während der Simulationsdurchführung schwanken. Zuvor vorgenommene, statische Aufteilungen können dadurch hinfällig werden bzw. müssen dynamisch während der Laufzeit neu vorgenommen werden. In LUKSCH (1993, S. 141 f.) werden verfeinerte Verfahren für die Modellpartitionierung bei Logiksimulationen vorgestellt und diskutiert. Die Verbindung der partitionierten Teilmodelle erfolgt durch speziell erweiterte Verbindungselemente bzw. Bausteine. Der Schwerpunkt der Betrachtung liegt in der Literatur allerdings auf der Modifikation der Verfahren. Es ist daher bei den folgenden Ausführungen davon auszugehen, daß ein Modell in Teilmodelle in geeigneter Weise zerlegt werden kann und daß der Datenaustausch zwischen diesen Teilmodellen ebenfalls kein unüberwindbares Problem darstellt. Im Rahmen der Darstellung des in dieser Arbeit entwickelten Verfahrens wird allerdings auf diesen Punkt detaillierter eingegangen werden (vgl. Kapitel 5.5).

In Analogie zur Beschreibung der parallelen Rechnerarchitektur in Kapitel 5.1 und zur Abb. 66 werden im folgenden auch die bei einer Modellpartitionierung prinzipiell möglichen Verfahren klassifiziert.

Bei der Modellpartitionierung von ereignisorientierten Simulationsmodellen wird weiter zwischen *zentraler* und *dezentraler Synchronisation* unterschieden, je nachdem ob in den beteiligten Teilmodellen immer die gleiche Simulationszeit herrscht oder ob unterschiedliche Simulationszeiten in den Teilmodellen zulässig sind.

Sofern in allen Teilmodellen immer die gleiche Simulationszeit herrscht, spricht man auch von einem *eng gekoppelten* parallelen Simulationsverfahren. Solche Verfahren erfordern einen zusätzlichen Aufwand für die Synchronisierung, d.h. die Sicherstellung der gleichen Simulationszeit in allen Teilmodellen.

Wenn unterschiedliche Simulationszeiten in den Teilmodellen zugelassen sind, spricht man auch von einem *lose gekoppelten*, parallelen Simulationsverfahren. Lose gekoppelte parallele Simulationsverfahren erlauben eine bessere Ausnutzung der Parallelität bei gesteigerter Komplexität der Synchronisationsverfahren.

Die Analyse der Abhängigkeit der Ereignisse führte im vorliegenden Fall zu der Erkenntnis, daß die Situation der inhärenten Sequentialität der Ereignisse gegeben ist. Bei der sequentiellen Simulation garantiert die chronologische Sortierung der Ereignisse die richtige Reihenfolge bzgl. ihres Ausführungszeitpunktes. In Kapitel 5.4 werden nun Ansätze der dezentralen Synchronisation vorgestellt, die - auch in der gegebenen Situation - durch geeignete Synchronisationsverfahren die korrekte Abarbeitung der Ereignisse im Rahmen eines parallelen Simulationsverfahrens sicherstellen. In Kapitel 5.5 wird schließlich das in dieser Arbeit entwickelte Parallelverfahren vorgestellt, dessen Besonderheit einerseits die zentrale Koordination und andererseits das Fehlen einer Ereignisliste ist. Es gewährleistet durch die Verwendung einer zentralen Simulationsuhr die korrekte Abarbeitung der Ereignisse.

5.4 Parallele Simulation mit dezentraler Synchronisation und Ereignisliste

Eine umfassende und tiefergehende Darstellung der parallelen Simulationsverfahren mit dezentraler Synchronisation ist in LUKSCH (1993) zu finden. Der Grundgedanke der dezentralen Simulation besteht in der Überlegung, daß nicht *alle* Ereignisse zwangsläufig voneinander abhängen. Während der Simulation treten durchaus auch völlig voneinander unabhängige Ereignisse auf. Diese Eigenschaft machen sich dezentrale Synchronisationsverfahren zu Nutze. Das Problem, das dabei auftritt, liegt jedoch darin, daß die Reihenfolge bzw. Abhängigkeit der Ereignisse untereinander nicht im Voraus bestimmbar ist. Um dennoch eine lose Koppelung der Simulatoren zu ermöglichen, müssen in diesen Verfahren potentielle Abhängigkeiten abgeschätzt werden.

Das Kernprinzip der dezentralen Synchronisation bei der parallelen Simulationsdurchführung besteht darin, daß jeder Simulator seine eigene Simulationsuhr und Ereignisliste verwaltet. Die Simulatoren können unabhängig voneinander ihre Simulationsuhren weiterschalten und die Ereignislisten aktualisieren.

Dies hat zur Folge, daß die Simulatoren an den Schnittstellen der Modellpartitionen untereinander asynchron Ereignisse empfangen (Eingangsereignisse) und senden (Ausgangsereignisse). Die empfangenen Ereignisse müssen in die Ereignisliste des Empfängers eingefügt werden. Die richtige Reihenfolge der Auswertung der Ereignisse kann somit nur in dem Fall eingehalten werden, daß die Simulatoren der benachbarten Teilmodelle ihre Berechnungen bis zu einem bekannten Zeitpunkt abgeschlossen haben und ihre Eingangsereignisse bis zu einem bestimmten Zeitpunkt endgültig sind. Allerdings erhält ein Simulator ohne weitere Verfahrenserweiterungen im Prinzip nur über die Ereignisnachrichten Informationen über die aktuelle Zeit der Simulationsuhr bei den Nachbarn. Die benachbarten Prozesse könnten aber potentiell ihre Simulationszeit auch ohne die Versendung der Ereignisnachrichten erhöht haben.

Die dezentrale Synchronisation muß daher sicherstellen, daß die Auswertung der Ereignisse in korrekter Reihenfolge erfolgt. Dazu wird während der Simulationsdurchführung ermittelt, ob und zwischen welchen Simulatoren eine Synchronisierung notwendig ist. Umgekehrt ausgedrückt, die dezentrale Synchronisation umfaßt Strategien, die entstehende Konfliktsituationen, d.h. verschiedene, widersprüchliche Zustände in den Teilmodellen, Verklemmungsgefahren usw., in geeigneter Weise behandeln können.

Die parallelen Simulationsverfahren mit dezentraler Synchronisation berechnen so die gleichen Simulationsergebnisse wie Verfahren mit zentraler Synchronisation bzw. sequentielle Verfahren. Die Simulationsergebnisse sind in diesem Sinne selbstverständlich vollständig reproduzierbar. Die Simulationsverfahren weisen bzgl. des Berechnungsweges dieser Ergebnisse allerdings nichtdeterministische bzw. zufällige Eigenschaften auf, z.B. in Abhängigkeit von der aktuellen Rechenlast des Parallelrechners bei Mehrbenutzerbetrieb. Die Verfahren sind zwar wesentlich komplexer als die Verfahren mit zentraler Synchronisation, sie besitzen aber den Vorteil der höheren, allerdings nicht immer produktiven Auslastung der Rechnerleistung. Die Verfahren mit dezentraler Synchronisation lassen sich gemäß Abb. 66 in konservative und optimistische Verfahren aufteilen.

Bei *konservativen Verfahren* werden in jedem Teilmodell die Simulationsuhren dezentral und asynchron fortgeschaltet. Die Berechnung eines jeden Teilmodells, die Fortführung der lokalen Simulationsuhr und die Abarbeitung der lokalen Ereignisliste

5.4 Parallele Simulation mit dezentraler Synchronisation und Ereignisliste

erfolgt nur dann, wenn an allen Schnittstellen zu anderen Teilmodellen Nachrichten mit Zeitstempeln vorliegen, die eine Weiterschaltung erlauben. Die Nachrichten beinhalten entweder zuvor eingetretene und daher zu berücksichtigende Ereignisse oder Negativmeldungen. Prinzipiell kann diese Vorgehensweise zu einer Verklemmung führen. Es sind daher besondere Vorkehrungen vorzunehmen, um
- Verklemmungen zu erkennen und
- zu beseitigen.

Bei den gemeldeten Zeitpunkten der Ereignisse wird zu diesem Zweck zwischen der Ausführungszeit und der Generierungszeit unterschieden. Die Ausführungszeit beschreibt die Zeit, zu der das Ereignis in die Ereignisliste eingefügt werden muß. Die Generierungszeit ist die Zeit, zu der das Ereignis erzeugt worden ist. Die Generierungszeitpunkte der Ereignisse sind im Gegensatz zu den Ausführungszeitpunkten monoton wachsend. Sie stellen bei konservativen Verfahren untere Schranken dar und werden als „Kanalzeiten" bezeichnet.

Der Simulationsprozeß in einem Teilmodell darf bis zum nächsten Ereigniszeitpunkt nur dann voranschreiten, wenn die Kanalzeiten aller anderen Simulationsprozesse, mit denen eine Verbindung besteht, mindestens diesen Zeitpunkt erreicht haben. Ist diese Bedingung nicht erfüllt, könnten noch Eingangsereignisse mit früheren Erzeugungs- bzw. Ausführungszeitpunkten auftreten und der Simulationsprozeß wird solange unterbrochen, bis der Zeitpunkt des nächsten lokalen Ereignisses nicht mehr nach der Kanalzeit liegt.

Bei der so beschriebenen Verfahrensweise kann es zu der erwähnten Verklemmung bzw. zu einen Stillstand kommen, da ohne weitere Maßnahmen nicht sichergestellt werden kann, daß tatsächlich immer Eingangsereignisse aus allen anderen Teilmodellen eintreffen, die ein Weiterschalten der Kanalzeit und damit der lokalen Simulationszeit erlauben.

Alle konservativen Verfahren verfügen daher über Strategien zur Verklemmungsbehandlung, die in verklemmungsvermeidende und verklemmungsbehandelnde Verfahren unterschieden werden können.

Bei *verklemmungsvermeidenden* Verfahren senden die Simulationsprozesse in regelmäßigen Zeitspannen mindestens eine Ereignisnachricht. Sind innerhalb einer Zeitspanne in einem Teilmodell keine zu versendenden Ereignisse aufgetreten, so wird eine sogenannte „Nullnachricht" versendet. Diese Nachricht beinhaltet nur die aktuelle

Simulationszeit des Simulationsprozesses und ermöglicht das Weiterschalten der Kanalzeit und somit der Simulationszeit bei anderen Simulationsprozessen.

Eine Weiterentwicklung dieses Konzepts stellt das sogenannte „anfragegesteuerte Nullnachrichten"-Verfahren dar, das ein Erkennen von Verklemmungen und eine anschließende *Verklemmungsbehandlung* ermöglicht: Ein blockierter Simulationsprozeß *a* sendet an die ihn blockierenden Simulationsprozesse - das sind alle Simulationsprozesse, deren Kanalzeiten der Simulationszeit von Simulationsprozeß *a* entsprechen - die Aufforderung, eine aktualisierte Kanalzeit zu senden. Der blockierte Simulationsprozeß *a* übermittelt zu diesem Zweck seine aktuelle Simulationszeit. Ist die Simulationszeit bei dem Simulationsprozeß *b* größer als die von *a*, dann sendet er eine Nullnachricht an *a* zurück. Andernfalls reicht der Simulationsprozeß *b* die Anfrage an die mit ihm interagierenden Simulationsprozesse weiter. Wird im Verlaufe der Weiterleitung einer solchen Anfrage wiederum der Simulationsprozeß *a* angesprochen, dann liegt ein Zyklus vor. Der Simulationsprozeß *a* kann somit durch Inaktivität von anderen Simulationsprozessen oder durch zyklische Wartebeziehungen blockiert werden. Dies kann dazu führen, daß irgendwann alle Simulationsprozesse blockiert sind und keine Ereignisnachrichten mehr ausgetauscht werden. In diesem Fall ist eine *Verklemmung* aufgetreten.

Um eine erkannte Verklemmung aufzulösen, ist es notwendig, mindestens einem Simulationsprozeß das Fortschalten der Simulationsuhr zu ermöglichen. Dazu wird global für alle auszuführenden Ereignisse die minimale Ausführungszeit bestimmt. Die Kanalzeiten werden entsprechend fortgeschaltet. Alle Ereignisse mit diesem Ausführungszeitpunkt können dann verarbeitet werden. Mindestens ein Simulationsprozeß wird somit aus seiner „Verklemmung" befreit.

Die *optimistischen Verfahren* erinnern an die Datenrekonstruktion bei Datenbanken zur Behebung der Folgen von Transaktionsfehlern (vgl. auch LUKSCH 1993, S. 106 f.): Zwischen den Teilmodellen werden die Ereignisnachrichten ohne Restriktionen ausgetauscht. In jedem Teilmodell ist neben der lokalen Simulationszeit auch die sogenannte „minimale globale Simulationszeit" bekannt. Bis zu dieser Zeit muß jeder Simulationsprozeß in der Lage sein, die lokale Simulationsuhr und die damit verbundenen Ereignisse und Zustandsänderungen zurückstellen zu können. Unabhängig von den anderen Simulationsprozessen darf jeder Simulationsprozeß unter der optimistischen Annahme der korrekten Reihenfolge der Eingangsereignisse die Simulation durchführen. Dabei muß er regelmäßig den gesamten Modellzustand eines bestimmten

5.4 Parallele Simulation mit dezentraler Synchronisation und Ereignisliste

Zeitpunktes abspeichern. Wird ein Eingangsereignis empfangen, das aus der Sicht des Simulationsprozesses bzgl. der lokalen Simulationszeit in der Vergangenheit liegt (ein sogenannter „Nachzügler"), muß der letzte gültige und abgespeicherte Modellzustand vor diesem Ereigniszeitpunkt wiederhergestellt werden. Dieser Vorgang wird als „rollback" bezeichnet. Diese Wiederherstellung des letzten Zustandes kann zur Folge haben, daß falsche Ausgangssignale an benachbarte Teilmodelle gesendet worden sind. Folglich können benachbarte Simulationsprozesse ebenfalls aufgefordert werden, alte Modellzustände wieder herzustellen.

Bei diesem optimistischen Verfahren wachsen die lokalen Simulationszeiten nicht monoton; sie können daher nicht als Basis für eine Aussage über den Simulationsfortschritt dienen. Hierfür muß die global minimale Simulationszeit herangezogen werden, die auch für die Endebedingung der Simulation benutzt wird.

Zusammenfassend läßt sich feststellen, daß alle genannten Parallelverfahren eines gemeinsam haben: Sie gehen davon aus, daß für die parallele ereignisorientierte Simulation eine verteilte Ereignisliste notwendig ist. Die Synchronisation dieser verteilten Ereignisliste ist sehr aufwendig. Die von LUKSCH (1993, S. 206) gemessenen Rechenzeitreduzierungen im Bereich der Logiksimulation verhalten sich im Vergleich zu den sequentiellen Verfahren nicht linear mit Anzahl der eingesetzten Prozessoren. CHANDY u.a. (1979b) stellten bereits 1979 fest, daß...

"...parallelism can only be achieved by changing the structure of the event list to capture the independence as well as the interdependence of the process being simulated."

Im Kapitel 5.5 wird ein neuer, anderer Weg beschritten: Das größte Hindernis bei der effizienten Parallelausführung ereignisorientierter Simulationen ist nicht die Struktur der Ereignisliste sondern die sequentielle Modellierung der Zeit mit Zeitpunkten *in einer* Ereignisliste, d.h. die Ereignisliste an sich. Es ist daher zu untersuchen, wie die Vorteile einer ereignisorientierten Simulation genutzt werden und dabei gleichzeitig die Nachteile der Ereignisliste bei einer Parallelausführung vermieden werden können. Die Nachteile könnten eventuell nur dann vollständig vermieden werden, wenn auf die Verwendung einer Ereignisliste vollständig verzichtet wird. Das in Kapitel 4.3.2 vorgestellte Verfahren der Modellierung der Ereignisse mittels Zeiträumen statt Zeitpunkten erscheint unter diesem Blickwinkel in einem völlig neuen Licht, da es eine ereignisorientierte Simulation ohne eine Ereignisliste realisiert. Es stellt sich die Frage, ob der erhebliche Rechenzeitaufwand bei einer eventuellen parallelen Ausführung dieses Verfahrens drastisch reduziert werden kann.

5.5 Parallele Simulation mit zentraler Synchronisation und ohne Ereignisliste

Das Simulationskonzept ohne Ereignisliste, das in Kapitel 4.3.2 beschrieben worden ist, führt zu einer beachtlichen und eigentlich unerwünschten sowie unnötigen Erhöhung der Rechenzeit. Untersuchungen des beschriebenen Simulationsverfahrens haben ergeben, daß ca. 80-90% der gesamten Rechenzeit für die Modellaktualisierung verbraucht werden. Einen weitaus geringeren Anteil nimmt mit nur ca. 5% der Gesamtrechenzeit die Berechnung des nächsten Ereignisses in Anspruch. Weitere 10-20% werden von Unterstützungsfunktionen, wie Statistikaufbereitung, verbraucht. Für eine sequentielle Simulation sind, wie bereits in Kapitel 4.3 gezeigt, die Verfahren mit Ereignislisten als weitaus überlegen zu bezeichnen. Alle Vergleiche mit Simulatoren, die auf solchen Verfahren basieren, haben ergeben, daß diese um ein vielfaches schneller rechnen. Das scheinbar ineffiziente Verfahren ohne Ereignisliste ist im Gegensatz zu den Verfahren mit einer Ereignisliste allerdings sehr gut für eine parallele Ausführung geeignet. Es vermeidet die (Synchronisations-) Probleme, die bei der Verwendung einer Ereignisliste auftreten. Eine besonders große Rechenzeitreduzierung ist dann zu erwarten, wenn die rechenintensive Aktualisierung des Modellzustands parallel durchgeführt werden kann, d.h. eine Modellpartitionierung möglich ist. Durch die Modellpartitionierung wird implizit auch eine Funktionspartitionierung vorgenommen: Die parallel für die Teilmodelle ausgeführten Prozesse führen auch Unterstützungsfunktionen durch, wie z.B. die Ermittlung von Zufallszahlen oder die Protokollierung von Zuständen.

Als Basis für die nun zu erläuternde Parallelisierung der Simulation dient der sequentielle Simulator FSSS, der um Komponenten zur Kommunikation und Synchronisation erweitert worden ist. Der so in Subsimulatoren aufgeteilte Simulator wird im folgenden, wie bereits erwähnt, als FSSPx_i bezeichnet, wobei x für die Anzahl der parallelen Prozesse und i für die Benennung eines bestimmten Teilprozesses steht. Die Ausführung des Parallelsimulators FSSP erfolgt, wie erläutert, auf einem lokalen Rechnernetz, das als Parallelrechner dient. Dieser Versuchsaufbau wird in Kapitel 5.6 detailliert erläutert. Da es sich bei dem parallelen Ansatz um eine Modellpartitionierung bzw. parallele Ausführung der Modellfunktionen handelt, muß zunächst ein Si-

5.5 Parallele Simulation mit zentraler Synchronisation und ohne Ereignisliste

mulationsmodell in Teilmodelle aufgeteilt werden. Diese Teilmodelle werden dann jeweils parallel berechnet. Zur Veranschaulichung des parallelen Verfahrens ohne Ereignisliste wird das bereits in Kapitel 4.3 eingeführte Beispiel eines Materialflußsystems mit 5 Bausteinen genutzt (siehe Abb. 47). Die Modellpartitionierung erfolgt bei der Strecke 1, so daß man die beiden Teilmodelle *A* und *B* erhält, die über die „Strecke 1" miteinander verbunden sind (vgl. Abb. 67).

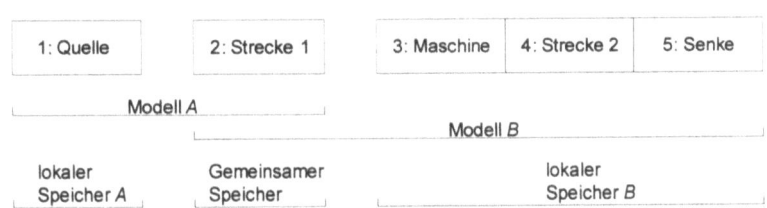

Abb. 67. Beispielhaft partitioniertes Simulationsmodell.

Bei der Darstellung des parallelen Verfahrens wird die Betrachtung aus Gründen der Übersichtlichkeit wiederum auf das Stör- und Laufzeitverhalten der Bausteine beschränkt (vgl. auch Abb. 22). Der Zustand eines Bausteins kann somit wieder „funktionsfähig" oder „gestört" sein. Ein Simulationsprozeß wird das Modell *A* und ein Simulationsprozeß das Modell *B* simulieren. Aus der Aufteilung eines Simulationsmodells in mehrere Teilmodelle ergeben sich zwei Konsequenzen:
- Die Teilmodelle müssen miteinander verbunden werden und
- das sequentielle Simulationsverfahren von FSSS muß um Elemente der Synchronisation erweitert werden.

a) Verbindung der Teilmodelle

Der Austausch von Daten zwischen den Teilmodellen erfolgt über spezielle Verbindungsbausteine. Die Verbindungsbausteine benutzen bei dem parallelen Simulationsverfahren den gemeinsamen Speicher, auf den alle Simulationsprozesse zugreifen können. Für die Verbindungsbausteine werden daher entsprechend gemeinsame Variablen vereinbart.

Diese Bausteine stellen Spezialisierungen der vorhandenen Bausteine dar. Sie sind dazu um bestimmte Attribute und Methoden erweitert worden (vgl. Abb. 68). Ein zusätzliches Attribut *gemeinsam* in der Modellbeschreibung gibt an, ob der aktuelle Zustand des Bausteins im gemeinsamen Speicher, auf den die Simulationsprozesse *A* und

B zugreifen können, oder im lokalen Speicher geführt wird, d.h., ob es sich um einen Verbindungsbaustein handelt oder nicht. Ferner enthält der Zustand eines Bausteins das Attribut *aktualisierungszeitpunkt*. Eine Beschreibung eines Verbindungsbausteins befindet sich sowohl in der Modellbeschreibung des Modells *A* (vgl. Abb. 69) im lokalen Speicher des Simulators *A* als auch in der Modellbeschreibung des Modells *B* (siehe Abb. 70) im lokalen Speicher des Simulators *B*. Der Zustand des verbindenden Bausteins wird jedoch nur im gemeinsamen Speicher protokolliert (vgl. auch Abb. 67). Anhand der Wertzuweisungen in Zeile 7 der Bausteinbeschreibungen (vgl. Abb. 69 und Abb. 70) erkennt der Simulator, daß die Zustandswerte für diesen Baustein im gemeinsamen Speicher abgelegt werden sollen.

Im Rahmen der vorliegenden Untersuchung wurden ausschließlich Strecken in der beschriebenen Weise erweitert. Nur über eine Strecke können daher zwei Teilmodelle verbunden werden bzw. zwei Simulationsprozesse *A* und *B* miteinander Daten im gemeinsamen Speicher austauschen. Diese Beschränkung der Verbindungselemente auf Strecken ist jedoch nicht von prinzipieller Natur; sie ist lediglich durch den zu betreibenden Entwicklungsaufwand begründet. Grundsätzlich kann jeder Baustein in der beschriebenen Weise erweitert und als Verbindungsbaustein verwendet werden.

Abb. 68. Spezialisierung eines Bausteins in einen Verbindungsbaustein.

5.5 Parallele Simulation mit zentraler Synchronisation und ohne Ereignisliste

```
1 ELEMENT STRECKE    1
2 NAME           := STRECKE 1
3 VORGAENGER     := QUELLE
4 NACHFOLGER     := AUSGANG
5 FOERDERZEIT    :=           20 ZE
6 KAPAZITAET     :=            1 E
7 GEMEINSAM      := JA
8 ...
9 ENDE STRECKE
```

Abb. 69. Abbildung der gemeinsamen Strecke in Teilmodell A.

```
1 ELEMENT STRECKE    1
2 NAME           := STRECKE 1
3 VORGAENGER     := EINGANG
4 NACHFOLGER     := MASCHINE
5 FOERDERZEIT    :=           20 ZE
6 KAPAZITAET     :=            1 E
7 GEMEINSAM      := JA
8 ...
9 ENDE STRECKE
```

Abb. 70. Abbildung der gemeinsamen Strecke in Teilmodell B.

Wenn im Rahmen der Methode *Modell.Aktualisiere* nun die Methode *Baustein.Aktualisiere* dieses spezialisierten Verbindungsbausteins von einem Simulationsprozeß benutzt wird, wird *der* Simulationsprozeß den Zustand der Strecke im gemeinsamen Speicher aktualisieren, der zuerst in der entsprechenden Aktualisierungsschleife (vgl. Abb. 71, Zeile 6) bei diesem Baustein „ankommt". Welcher Simulationsprozeß dies sein wird, hängt von der benötigten Rechenzeit und der Komplexität des Teilmodells ab. Wie der Datenaustausch zwischen den beiden Simulationsprozessen im Detail erfolgt, wird anhand des Pseudocodes in Abb. 72 erläutert. Es wird in diesem Szenario angenommen, daß der Simulator A die betreffende Strecke wegen des kleineren Teilmodells A früher aktualisieren kann als der Simulator B, und folglich die in Abb. 72 abgebildeten Programmschritte in Bezug auf die Strecke früher ausführt als der Simulator B.

```
 1 PROCEDURE Modell.Aktualisiere (zeitraum: Cardinal)
 2
 3 BEGIN
 4 modell.bausteineListe.GeheZumAnfang
 5 WHILE modell.bausteinliste.NichtLeer DO
 6    temp := modell.bausteinliste.HoleNaechstes
 7    temp.Aktualisiere(zeitraum)
 8    modell.bausteinliste.Update(temp)
 9    END
10 END
```

Abb. 71. Pseudocode zur Aktualisierung aller Bausteine eines Modells.

```
1  PROCEDURE Baustein.Aktualisiere (zeitraum: Cardinal)
2
3  BEGIN
4    Baustein.Sperre
5    IF NOT Baustein.IstAktualisiert (simulationszeitpunkt) THEN BEGIN
6      ...
7    END
8    Baustein.GebeFrei
9  END
```

Abb. 72. Pseudocode der modifizierten Methode *Baustein.Aktualisiere* zur Aktualisierung von Verbindungsbausteinen zwischen Teilmodellen.

Ist der Wert des Attributs *gemeinsam* in der Elementbeschreibung des Bausteins bzw. der Strecke „Nein" - dieses wird durch die Methode *Baustein.Laden* beim Laden der Modellbeschreibung geprüft -, dann handelt es sich um einen „gewöhnlichen" Förderbaustein im lokalen Speicher des Simulators. Der Förderbaustein wird dann wie üblich erzeugt und initialisiert. Ist der Wert hingegen „ja", dann wird beim Laden des Bausteins ein Objekt der beschriebenen speziellen Klasse *Verbindungsbaustein* im gemeinsamen Speicher erzeugt, in die Bausteinliste des Modells eingefügt und initialisiert. Eine Änderung der Routine der Modellaktualisierung (vgl. Abb. 71) ist nicht notwendig, da bei dem dynamischen Binden zur Laufzeit erkannt wird, daß es sich um einen speziellen Verbindungsbaustein mit entsprechender spezialisierter Methode zur Aktualisierung handelt. Bei der durch den Simulator im Rahmen der Methode *Simulator.Simuliere* benutzten Modellaktualisierung bzw. Methode *Modell.Aktualisiere* wird dann dieser spezielle Verbindungsbaustein in der Bausteinliste des Modells (vgl. Zeilen 6 und 7 des Pseudocodes in Abb. 71) gefunden und mittels dynamischen Bindens mit der in Abb. 72 dargestellten spezialisierten Methode für Verbindungsbausteine aktualisiert.

Der aktuelle Zustand des Verbindungsbausteins bzw. der Strecke wird vom Simulationsprozeß *A* dann zunächst vor einem Zugriff durch den anderen Simulationsprozeß *B* mittels eines Semaphorkonzeptes gesperrt (vgl. Zeile 4 des Pseudocodes in Abb. 72). Simulator *A* prüft dann für die Strecke mit Hilfe des Wertes des Attributs *aktualisierungszeitpunkt* und der Methode *Baustein.IstAktualisiert*, ob die Strecke eventuell schon von Simulationsprozeß *B* für den aktuellen Simulationszeitpunkt aktualisiert worden war (vgl. Zeile 5 in Abb. 72). Sofern dies nicht der Fall ist, wird die Strecke aktualisiert (vgl. Zeile 6) und anschließend wieder freigegeben (vgl. Zeile 8).

Kommt nun zu einem späteren Zeitpunkt Simulator *B* bei der Ausführung der Methode *Modell.Aktualisiere* zu der Strecke, so wird anhand der Bedingung in Zeile 5 der

5.5 Parallele Simulation mit zentraler Synchronisation und ohne Ereignisliste

Abb. 72 festgestellt, daß die Strecke bereits aktualisiert worden ist. Eine nochmalige Aktualisierung zum gegebenen Simulationszeitpunkt ist daher nicht notwendig bzw. wäre sogar falsch.

Abschließend bleibt festzuhalten, daß eine Bausteinaktualisierung jeweils nur von dem Simulationsprozeß durchgeführt wird, der - zeitlich gesehen - als erster auf das Problem der Aktualisierung eines Verbindungsbausteins stößt. Die Aktualisierungshierarchie entspricht nicht mehr vollständig dem ursprünglichen Konzept von FSS nach LUCAS und RÖMMERMANN (1987). Dieses ist aber aus den genannten Gründen unproblematisch (vgl. hierzu die Ausführungen in Kapitel 4.3.2).

b) Modifikation des sequentiellen Simulationsverfahrens

Die Synchronisation erfolgt zentral durch die Ablaufsteuerung; sie wird in Abb. 73 illustriert. Die Ablaufsteuerung des Simulators wartet jeweils mit der Bearbeitung bis alle parallelen Simulationsprozesse den nächsten Zeitraum bzw. das nächste Ereignis in ihrem Teilmodell berechnet und mitgeteilt haben.

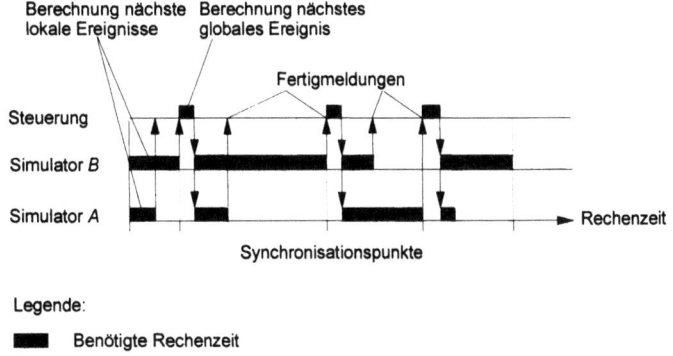

Abb. 73. Parallele Simulation mit zentraler Synchronisation.

Wenn der letzte Simulationsprozeß seine diesbezügliche Fertigmeldung abgegeben hat, startet die Ablaufsteuerung eine Routine zur Berechnung des nächsten globalen Ereignisses auf der Basis der nächsten Ereignisse in den Teilmodellen. Dieses Verfahren entspricht dem BSP-Modell (vgl. BURKHARDT 1993 und Kapitel 5.2.2); die genannte Routine repräsentiert einen Superstep. Sowie die Routine abgearbeitet und die Simulationsuhr fortgeschaltet worden ist, werden die parallelen Simulationsprozesse erneut gestartet. Die Prozesse bearbeiten nun wiederum ihre Teilmodelle und bestimmen schließlich den jeweils nächsten Zeitraum bzw. Ereigniszeitpunkt. Die Modifikation des sequentiellen Simulationsverfahrens führt somit zu einem parallelen Simulationsverfahren, das in Abb. 74 als OO-Diagramm, in Abb. 75 als Struktogramm und in Abb. 76 in Pseudocode-Form dargestellt ist.

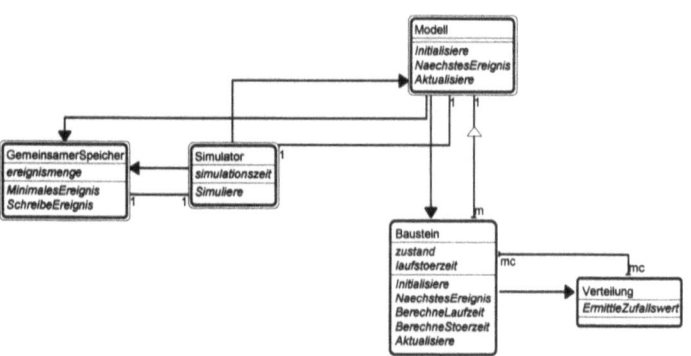

Abb. 74. Szenario „Parallele Simulationsdurchführung ohne Verwendung einer Ereignisliste".

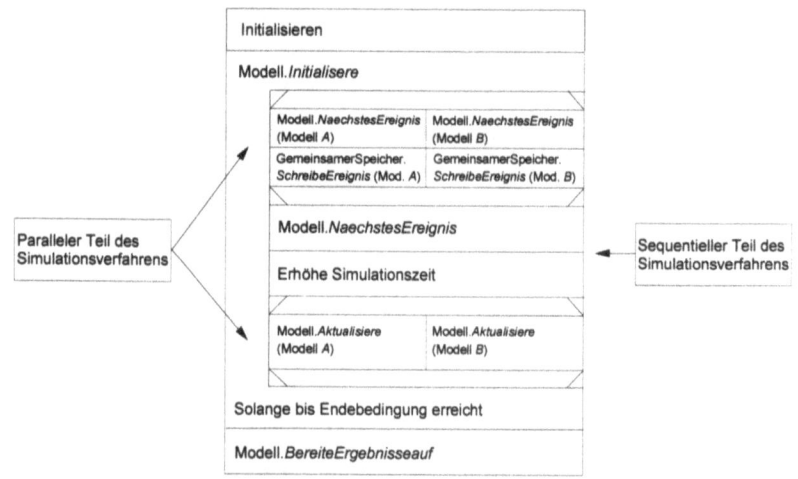

Abb. 75. Strukturdiagramm der Methode *Simuliere* der Klasse Simulator für das parallele Simulationsverfahren ohne Verwendung einer Ereignisliste.

Das Verfahren beinhaltet neben dem parallelen Teil der Ermittlung der nächsten Ereignisse und der Aktualisierung der Teilmodelle auch einen sequentiellen Teil, nämli-

5.5 Parallele Simulation mit zentraler Synchronisation und ohne Ereignisliste

che die Verfahrensschritte „GemeinsamerSpeicher.MinimalesEreignis" und „Erhöhe Simulationszeit". Der parallele Teil soll bzw. muß gleichzeitig von mehreren Prozessoren ausgeführt werden. Für den sequentiellen Teil reicht ein Prozessor zur Ausführung aus.

Zusätzlich aufgenommen wurde in das in Abb. 74 dargestellte Szenario die Klasse *GemeinsamerSpeicher*. Zu den Methoden bzw. Prozessen, die im Rahmen der Methode *Simulator.Simuliere* parallel benutzt werden, gehören die Methoden *Modell.NaechstesEreignis* und *Modell.Aktualisiere*. Die parallele Ausführung wird in dem OO-Diagramm allerdings nicht explizit dargestellt.

```
1  Initialisieren
2  Modell.Initialisiere
3  REPEAT
4    COBEGIN
5      Modell(A).NaechstesEreignis
6      GemeinsamerSpeicher.SchreibeEreignis(zeitraum A)
7      Modell(B).NaechstesEreignis
8      GemeinsamerSpeicher.SchreibeEreignis(zeitraum B)
9    COEND
10   zeitraum := GemeinsamerSpeicher.MinimalesEreignis
11   Inc (simulationszeit, zeitraum)
12   COBEGIN
13     Modell(A).Aktualisiere (zeitraum)
14     Modell(B).Aktualisiere (zeitraum)
15   COEND
16 UNTIL Endebedingung erfuellt
17 Modell.BereiteErgebnisseauf
18 END
```

Abb. 76. Pseudocode-Notation der Methode *Simuliere* der Klasse Simulator für das parallele Simulationsverfahren ohne Ereignisliste.

Das von dem sequentiellen zu einem parallelen Ablauf modifizierte Verfahren läßt sich in sechs Hauptschritte aufteilen. Es wird zunächst allgemein und dann anhand des in Abb. 67 dargestellten partitionierten Modells beschrieben. Die Teilmodelle werden jeweils durch einen eigenen Simulationsprozeß berechnet. Die Anzahl der Teilmodelle und der entsprechenden Simulationsprozesse hängt von der Anzahl der verfügbaren Prozessoren ab.

1. Initialisieren und *Modell.Initialisiere*

    Die Initialisierung erfolgt prinzipiell analog zu dem sequentiellen Verfahren. Der Unterschied besteht lediglich in dem jeweiligen Einrichten gemeinsamer Variablen für die Verbindungsbausteine und die Simulationsprozesse.

2. *Modell.NaechstesEreignis*: Berechne nächstes Ereignis im Teilmodell
   Mit der Methode *Modell.NaechstesEreignis* werden in den Teilmodellen in gleicher Weise, wie in Kapitel 4 beschrieben, die lokalen Ereigniszeiträume bis zum nächsten Ereignis parallel in allen Teilmodellen berechnet. Mittels der Methode *GemeinsamerSpeicher.SchreibeEreignis* werden die jeweils in den Teilmodellen ermittelten Ergebnisse im gemeinsamen Speicher abgelegt.
3. *GemeinsamerSpeicher.MinimalesEreignis*: Berechne nächstes Ereignis im Modell
   Der Simulator verwendet die Methode *GemeinsamerSpeicher.MinimalesEreignis*, um aus der Menge der minimalen Ereigniszeiträume aller Teilmodelle den global minimalen Zeitraum zu bestimmen. Dieses ist der kürzeste Zeitraum bis zum nächsten Ereignis in einem Baustein in irgendeinem Teilmodell. Dieser Superstep kann erst ausgeführt werden, wenn alle parallelen Simulationsprozesse Schritt 2 abgeschlossen haben.
4. Erhöhe Simulationszeit
   Der Simulator erhöht die Simulationsuhr um den in Schritt 3 ermittelten Zeitraum.
5. *Modell.Aktualisiere*: Aktualisiere das Modell
   Der Simulator veranlaßt die parallele Modellaktualisierung durch das Anstoßen der Methode *Modell.Aktualisiere*. Die Aktualisierung eines Teilmodells erfolgt wiederum in der gleichen Weise, wie sie bereits in Kapitel 4 beschrieben wurde. Ein Verbindungsbaustein wird, wie zuvor beschrieben, vom jeweils zeitlich frühesten Simulationsprozeß aktualisiert.

   Die Schritte 2-5 werden solange wiederholt durchlaufen, bis bei der Ausführung der Methode *Simulator.Simuliere* die Endebedingung erfüllt ist.
6. *Modell.BereiteErgebnisseauf*
   Abschließend werden die Simulationsergebnisse aufbereitet. Dieser Vorgang entspricht dem Schritt 5 des Simulationsverfahrens mit einer Ereignisliste.

Zurückkommend auf das in Abb. 67 dargestellte Beispiel mit zwei Teilmodellen und somit auch zwei Simulationsprozessen sowie den gleichen Ereigniszeitpunkten, die bei der Darstellung des sequentiellen Verfahrens in Kapitel 4.3.1 und 4.3.2 gewählt wurden (vgl. Tab. 8), würde sich somit folgender Ablauf ergeben:

1. Initialisieren und *Modell.Initialisiere*
   Der Simulationsuhr bzw. dem Wert des Attributs *simulationszeit* der Klasse *Simulator* wird der Wert Null zugewiesen. Alle fünf Bausteine des Simulations-

5.5 Parallele Simulation mit zentraler Synchronisation und ohne Ereignisliste

modells werden mit den Werten „funktionsfähig" für das Attribut *zustand* und einem Zufallswert für das Attribut *laufstoerzeit* initialisiert.

Tab. 15. Zustand des partitionierten Simulationsmodells zum Zeitpunkt *simulationszeit* = 0.

Modell	Teilmodell A			Teilmodell B	
Baustein **Attribut**	Quelle	Strecke 1	Maschine	Strecke 2	Senke
betriebszu- stand	funktions- fähig	funktions- fähig	funktions- fähig	funktions- fähig	funktions- fähig
laufstoerzeit	103	217	345	115	168

Der in dem gemeinsamen Speicher abgelegte Zustand des Verbindungsbausteins „Strecke 1" wird vom „schnelleren" Simulationsprozeß erzeugt und initialisiert. Als anfängliche, zufällige Funktionszeiten für die Bausteine werden wieder 103, 217, 345, 115 und 168 Zeiteinheiten angenommen. Für die Quelle folgt daraus wieder, daß ein Zustandswechsel von „funktionsfähig" nach „gestört" *nach* 103 Zeiteinheiten auftreten wird. Der anfängliche Zustand des gesamten Simulationsmodells bzw. der Teilmodelle ist in Tab. 15 dargestellt.

2. *Modell.NaechstesEreignis*: Berechne parallel das nächste Ereignis in Teilmodell *A* und *B*

   Im Teilmodell A ergibt sich ausgehend von der Quelle ein minimaler Zeitraum von min {103, 217} = 103 ZE bis zum nächsten Ereignis. Der Simulationsprozeß für das Teilmodell *A* trägt somit 103 als minimalen Zeitraum in den gemeinsamen Speicher ein. Parallel dazu berechnet der Simulationsprozeß für Teilmodell *B* den minimalen Zeitraum min {345, 115, 168} = 115 ZE bis zum nächsten Ereignis, das durch die Strecke 2 ausgelöst wird. Dieser Zeitraum wird parallel in den gemeinsamen Speicher eingetragen.

3. *GemeinsamerSpeicher.MinimalesEreignis*: Berechne das nächste Ereignis im Gesamtmodell

   Um das nächste Ereignis bezüglich des gesamten Modells zu berechnen, muß das Minimum aller gemeldeten Zeiten der Teilmodelle berechnet werden. Das Minimum von {103, 115} ist 103. 103 Zeiteinheiten ist somit der minimale Zeitraum für alle Teilmodelle bis zum nächsten Ereignis: Bei mindestens einem Baustein in irgendeinem Teilmodell - in diesem Beispiel in Teilmodell *A* - tritt dann ein Zustandswechsel auf.

4. Erhöhe die Simulationszeit

    Das Attribut *simulationszeit* wird um den Wert 103 erhöht. Die aktuelle Simulationszeit wechselt somit wie beim sequentiellen Verfahren von 0 sprunghaft auf 103, da zu diesem Zeitpunkt das nächste Ereignis bei dem Baustein „Quelle" in Teilmodell *A* auftritt.

5. *Modell.Aktualisiere*: Aktualisiere parallel das Modell

    Die Modellaktualisierung erfolgt durch die Aktualisierung grundsätzlich *aller Bausteine* in allen Teilmodellen, d.h. der Wert des Attributs *laufstoerzeit* wird für alle Bausteine um den Zeitraum, der in Schritt 3. ermittelt worden war und mit dem in Schritt 4. die Simulationszeit erhöht worden war, reduziert - hier also 103. Für mindestens einen Baustein in einem Teilmodell, nämlich die Quelle in Teilmodell *A*, wird der Wert des Attributs *laufstoerzeit* nunmehr Null und es tritt ein Zustandswechsel von „funktionsfähig" nach „gestört" auf. Um den neuen Wert für das Attribut zu berechnen, wird anhand der zugehörigen Verteilung ein Zufallswert ermittelt. Dieser Wert ist wieder 78. Er besagt, daß der Baustein „Quelle" nach 78 ZE seinen Zustand wieder von „gestört" nach „funktionsfähig" wechselt. Zum aktuellen Simulationszeitpunkt 103 treten im Teilmodell *A* und auch im Teilmodell *B* keine weiteren Zustandswechsel von Bausteinen auf. Der Modellzustand nach der Aktualisierung zum Zeitpunkt 103 ist in Tab. 16 dargestellt. Er entspricht dem des sequentiellen Verfahrens und zwar unabhängig davon, in welcher Reihenfolge die Simulationsprozesse fertig geworden sind.

    Im nächsten Durchlauf wird im Teilmodell *A* ein minimaler Zeitraum von min {78, 114} = 78 Zeiteinheiten (für den Baustein „Quelle") und in Teilmodell *B* von min {241, 12, 65} = 12 Zeiteinheiten (für den Baustein „Strecke 2") ermittelt werden. Der minimale Zeitraum wird dann durch das Teilmodell *B* bestimmt werden und 12 ZE betragen. Die Schritte 2 bis 5 werden wiederholt, bis z.B. die Simulationszeit die Simulationsdauer erreicht bzw. überschritten hat.

5.5 Parallele Simulation mit zentraler Synchronisation und ohne Ereignisliste

Tab. 16. Zustand des partitionierten Simulationsmodells zum Zeitpunkt *simulationszeit* = 103.

Modell Baustein Attribut	Teilmodell A			Teilmodell B	
	Quelle	Strecke 1	Maschine	Strecke 2	Senke
betriebszu-stand	*gestört*	funktions-fähig	funktions-fähig	funktions-fähig	funktions-fähig
laufstoerzeit	78	114	241	12	65

6. *Modell.BereiteErgebnisseauf*
Abschließend werden die Simulationsergebnisse aufbereitet.

Der Ablauf der parallelen Simulation ist in Abb. 77 nochmals bezüglich des Zustands des Simulators als Zustandsdiagramm über die Zeit dargestellt. Ausgehend von den initialisierten Teilmodellen wird zunächst das nächste Ereignis in jedem Teilmodell bestimmt. Da dieses Ereignis nur in einem Teilmodell das nächste ist, wird es auch als ein *lokales* Ereignis bezeichnet. Im Anschluß an die Berechnung wird das Ergebnis in den gemeinsamen Speicher eingetragen. Jeder Simulationsprozeß wartet solange, bis alle anderen Simulationsprozesse ihre Ergebnisse ebenfalls eingetragen haben. Ist dieses geschehen, wird das Minimum aus den eingetragenen Zeiträumen berechnet. Mit diesem Wert aktualisieren die Simulationsprozesse dann die Teilmodelle. Die sequentielle Folge von Zustandsänderungen dauert solange an, bis die Endebedingung der Simulation erfüllt ist.

Die parallele Berechnung des nächsten Ereignisses und die parallele Aktualisierung des Gesamtmodells *kann* zu einer spürbaren Rechenzeitreduzierung bzw. zu einem signifikanten Speed-Up des Simulationsverfahrens führen. Dieses wird im Kapitel 6 dargestellt. In Abb. 78 wird das entwickelte Verfahren nach dem Schema von LUKSCH (1993) und FRANKLIN u.a. (1984) grafisch und in Tab. 16 tabellarisch eingeordnet.

174 5 Parallelisierung des ereignisorientierten Simulationsverfahrens

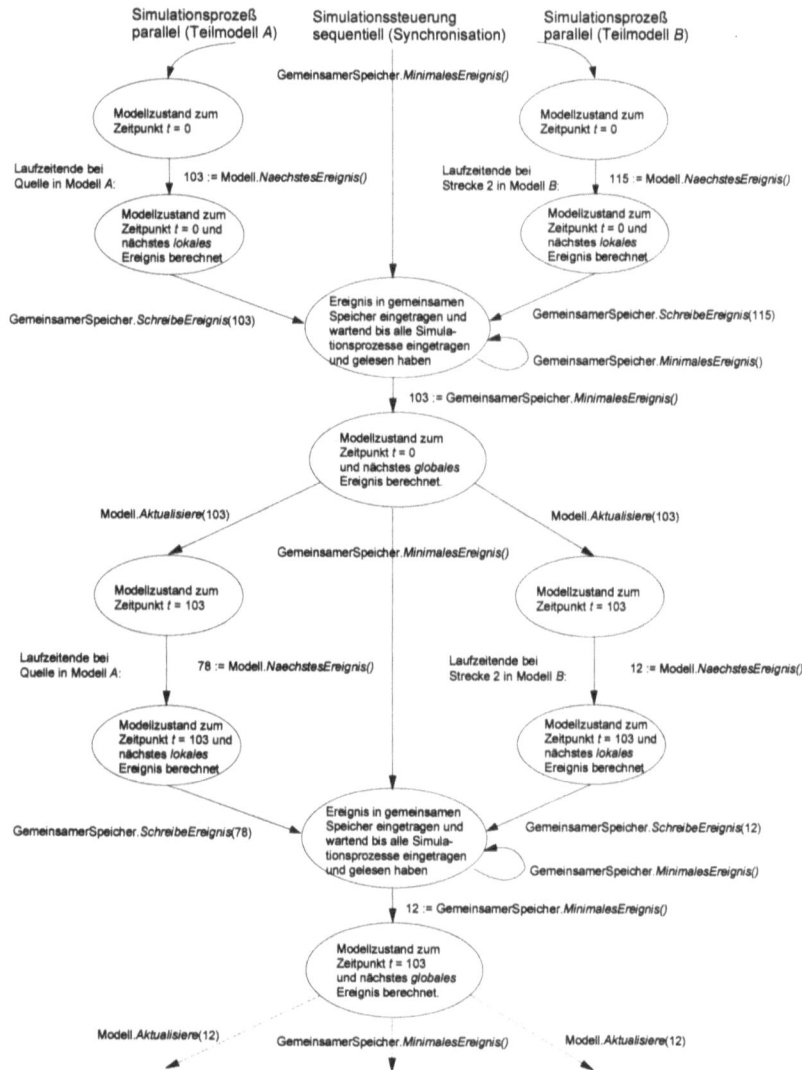

Abb. 77. Diagramm des Modellzustands bzw. der Zustände der Teilmodelle über die Zeit für das gegebene Beispiel.

5.5 Parallele Simulation mit zentraler Synchronisation und ohne Ereignisliste

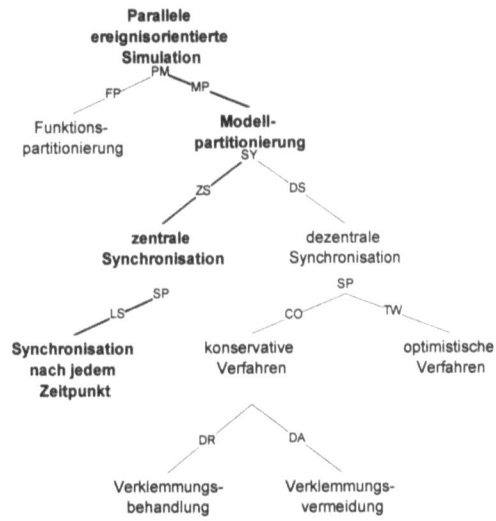

Abb. 78. Klassifizierung des entwickelten parallelen Simulationsverfahren nach LUKSCH (1993) und FRANKLIN u.a. (1984)

Tab. 17. Klassifizierung des entwickelten parallelen Simulationsverfahrens nach LUKSCH (1993) und FRANKLIN u.a. (1984)

Merkmal	Abkürzung	Ausprägung	Bedeutung
Ablaufsteuerung	AS	ED	event driven
Zeitfortschaltung	ZF	EB	ereignisbasiert
Ereignisliste	EL	-	keine Ereignisliste
Parallelisierungsmethode	PM	MP+FP	Modellpartitionierung mit untergeordneter Funktionspartitionierung
Synchronisation	SY	ZS	Zentrale Fortschaltung der Simulationszeit
Parallelitätsgrad Anzahl der Prozesse			
in der Funktionspartitionierung	P_{FP}	>= 1	
in der Modellpartitionierung	P_{MP}	>= 1	
Synchronisationsprotokoll	SP	LS	Synchronisation nach jedem Zeitpunkt

Das entwickelte parallele, ereignisorientierte Simulationsverfahren ohne Ereignisliste basiert primär auf einer Modellpartitionierung, die aber eine teilweise Funktionspartitionierung beinhaltet. Die Parallelisierung findet auf feingranularer Prozeßebene statt. Die in allen Teilmodellen gleiche Simulationszeit wird mit Hilfe einer zentralen Synchronisation nach jedem Ereigniszeitpunkt fortgeschaltet. Die synchrone, implizite

Kommunikation wird mittels eines gemeinsamen Speichers bzw. mit Hilfe von gemeinsamen Variablen realisiert. Die beteiligten Simulationsprozesse sind logisch und physisch voneinander abhängig. Es handelt sich somit um eine enge Koppelung. Das Simulationsmodell bzw. Berechnungsproblem wird bei n zur Verfügung stehenden Prozessoren in n Teilprobleme bzw. Teilmodelle zerlegt.

Neben dem Verfahren mit einem gemeinsamen Speicher wurde auch eine explizite, gerichtete, nachrichtenbasierte Kommunikation mittels der auf Anwenderebene verfügbaren Funktionen, der „broadcast message", entwickelt und implementiert. Der gemeinsame Speicher ist bei dieser Variante nicht notwendig. Es zeigte sich allerdings, daß diese Option keinen Geschwindigkeitsvorteil brachte. Sie wurde daher sehr frühzeitig wieder verworfen.

Abschließend sei noch angemerkt, daß sich der gleichzeitige Einsatz von grob- und feingranularen Parallelverfahren sowie die Anwendung der Modell- und Funktionspartitionierung nicht widersprechen. Im Gegenteil, eine Kombination dieser Möglichkeiten verspricht eine größere Rechenzeitreduzierung. Derzeit sind allerdings keine entsprechenden Arbeiten auf dem Gebiet der Kombination dieser Ansätze bekannt.

Vor der Darstellung der Beispiele wird zunächst noch in Kapitel 5.6 der konkrete Versuchsaufbau, d.h. der „virtuelle" Parallelrechner und die Rechenzeitmessung erläutert.

5.6 Versuchsaufbau

Als „virtueller" Parallelrechner wurde, wie bereits schon in Kapitel 5.1 ausgeführt, ein lokales Rechnernetz genutzt. In dem lokalen Rechnernetz konnten maximal 17 Personalcomputer benutzt werden. Aus praktischen Erwägungen wurden jedoch maximal nur 8 Personalcomputer gleichzeitig zur Berechnung eines Simulationsmodells eingesetzt. In Abb. 79 ist das für die folgenden Beispiele genutzte Rechnernetz bzw. der „virtuelle" Parallelrechner mit maximal acht Prozessoren abgebildet.

Die vernetzten Personalcomputern entsprechen dem sogenannten Industriestandard. Sie sind mit unterschiedlich leistungsfähigen Prozessoren ausgerüstet, d.h. sie rechnen auch unterschiedlich schnell. Die Übertragungsleistung des Verbindungsnetzwerkes liegt bei 16 MBit/ Sek.

Führt man nun eine parallele Simulation auf diesem „virtuellen" Parallelrechner durch, so ist die Rechenzeit um das ca. 50fache höher als die Rechenzeit, die bei se-

5.6 Versuchsaufbau

quentieller Ausführung der Simulation auf einem einzelnen Personalcomputer benötigt wird. Wie bereits in Kapitel 5.1 erläutert, ist der Grund für das starke Ansteigen der Rechenzeit bei paralleler Ausführung in der niedrigen Kommunikationsleistung des Rechnernetzes und der Verwendung eines Sekundärspeichers als gemeinsamer Speicher mit sehr langen Speicherzugriffszeiten zu suchen.

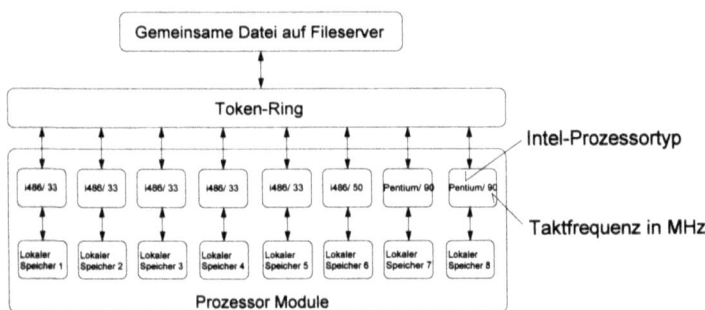

Abb. 79. Die Benutzung eines lokalen Rechnernetzes mit acht Personalcomputern als Parallelrechner.

Als Folge daraus ergeben sich auch relativ lange Blockier- bzw. Wartezeiten beim Zugriff auf den gemeinsamen Speicher. Der Anteil dieser Kommunikations- und Sekundärspeicherzugriffszeit liegt bei dem gewählten Versuchsaufbau bei ca. 98% an der gesamten Rechenzeit. Nur 2% der gemessenen Rechenzeiten betreffen die wirkliche Ausführung der Simulation. Um dennoch eine Aussage über die durch die Parallelisierung erzielte Rechenzeitreduzierung zu erhalten, müssen die genannten Kommunikations- und Sekundärspeicherzugriffszeiten aus dem Verfahren herausgerechnet werden. Zu diesem Zweck sind in dem erweiterten Simulator FSSP an verschiedenen Stellen Anweisungen zur Zeitberechnung so eingefügt worden, daß die reine Rechenzeit für die Simulation bei der sequentiellen Variante und bei der parallelen Variante gemessen werden konnte. Die so ermittelte Rechenzeit kann auch als Simulatorkernzeit bezeichnet werden. Sie ergibt sich aus der Summe der Rechenzeiten

- für die Aktualisierung des Modells,
- für die Ermittlung des nächsten Ereignisses und
- für die Ausführung von Unterstützungsfunktionen (Bildschirmaktualisierung, Statistikberechnung).

Alle diese drei Zeiten sind bereinigt von

- der Kommunikationszeit für den Austausch des minimalen Ereigniszeitraumes zwischen den beteiligten Simulationsprozessen,
- der Sekundärspeicherzugriffszeit für die Zugriffe auf den in dem gemeinsamen Speicher abgelegten minimalen Ereigniszeitraum,
- der Kommunikationszeit für den Austausch von Daten über die Verbindungsbausteine der Teilmodelle und
- der Sekundärspeicherzugriffszeit für die Zugriffe auf die in dem gemeinsamen Speicher abgelegten Daten der Verbindungsbausteine der Teilmodelle.

Werden im folgenden die vier zuletzt genannten Zeiten zu der Simulatorkernzeit hinzuaddiert, so wird die resultierende Zeit als *Gesamtrechenzeit* des Verfahrens bezeichnet. Bei der Simulatorkernzeit hingegen sind die vier zuletzt genannten Zeiten „herausgerechnet". Für das sequentielle Verfahren läßt sich ebenfalls eine Simulatorkernzeit angeben. Diese Simulatorkernzeit entspricht der Gesamtrechenzeit. Durch die Vielzahl der zusätzlich notwendigen Rechenzeitmessungen bei dem parallelen Simulationsverfahren und die Rechenzeitmessung selbst wird der Simulator einerseits natürlich langsamer. Andererseits ist die Rechenzeit für die Kommunikation - wie oben dargelegt - gänzlich vernachlässigt worden. Unter der Annahme, daß Speicherzugriffszeiten auf einen Primärspeicher mindestens bis zu 1000 mal schneller sind als auf einen Sekundärspeicher, kann diese Vernachlässigung für diese prinzipielle Untersuchung akzeptiert werden. Bei einer Ausführung des parallelen Verfahrens auf einem echten Parallelrechner dürften die Kommunikationszeiten zwar nicht mehr herausgerechnet werden, sie würden unter dieser Annahme allerdings vernachlässigbar gering werden. Endgültig belegen läßt sich dies jedoch nur durch Verfahrenstests auf einem echten Parallelrechner.

Neben dem Problem der Herausrechnung der für die Kommunikation und die Sekundärspeicherzugriffe aufzuwendenden Rechenzeiten tritt hier ein weiteres Problem auf: Der verfügbare „virtuelle" Parallelrechner ist bezüglich der Rechenleistung der einzelnen Prozessoren als *inhomogen* zu bezeichnen. Dieses hat zur Folge, daß bei der parallelen Simulation eines (theoretisch) gleichmäßig auf die Prozessoren aufgeteilten Simulationsmodells die Teilmodelle unterschiedlich schnell berechnet werden. Es stellt sich dann die Frage, welcher Rechner zur Ermittlung der Simulatorkernzeit als Ergebnis des parallelen Verfahrens gewählt werden soll? Prinzipiell stellt, wie die Abb. 73 veranschaulicht, zunächst der langsamste Simulationsprozeß den Engpaß dar. Dies muß aber nicht an dem Teilmodell liegen; vielmehr kann ein langsamer Prozessor, mit

5.6 Versuchsaufbau

dem das Teilmodell simuliert wird, die Ursache des Engpasses darstellen. Um eine Vergleichbarkeit der Simulatorkernzeiten zwischen sequentieller und paralleler Ausführung sicherzustellen, muß bei unterschiedlichen Rechenleistungen der beteiligten Personalcomputer bzw. Prozessoren daher eine Normierung durchgeführt werden. Dazu muß zunächst die Rechenleistung der beteiligten Rechner quantifiziert werden. Für die Ermittlung der Rechenleistung von Personalcomputern existieren eine Reihe von Meßprogrammen, die jedem Rechnertyp gemäß der Rechenleistung einen Leistungsindex für die CPU-Geschwindigkeit zuordnen. Zu dieser Kategorie von Programmen gehört auch das Programm „SysInfo" von NORTON (1990). Für die in dem verfügbaren lokalen Rechnernetz verwendeten Rechner ergeben sich auf der Grundlage dieses Programms die in Tab. 18 aufgelisteten Leistungswerte.

Tab. 18. Leistungswerte der verwendeten Personalcomputer im Rechnernetz.

Rechnerklasse	SysInfo-Leistungsindex	Anzahl Rechner
i486/ 33 MHz	70	5
i486/ 50 MHz	108	4
i486/ 66 MHz	132	2
i586/ 90 MHz	285	4

Die Normierung der ermittelten Rechenzeiten ergibt sich zunächst durch die Wahl einer Rechnerklasse als Basisrechnerklasse. Rechenzeitergebnisse von Personalcomputern dieser Basisrechnerklasse sind bereits ohne weitere Normierungsschritte normiert. Alle Rechenzeitergebnisse der von der Leistung dieser Rechnerklasse abweichenden Rechnerklassen werden nach der Formel

$$\text{Rechenzeit}_{normiert} = \frac{\text{Leistungsindex}_{Testrechnerklasse}}{\text{Leistungsindex}_{Basisrechnerklasse}} * \text{Rechenzeit}_{Testrechner}$$

berechnet. Die Rechenzeit ergibt sich bei paralleler Ausführung der Simulation dann aus der längsten normierten Rechenzeit.

Die mit dem Parallelverfahren erzielten Rechenzeiten sollten, wie bei der sequentiellen Variante, wiederum mit dem für diese Arbeit verfügbaren schnellsten sequentiellen Simulationssystem, nämlich DOSIMIS, verglichen werden. Da DOSIMIS, aus hier nicht zu betrachtenden Gründen, nur auf einem Rechner der Klasse der i486/33

MHz Personalcomputer ausgeführt werden konnte, wurde diese Rechnerklasse als Basisrechnerklasse gewählt. Alle Rechenzeiten, die auf anderen Rechnerklassen ermittelt worden waren, wurden bezüglich dieser Basisrechnerklasse normiert.

Die mit dem parallelen Verfahren erzielten Rechenzeitreduzierungen werden in Abhängigkeit von der Anzahl der eingesetzten Prozessoren angegeben. Die Angaben sind jedoch ohne den Vergleich mit der entsprechenden sequentiellen Variante des Simulationsverfahrens wenig aussagekräftig (vgl. KAUDEL 1987, S. 14). Bei den Rechenzeitmessungen wird daher auch die sequentielle Variante des Simulationsverfahrens berücksichtigt (Prozessoranzahl = 1). Bei der mit nur einem Prozessor ermittelten Zeit handelt es sich nicht um das auf einem Rechner ausgeführte Parallelverfahren, sondern um das ursprüngliche, in Kapitel 4.3.2 vorgestellte sequentielle Verfahren. Ein Vergleich des hier vorgestellten parallelen Simulators mit einer Parallelversion von DOSIMIS oder einem anderen parallelen Simulator konnte leider nicht durchgeführt werden, da entsprechende Parallelversionen nicht zur Verfügung standen bzw. auf dem Softwaremarkt nicht angeboten werden.

Der so beschriebene Versuchsaufbau ist die Grundlage für die Rechenzeitmessungen und abgeleiteten Aussagen der nun in Kapitel 6 analysierten Anwendungsbeispiele.

6 Anwendung des parallelen Materialflußsimulators

Im folgenden Kapitel wird die Leistungsfähigkeit des parallelen Simulationsverfahrens im Vergleich mit dem sequentiellen Simulationsverfahren untersucht. Die Anwendung des parallelen Materialflußsimulators wird anhand zweier Fallbeispiele dargestellt. Aufgrund der geringen Komplexität eignet sich das in Kapitel 4.4 zur Demonstration der Verfahrensentwicklung verwendete Materialflußsystem aus der Automobilindustrie nicht für eine parallele Ausführung. Bei dem ersten Anwendungsbeispiel in Kapitel 6.1 handelt es sich daher um das bereits erwähnte Modell „EuroSim". Das zweite in Kapitel 6.2 behandelte Anwendungsbeispiel basiert auf einem hochkomplexen Materialflußsystem aus dem Bereich des Maschinenbaus, bei dem, wie bei dem EuroSim-Modell, u.a. die Anzahl der Paletten im System bestimmt werden sollte. Dieses Modell wird im folgenden daher kurz als „PAL", stehend für „Palettensystem", bezeichnet.

6.1 Modell „EuroSim"

Wie bereits in Kapitel 4.4.2 dargestellt und im Anhang 2 detailliert erläutert, handelt es sich bei dem EuroSim-Modell um ein flexibles Materialflußsystem, das aus acht Subsystemen besteht. Jedes Subsystem besteht aus einem Transportsystem und einer Bearbeitungsstation. Die vorgenommene Modellpartitionierung bzw. Aufteilung des EuroSim-Modells in Teilmodelle ist in Abb. 80 dargestellt.

Die Aufteilung in die Teilmodelle erfolgte nach Symmetriegesichtspunkten durch die Vorgabe der sieben identisch aufgebauten Arbeitseinheiten bzw. Subsysteme (vgl. Abb. 80 und Anhang 2, Abb. 92) bzw. durch Abzählen der Bausteine. Diese Aufteilung gemäß dem Layout bzw. der Subsysteme gewährleistet aber keine gleichmäßige Aufteilung der Berechnungskomplexität. So besitzt das Teilmodell mit der Paletteneinschleusung, der Quelle und der Senke des Materialflußsystems sowohl statisch als auch dynamisch eine höhere Komplexität: Es liegen mehr Bausteine vor und es sind mehr Ereignisse auszuführen. Durch das Einschleusen der Paletten in diesem Teilmodell ist die Komplexität zudem über die Zeit zunächst höher als in den übrigen Teilmodellen. Wenn das Simulationsmodell mit dem entwickelten Parallelsimulator FSSP ausgeführt wird, wird jedes der Teilmodelle von einem Simulator FSSPx mit eigenen Prozessor bzw. Personalcomputer im lokalen Rechnernetz berechnet.

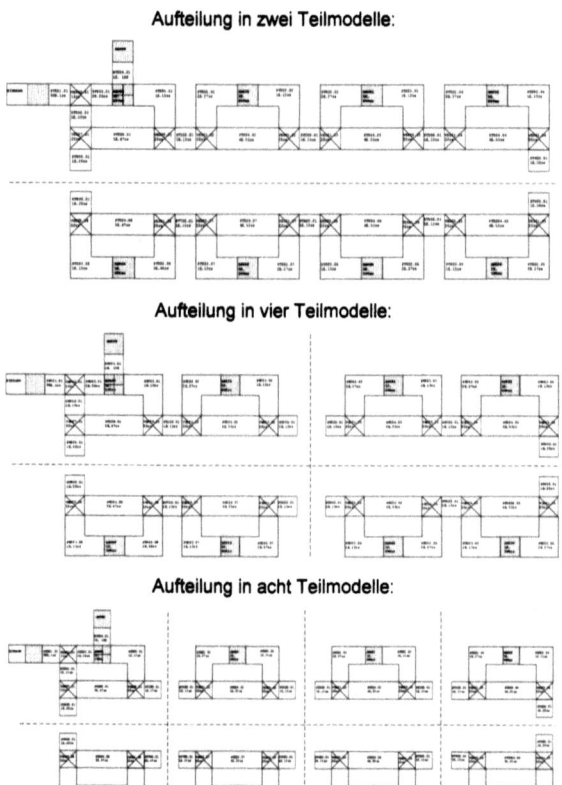

Abb. 80. Modellpartitionierung des EuroSim-Modells in zwei, vier und acht Teilmodelle.

Jeder Simulator FSSP*x* erhält eine eigene Experimentplanung für sein jeweiliges Teilmodell. Die Experimentplanung ist in bestimmten Teilen des Experiments nahezu identisch, d.h. die Simulation hat die gleiche Einschwingdauer und stoppt in allen (Teil) Experimenten nach 600 Minuten. Der Simulator bzw. Simulationsprozeß, der für die Paletteneinschleusung zu Beginn der Simulation zuständig ist, erhält zusätzlich entsprechende Anweisungen in der für ihn gültigen Experimentdatei. Die analoge Experimentplanung gilt natürlich auch für den sequentiellen Simulator FSSS und DOSIMIS. In Anlehnung an die im Anhang beschriebene Experimentplanung für eine sequentielle Simulationsdurchführung im rechten Teil der Abb. 81 (vgl. hierzu auch Anhang 2, Abb. 101) wird in der Abb. 81 im linken Teil der Aufbau der parallelen Experimentplanung, beispielhaft für FSSP4_1, dargestellt.

Die Zeilen 1 bis 10 in Abb. 81 entsprechen im Prinzip der sequentiellen Variante. Da das EuroSim-Modell bei diesem Experiment jedoch aus 4 Teilmodellen besteht, sind in Zeile 3 und 4 der Modell- und Werkstückgruppenname entsprechend geändert worden. In Zeile 11 wird FSSP4$_1$ angewiesen, eine Zeitmessung durchzuführen, um die Simulatorkernzeit und die Kommunikationszeit zu berechnen. Bzgl. der Initialisierung der Simulationsprozesse erhält FSSP4$_1$ in seiner Experimentplanung ab Zeile 12 spezielle Anweisung zur Einrichtung und Ausführung des parallelen Prozesses in dem Rechnernetz. Bei einem echten Parallelrechner würden diese Anweisungen implizit mittels der jeweiligen Programmiersprache und den verfügbaren Betriebssystemkommandos formuliert werden können.

```
         Parallele Experimentplanung              Sequentielle Experimentplanung

 1 DATENAUSGABE       := 1                    1 DATENAUSGABE       := 1
 2 AUSGABEINTERVALL   := 1000                 2 AUSGABEINTERVALL   := 1000
 3 MODELL             := EURO12               3 MODELL             := EURO
 4 GRUPPE             := EURO12               4 GRUPPE             := EURO
 5 SIMDAUER           := 288000               5 SIMDAUER           := 288000
 6 EINDAUER           := 72000                6 EINDAUER           := 72000
 7 START              := 1                    7 START              := 1
 8 AB                 := 0                    8 AB                 := 0
 9 BIS                := 0                    9 BIS                := 0
10 TRACE              := 0                   10 TRACE              := 0
11 STOPUHR            := JA                  11 STOPUHR            := NEIN
12 NAME               := FSSP4_1             12 ENDE
13 SHARED             := P:
14 NR                 := 1
15 ANZ                := 4
16 KOMMUNIKATION      := DATEIBASIERT
17 ENDE
```

Abb. 81. Vergleich der Experimentdateien für das parallele Simulationsverfahren von FSSP und das sequentielle Simulationsverfahren von FSSS.

In Zeile 12 wird der Name von FSSP4$_1$, auch zum Zwecke der Identifikation durch den Anwender, mit „FSSP4_1" angegeben. Zeile 13 benennt den Ort des gemeinsamen Speichers für FSSP4$_1$. Hierbei handelt es sich um ein Verzeichnis eines Laufwerks auf dem Dateiserver des Rechnernetzes. Dieses Verzeichnis stellt den gemeinsamen Speicher dar. In dem Verzeichnis werden eine Datei für den Austausch der Ergebnisse der Simulationsprozesse und, entsprechend der Anzahl der Verbindungsbausteine, weitere gemeinsame Dateien zur Verbindung der Teilmodelle eingerichtet. In Zeile 14 wird FSSP4$_1$ der Speicherplatz Nr. 1 in dem gemeinsamen Speicher bzw. der Index Nr. 1 in einem Feld in der Datei für die Simulationsprozesse zugeordnet. Dort wird er seine Ergebnisse abliefern. Die Simulationsprozesse $FSSP4_2$, $FSSP4_3$ und $FSSP4_4$ in diesem Beispiel erhalten in ihren Experimentplanungen folglich die Indizes 2, 3 und 4.

Bei der Lösung auf Basis eines Rechnernetzes als Parallelrechner wird der sequentielle Teil des parallelen Simulationsverfahrens (vgl. Abb. 75) von jedem $FSSPx_i$ auf jedem Personalcomputer bzw. von jedem Prozessor in identischer Weise und mit dem gleichen Ergebnis ausgeführt. Bei Ausführung auf einem echten Parallelrechner würde damit nur ein Prozessor beschäftigt sein. Jeder $FSSPx_i$ muß für die parallele Abarbeitung im Rechnernetz somit Kenntnis darüber haben, wieviel Simulatoren an dem parallelen Verfahren beteiligt sind. Die Anzahl x aller $FSSPx_i$, die parallel simulieren, wird daher in Zeile 15 angegeben.

In Tab. 19 sind die absoluten Ergebnisse des Rechenzeitvergleichs aufgelistet. In Spalte D und E, Zeile 7 der Tabelle sind nochmals die Ergebnisse von Tab. 11 dargestellt. In Spalte F, G und H, jeweils Zeile 7, sind die Ergebnisse der Rechenzeiten des parallel arbeitenden Simulators FSSP abgebildet. In Zeile 8 steht die Gesamtrechenzeit.

Tab. 19. Fallbeispiel „EuroSim": Absoluter Rechenzeitvergleich.

	A	B	C	D	E	F	G	H
4			Experiment	3	4	5	6	7
5			Simulator	DOSIMIS	FSSS	FSSP		
6			Anz. Prozessoren	1	1	2	4	8
7			Maximale, normierte Simulatorkernzeit in Sek.	32	259	179	118	86
8			Gesamtrechenzeit in Sek.	32	259	7938	7242	17505
9			normierte Simulatorkernzeit in Sek.	32	259	179	118	86
10		1	Leistungsindex	70	421	285	70	70
11			absolute Simulatorkernzeit in Sek.	32	43	44	118	86
12			normierte Simulatorkernzeit in Sek.			175	94	65
13		2	Leistungsindex			285	70	285
14			absolute Simulatorkernzeit in Sek.			43	94	16
15			normierte Simulatorkernzeit in Sek.				109	59
16		3	Leistungsindex				132	70
17			absolute Simulatorkernzeit in Sek.				58	59
18			normierte Simulatorkernzeit in Sek.				102	59
19	Teilmodell	4	Leistungsindex				285	70
20			absolute Simulatorkernzeit in Sek.				25	59
21			normierte Simulatorkernzeit in Sek.					75
22		5	Leistungsindex					132
23			absolute Simulatorkernzeit in Sek.					40
24			normierte Simulatorkernzeit in Sek.					75
25		6	Leistungsindex					132
26			absolute Simulatorkernzeit in Sek.					40
27			normierte Simulatorkernzeit in Sek.					74
28		7	Leistungsindex					132
29			absolute Simulatorkernzeit in Sek.					39
30			normierte Simulatorkernzeit in Sek.					69
31		8	Leistungsindex					285
32			absolute Simulatorkernzeit in Sek.					17

6.1 Modell „EuroSim"

Für jedes Teilmodell sind jeweils die absolute Simulatorkernzeit, der Leistungsindex des Rechners und die daraus resultierende normierte Simulatorkernzeit angegeben. Die in dem Experiment ermittelte Rechenzeit in Zeile 7 ergibt sich aus dem Maximum der jeweiligen normierten Simulatorkernzeiten. Im Anhang 3 sind in Tab. 30 die absolut gemessenen Zeiten detailliert aufgeführt. Ein mehrfache Ausführung der Experimente zur Messung der Rechenzeiten war nicht notwendig, da die Simulatorkernzeiten weder bei FSSS noch bei FSSP schwanken. Lediglich die Gesamtrechenzeit unterlag je nach Auslastung des Rechnernetzes gewissen Schwankungen. Die Gesamtrechenzeit wird jedoch für den Vergleich, wie bereits erwähnt, nicht berücksichtigt.

Die für das EuroSim-Modell benötigten Rechenzeiten sind in Tab. 20 zusammengefaßt. In der Tabelle repräsentieren 32 Sekunden Rechenzeit einen relativen Wert von 100% (vgl. auch Tab. 11). In der Tabelle wird auf den erzielten, sogenannten Speed-Up hingewiesen. Diese Kenngröße ist definiert als der Quotient aus der Rechenzeit für die Ausführung eines Programms auf einem Einzelprozessor- und einem Mehrprozessorsystem:

$$\text{Speed-Up} = \frac{\text{Rechenzeit(Einzelprozessor)}}{\text{Rechenzeit(Mehrprozessor)}}$$

Bei der Angabe des Speed-Up sollte die für das schnellste sequentielle Verfahren gemessene Zeit als Bezugsbasis verwendet werden. In dem Vergleich wird daher neben FSSS auch wieder DOSIMIS als ein repräsentatives, sehr schnelles sequentielles Simulationsverfahren mit Ereignisliste einbezogen.

Tab. 20. Fallbeispiel „EuroSim": Relativer Rechenzeitvergleich und Speed-Up.

Simulator Anzahl Prozessoren	rel. Rechenzeit in %			Speed-Up	
	FSSS	FSSP	DOSIMIS	bzgl. FSSS	bzgl. DOSIMIS
1	809	809	100	1,00	0,12
2	-	559	-	1,48	0,18
4	-	369	-	2,19	0,27
8	-	269	-	3,00	0,37

Die in der Tabelle ausgewiesene Rechenzeitreduzierung ist bezüglich FSSS zwar spürbar aber nur unterlinear bezüglich den eingesetzten Prozessoren; in Bezug zu

DOSIMIS ist der Speed-Up daher auch relativ gering. Dieses etwas enttäuschende Ergebnis ist darin begründet, daß der Zeitbedarf für die Synchronisierung im Verhältnis zur benötigten Zeit für die eigentliche Simulationsdurchführung relativ hoch ist. Es ist in Abb. 82 dargestellt. Bei dem Einsatz von acht Prozessoren werden 61% der Gesamtrechenzeit nur für die Synchronisierung aufgewendet. Die restlichen 39% Rechenzeit reichen aus, um das komplexeste Teilmodell, das dann nur noch aus 15 statt 62 Bausteinen besteht, zu simulieren (zur Berechnung vgl. Anhang 3, Tab. 31).

Wie im Grunde zu erwarten ist, zeigt sich hier, daß die Vorteilhaftigkeit des Einsatzes der parallelen Simulation von der Größe des Simulationsmodells abhängt. Für kleine Modelle, wie es das EuroSim-Modell darstellt, ist der Einsatz einer parallelen Berechnung nicht sinnvoll. Die von DOSIMIS benötigte Rechenzeit kann selbst mit dem Einsatz von acht Prozessoren nicht unterschritten werden.

Um das mögliche Potential des parallelen Simulationsverfahren richtig einschätzen zu können, bedarf es daher eines größeren (Simulations-)Problems. Ein komplexeres Fallbeispiel wird daher im folgenden Kapitel behandelt.

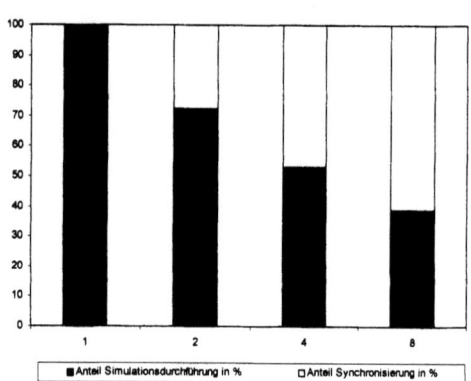

Abb. 82. Fallbeispiel „EuroSim": Aufteilung der Rechenzeiten für die Synchronisierung und die Simulationsdurchführung.

6.2 Modell „PAL"

Das Modell „PAL" des zweiten Fallbeispiels basiert auf Erfahrungen aus der Simulationspraxis. Obwohl das hier vorgestellte Simulationsmodell kein real existierendes Materialflußsystem darstellt, sind bzgl. der Komplexität und der Auslegung wesentlicher Einflußgrößen praxisnahe Daten und natürlich auch Bausteine und Anordnungen

6.2 Modell „PAL"

von Bausteinen, die so genau in der Praxis zu finden sind bzw. ihr entnommen wurden, in das Modell eingeflossen. Die für die Darstellung in dieser Arbeit notwendige und interessierende Berechnungskomplexität eines realen Simulationsproblems ist somit ohne Abstriche erhalten worden. Im folgenden wird das PAL-Modell zunächst übersichtsartig beschrieben. Anschließend wird der Vergleich des parallelen mit den sequentiellen Simulationsverfahren durchgeführt.

6.2.1 Modellbeschreibung

Das Simulationsmodell ist in Abb. 83 schematisch dargestellt. Es besteht bei FSS aus insgesamt 380 und unter DOSIMIS aus 606 Bausteinen.

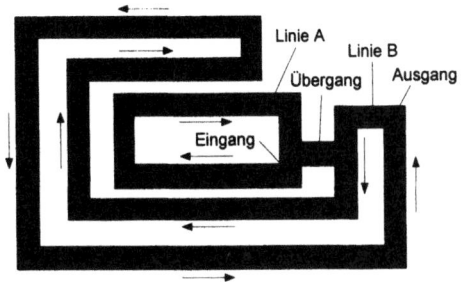

Abb. 83. Schematische Darstellung des Fallbeispiels des komplexen Materialflußsystems „PAL".

Die beträchtlich höhere Zahl an Bausteinen basiert auf einem speziellen Modellierungsproblem. In dem Materialflußsystem werden spezielle Bearbeitungsstationen eingesetzt, die bereits in Kapitel 4.4.2 erwähnten „Shuttle-Systeme". In DOSIMIS gibt es im Gegensatz zu den Möglichkeiten bei FSS keine Standardbausteine, die ein solches Shuttle-System korrekt darstellen können. Daher mußten diese Shuttle-Systeme aus den vorhandenen Bausteinen von DOSIMIS zusammengesetzt werden. Da eine Vielzahl von Shuttle-Systemen zum Einsatz kommt, hat sich die Zahl der Bausteine unter DOSIMIS um ca. 40% erhöht.

Das Materialflußsystem besteht aus den zwei Hauptproduktionslinien A und B. In jeder dieser Hauptlinien kreisen wie im EuroSim-Modell Paletten, auf denen die zu bearbeitenden Werkstücke transportiert werden. Die Werkstücke gelangen dabei in Linie A in der Nähe des Übergangs in das System und verlassen es in Linie B ebenfalls in der Nähe des Übergangs wieder. Wie bei dem EuroSim-Modell ist ein wesentliches Ziel der Simulation die Bestimmung der optimalen Anzahl von Paletten in Linie A und Linie *B*, was für den Rechenzeitvergleich jedoch nicht von Bedeutung ist. In Abb. 84 ist das PAL-Modell detailliert dargestellt. Auf eine komplette Beschreibung des PAL-Modells soll an dieser Stelle verzichtet werden. Statt dessen sollen die fünf in Abb. 84 hervorgehobenen und interessanten Bereiche des Modells im folgenden exemplarisch erläutert werden.

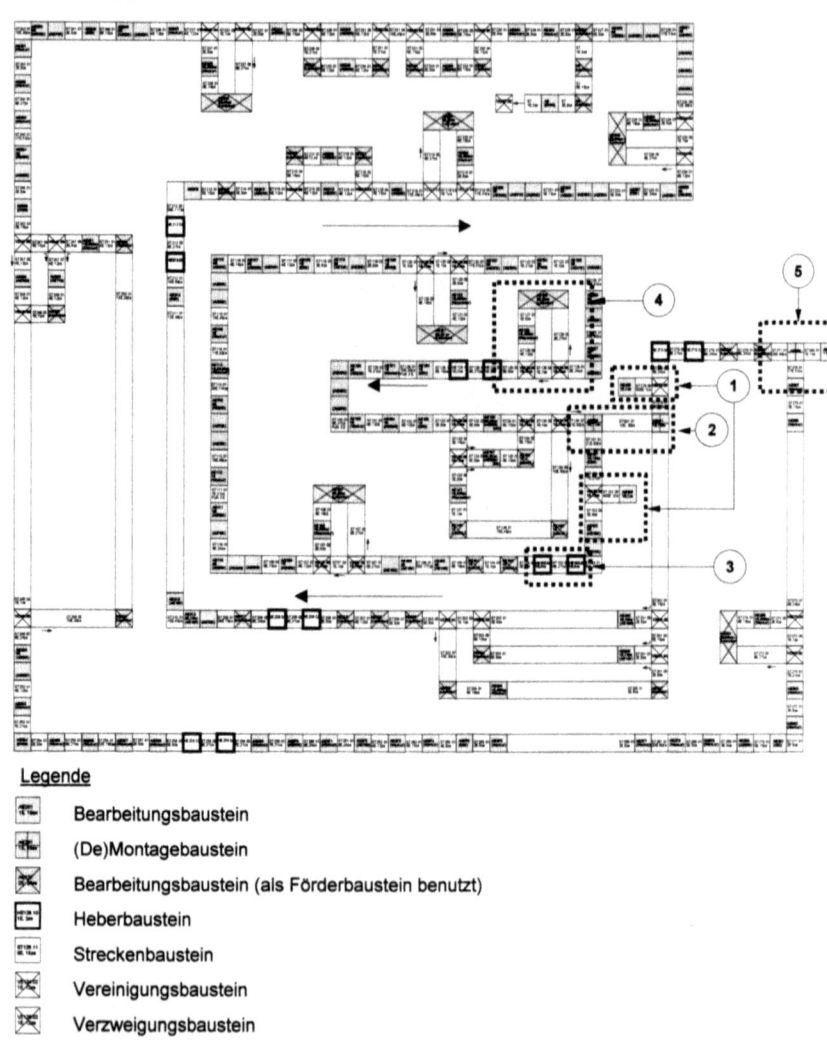

Legende

- Bearbeitungsbaustein
- (De)Montagebaustein
- Bearbeitungsbaustein (als Förderbaustein benutzt)
- Heberbaustein
- Streckenbaustein
- Vereinigungsbaustein
- Verzweigungsbaustein

Abb. 84. Detaillierte Darstellung des PAL-Modells.

6.2 Modell „PAL"

1. Paletteneinschleusung und Eingang in das Modell

Um Paletten in das Materialflußsystem einzuschleusen, kann man, wie bei dem Euro-Sim Modell, entweder vor Beginn einer Simulation die Füllstände der Strecke initialisieren oder die Paletten dynamisch generieren. Bei einer Generierung von Paletten enthält das Simulationsmodell einen Modellteil zur Paletteneinschleusung, der in der Realität so nicht existiert. Durch diesen Modellteil läßt sich jedoch während der Ausführung der Experimente sehr komfortabel die Anzahl der Paletten im System steuern.

Als Palettengenerator werden in Linie A der Bearbeitungsbaustein AE199 und in Linie B der Bearbeitungsbaustein AE299 gewählt (vgl. Abb. 85). Die Bearbeitungsbausteine haben keinen Vorgängerelement. Sie dienen somit als Quelle. Während der Einschwingzeit kann man die Bearbeitungsbausteine mit einer Taktzeit von einer Zeiteinheit mitlaufen lassen. Durch Simulation einer gezielten Störung dieser Arbeitseinheit ab n Zeiteinheiten lassen sich auf diese Weise $n - 1$ Paletten in die nachfolgenden Strecken ST102.03 und ST279.08 übergeben. Diese beiden Streckenbausteine sind mit 400 Einheiten bzw. 500 Einheiten ausreichend dimensioniert, um die Abnahme der leeren Paletten aus den Bearbeitungsbausteinen in dem vorgegebenen Takt von einer Zeiteinheit sicherzustellen.

Die folgenden Experimente zur Untersuchung des Rechenzeitverhaltens wurden stets mit der gleichen Palettenanzahl von 186 Paletten in Linie A und 200 Paletten in Linie B durchgeführt.

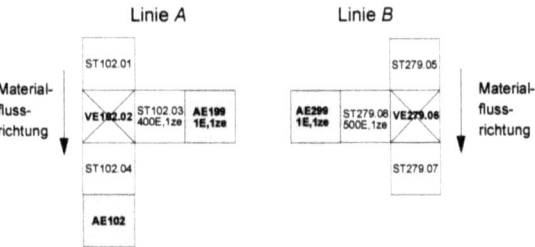

Abb. 85. Fallbeispiel „PAL": Paletteneinschleusung in Linie A und Linie B sowie Eingang in das Modell.

Der eigentliche Eingang bzw. die Quelle in Linie A ist in dem Bearbeitungsbaustein AE102 modelliert (siehe Abb. 85). Die dort ankommenden leeren Paletten (vgl. Punkt 2) werden in diesem Bearbeitungsbaustein „logisch" mit Werkstücken beladen. Dies bedeutet, daß die Versorgung der Linie A mit Werkstücken von außen keinen Engpaß darstellt; jede leere Palette kann sofort mit einem Werkstück beladen werden, das dann in Linie A und Linie B bearbeitet werden kann.

2. Übergabe von Werkstücken von Linie A nach Linie B

Die Übergabe der Werkstücke von Linie A nach Linie B ist in Abb. 86 dargestellt. Sie erfolgt bei dem Bearbeitungsbaustein AE000. Dieser Baustein ist eine Demontagestation. Die mit den von Linie A bearbeiteten Werkstücken beladenen Paletten laufen in diese Station ein. Das Werkstück wird von der Palette „demontiert" und verläßt die Demontagestation in Richtung des Streckenbausteins ST001.01. Die leere Palette verläßt die Demontagestation in Richtung ST101.01 und wird in dem Bearbeitungsbaustein AE102 (vgl. Punkt 1) wieder mit einem von Linie A bisher unbearbeiteten Werkstück beladen. In Linie B werden die von dem Streckenbaustein ST279.07 kommenden leeren Paletten (vgl. Punkt 5) mit den von dem Streckenbaustein ST001.01 kommenden Werkstücken in der Montagestation AE201 montiert. Sie verlassen AE201 in Richtung des Streckenbausteins ST201.01 und werden dann anschließend in Linie B bearbeitet. Die Ausbringung der Linie A wird in dem Bearbeitungsbaustein AE000 gemessen, da dieser den Ausgang aus Linie A darstellt.

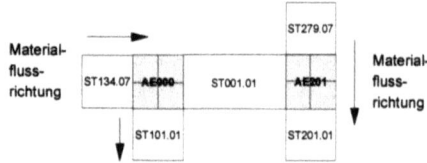

Abb. 86. Fallbeispiel „PAL": Übergabe der Werkstücke von Linie A nach Linie B.

3. Vertikalförderung

Das Materialflußsystem erstreckt sich über einen größeren Bereich in entsprechenden Produktionshallen. In diesen Produktionshallen befinden sich auch Fahrwege, die von dem Materialflußsystem überbrückt werden müssen. Dazu sind an verschiedenen Stellen Heberbausteine, siehe Abb. 87, modelliert worden.

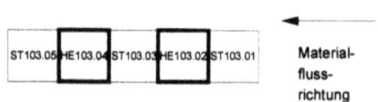

Abb. 87. Fallbeispiel „PAL": Einsatz von Heberbausteinen.

6.2 Modell „PAL"

Die vom Streckenbaustein ST103.01 kommenden Werkstücke werden in dem Heberbaustein HE103.02 angehoben, über den Fahrweg mittels des Streckenbausteins ST103.03 transportiert und im Heberbaustein HE103.04 wieder abgesenkt.

4. Reparaturschleife

In dem Materialflußsystem sind in beiden Produktionslinien mehrere Reparaturschleifen vorhanden (vgl. Abb. 88). In diesen Reparaturschleifen werden die Werkstücke nachgearbeitet, die zuvor fehlerhaft in der Hauptlinie bearbeitet worden sind. Sie werden anhand des Werkstücktyps identifiziert und in der Verzweigungsweiche, z.B. VZ126.02, entsprechend in die Reparaturschleife umgeleitet. Die Streckenbausteine in den Reparaturschleifen sind so dimensioniert, daß ausreichend viele Werkstücke gepuffert werden können.

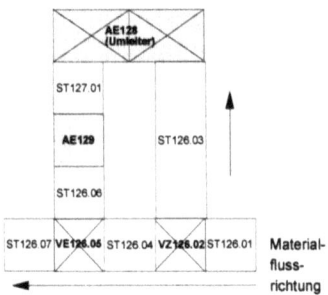

Abb. 88. Fallbeispiel „PAL": Reparaturschleife.

Als eine weitere Besonderheit sind in den Reparaturschleifen sogenannte Umleiter eingebaut. Hierbei handelt es sich um spezielle Förderelemente, die die Werkstücke in eine richtige Position drehen. In dem Modell werden die Umleiter durch Bearbeitungsbausteine abgebildet.

5. Ausgang aus dem Modell

Der eigentliche Ausgang aus dem Materialflußsystem ist in Abb. 89 zu sehen. Die von dem Bearbeitungsbaustein AE287 von Linie *A* und *B* fertig bearbeiteten Werkstücke auf den Paletten laufen in die Demontagestation AE288 ein. Dort werden die Werkstücke von den Paletten „demontiert". Das fertige Werkstück verläßt die Demontagestation in Richtung des Bearbeitungsbausteins AE300. In diesem Baustein werden die fertigen Werkstücke gezählt. Sie verlassen nach AE300 das System. Die leeren Paletten werden in Richtung des Streckenbausteins ST277.01 zu dem Umleiter AE289 weitergeleitet, der die leeren Paletten wieder in eine richtige Position dreht. Die leeren Paletten werden dann in AE201 (vgl. Punkt 2) wieder mit Werkstücken aus Linie *A* beladen.

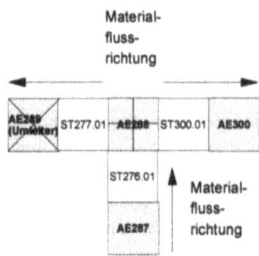

Abb. 89. Fallbeispiel „PAL": Ausgang aus dem Modell in Linie *B*.

Im Gegensatz zu dem EuroSim-Modell ist dieses Modell stochastisch. Es treten sowohl Störungen als auch Schwankungen von Bearbeitungszeiten an manchen Bearbeitungsstationen auf. Die Simulation besteht wiederum aus einer Einschwingdauer gefolgt von dem eigentlichen Simulationslauf. Für den Rechenzeitvergleich wurden hierfür jeweils willkürlich 10000 Zeiteinheiten bzw. Sekunden angesetzt.

6.2.2 Experimentdurchführung

Die vorgenommene Modellpartitionierung wurde wie beim EuroSim-Modell rein quantitativ anhand der Anzahl der Bausteine in den Teilmodellen vorgenommen. Sie ist in Abb. 90 grafisch dargestellt.

Noch mehr als beim EuroSim-Modell spielen bei diesem komplexeren Modell allerdings die statische und dynamische Berechnungskomplexität in den Teilmodellen eine wichtige Rolle. Für die prinzipielle Darstellung der mit dem parallelen Simulationsverfahren ohne Ereignisliste erzielbaren Rechenzeitreduzierung reichte die vorgenommene, wenn auch suboptimale, Aufteilung des Modells allerdings aus.

Wiederum wurden die benötigten Rechenzeiten des entwickelten parallelen Simulators FSSP mit den Rechenzeiten der sequentiellen Version FSSS und der von DOSIMIS verglichen. Für alle Simulationsexperimente wurden die gleichen Ausgangsbedingungen gewählt, d.h. in dem Materialflußsystem war, wie bereits erwähnt, jeweils die gleiche Anzahl von Paletten vorhanden und die Bedingungen der Beendigung der Simulation waren identisch.

6.2 Modell „PAL"

Aufteilung in zwei Teilmodelle:

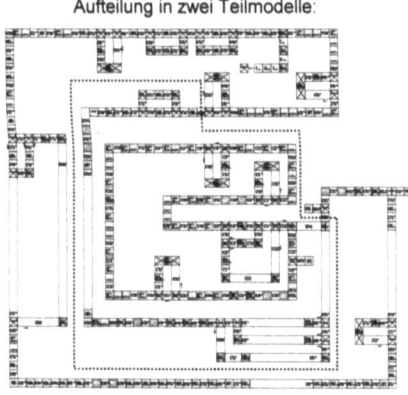

Aufteilung in vier Teilmodelle:

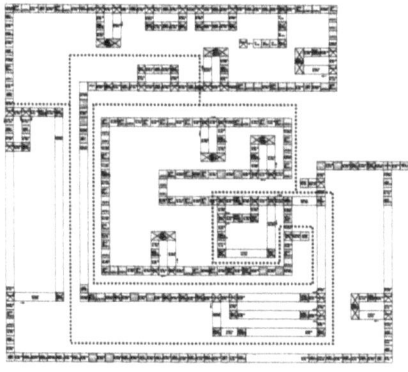

Aufteilung in acht Teilmodelle:

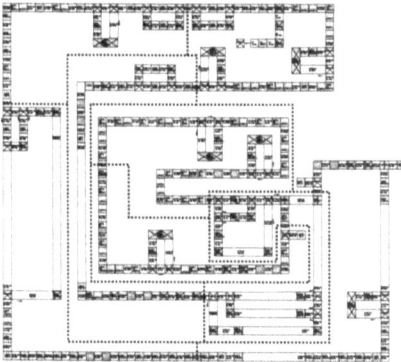

Abb. 90. Modellpartitionierung des PAL-Modells in zwei, vier und acht Teilmodelle.

In Tab. 21 sind die absoluten Ergebnisse des Rechenzeitvergleichs aufgelistet. In den Spalten D bis H sind in der Zeile 7 die Ergebnisse der Rechenzeiten von DOSIMIS, FSSS und FSSP abgebildet.

Tab. 21. Fallbeispiel „PAL": Absoluter Rechenzeitvergleich.

	A	B	C	D	E	F	G	H
4			Experiment	8	9	10	11	12
5			Simulator	DOSIMIS	FSSS	FSSP		
6			Anz. Prozessoren	1	1	2	4	8
7			Maximale, normierte Simulatorkernzeit in Sek.	367	601	329	171	89
8			Gesamtrechenzeit in Sek.	367	601	1633	7242	17505
9			normierte Simulatorkernzeit in Sek.	367	601	318	165	84
10		1	Leistungsindex	70	421	70	70	70
11			absolute Simulatorkernzeit in Sek.	367	100	318	165	84
12			normierte Simulatorkernzeit in Sek.			329	171	88
13		2	Leistungsindex			70	70	70
14			absolute Simulatorkernzeit in Sek.			329	171	88
15			normierte Simulatorkernzeit in Sek.				167	89
16		3	Leistungsindex				285	285
17			absolute Simulatorkernzeit in Sek.				41	22
18			normierte Simulatorkernzeit in Sek.				138	85
19	Teilmodell	4	Leistungsindex				285	70
20			absolute Simulatorkernzeit in Sek.				34	85
21			normierte Simulatorkernzeit in Sek.					85
22		5	Leistungsindex					132
23			absolute Simulatorkernzeit in Sek.					45
24			normierte Simulatorkernzeit in Sek.					87
25		6	Leistungsindex					132
26			absolute Simulatorkernzeit in Sek.					46
27			normierte Simulatorkernzeit in Sek.					76
28		7	Leistungsindex					108
29			absolute Simulatorkernzeit in Sek.					49
30			normierte Simulatorkernzeit in Sek.					86
31		8	Leistungsindex					285
32			absolute Simulatorkernzeit in Sek.					21

In Zeile 8 steht die Gesamtrechenzeit. Für jedes Teilmodell sind jeweils die absolute Simulatorkernzeit, der Leistungsindex des Rechners und die daraus resultierende normierte Simulatorkernzeit angegeben. Die in dem Experiment ermittelte Rechenzeit in Zeile 7 ergibt sich aus dem Maximum der jeweiligen normierten Simulatorkernzeiten. Im Anhang 3 sind in Tab. 32 die absolut gemessenen Zeiten detailliert aufgeführt.

Die erzielte Rechenzeitreduzierung bzw. der Speed-Up beim Einsatz des parallelen Simulators FSSP ist in Tab. 22 aufgeführt. In der Tabelle entsprechen 100% einer Zeitdauer von 367 Sekunden. Die erreichten Rechenzeitreduzierungen sind nunmehr signifikant größer als bei dem Fallbeispiel „EuroSim". Dies läßt sich durch die Größe des Simulationsmodells begründen. Der Rechenzeitanteil zur Verwaltung der parallelen Ausführung ist nun im Vergleich zum Rechenzeitbedarf der reinen Simulationsabarbeitung wesentlich geringer.

6.2 Modell „PAL"

Tab. 22. Fallbeispiel „PAL": Relativer Rechenzeitvergleich und Speed-Up.

Simulator Anzahl Prozessoren	rel. Rechenzeit in %			Speed-Up	
	FSSS	FSSP	DOSIMIS	bzgl. FSSS	bzgl. DOSIMIS
1	164	164	100	1,00	0,61
2	-	90	-	1,83	1,12
4	-	47	-	3,51	2,15
8	-	24	-	6,75	4,12

Die in Tab. 22 präsentierten Ergebnisse zeigen, daß die Rechenzeitreduzierung fast linear zunimmt. Hierbei muß beachtet werden, daß nur ca. 90% des sequentiellen Simulationsverfahrens parallel ausgeführt werden (vgl. hierzu Kapitel 5.3). Insbesondere liegt diesmal aber die Rechenzeit des sequentiellen Simulators DOSIMIS über den Rechenzeiten des parallelen Simulators FSSP. Berücksichtigt man, daß das DOSIMIS-Modell ca. 40% mehr Bausteine umfaßt als das in Abb. 84 dargestellte FSS-Modell, so ergibt sich - rein rechnerisch - im Falle der Reduzierung des DOSIMIS-Modells von 606 auf 380 Bausteine eine relative Rechenzeit von ca. 60% anstelle von 100%. Das vorgestellte Parallelverfahren würde dann jedoch ab dem Einsatz von 4 Prozessoren wieder geringere Rechenzeiten erzielen.

Das Verhältnis zwischen der Rechenzeit für die Simulationsdurchführung und der Rechenzeit für die Synchronisierung ist bei diesem komplexeren Simulationsmodell, wie bereits angedeutet, sehr viel günstiger. Es ist in Abb. 91 dargestellt. Bei einem Einsatz von 8 Prozessoren, werden 16% der Gesamtrechenzeit für die Synchronisierung aufgewendet. Die restlichen 84% Rechenzeit werden aufgewendet, um das komplexeste Teilmodell, das dann nur noch aus 53 statt 380 Bausteinen besteht, zu simulieren (zur Berechnung vgl. Anhang 3, Tab. 33).

Bei diesem Beispiel würde die weitere Aufteilung des Modells auf 16 oder 32 Prozessoren mit Teilmodellgrößen von dann ca. 25 bzw. 12 Bausteinen sicherlich eine weitere Rechenzeitreduzierung erbringen. Dieses Fallbeispiel zeigt deutlich, daß bei der Parallelverarbeitung neben dem Speed-Up auch das sogenannte Scale-Up eine wichtige Kenngröße ist: Die Verwendung von massiv parallelen Berechnungsverfahren macht besonders bei „massiven Problemen" Sinn, d.h. mit mehr Prozessoren können auch größere Probleme berechnet werden. Dabei sinkt der sequentielle Berechnungsaufwand relativ zur steigenden Problemgröße (vgl. BURKHARDT u.a. 1993, S. 28).

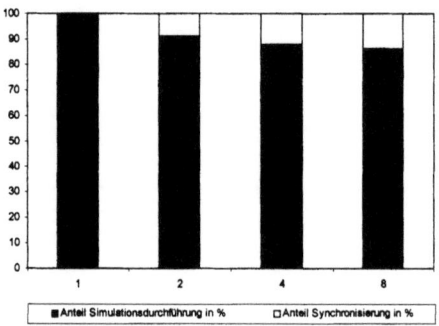

Abb. 91. Fallbeispiel „PAL": Aufteilung der Rechenzeiten für die Synchronisierung und die Simulationsdurchführung.

6.3 Zusammenfassung der Ergebnisse

Die erzielten Ergebnisse lassen sich in drei Aussagen zusammenfassen:

1. Rechenzeitreduzierung bzw. Speed-Up
   Die Rechenzeitvergleiche sollten bei aller Zuversicht mit Vorsicht betrachtet werden. Verschiedene Modellierungsmöglichkeiten und funktionale Unterschiede erlauben zu diesem Zeitpunkt lediglich qualitative Aussagen. Diese Aussagen sind jedoch vielversprechend:
   Sofern in den vorliegenden Beispielen die Kommunikations- und Speicherzugriffszeiten wegen der Verwendung eines virtuellen Parallelrechners unberücksichtigt bleiben, kann in Abhängigkeit von der Anzahl der beteiligten Prozessoren bei genügend großen Modellen nahezu eine lineare Reduzierung der Rechenzeit erreicht werden. Das vorgestellte parallele Verfahren wird dann auch schneller als Vertreter der schnellsten sequentiellen Verfahren. Die erreichbare Rechenzeitreduzierung hängt allerdings von der Größe des größten Teilmodells (Anzahl und Typen der Modellbausteine) und auch von seiner dynamischen Komplexität (Anzahl der auftretenden Ereignisse) ab.

2. Modellgrößen bzw. Scale-Up
   Ungeachtet der Rechenzeitreduzierung erlaubt der entwickelte parallele Simulator FSSP, wesentlich umfangreichere Simulationsmodelle zu berechnen als z.B. der sequentielle Simulator FSSS oder DOSIMIS. Reichen die verfügbaren Ressourcen

6.3 Zusammenfassung der Ergebnisse

bei einem Prozessor nicht aus, kann das Modell entsprechend auf mehrere Prozessoren aufgeteilt werden.

3. Grenzen der Parallelisierung

   Die Bestimmung der Anzahl der Teilmodelle bzw. der eingesetzten Simulatoren hängt von der Modellgröße ab. Überschreitet die zur Synchronisierung benötigte Rechenzeit die bei der Simulationsausführung durch Parallelisierung eingesparte Rechenzeit, so ist die parallele Simulation ineffizient.

7 Zusammenfassung und Ausblick

In dieser Arbeit wurden eine Erweiterung und ein objektorientiertes Reengineering eines strukturiert entwickelten, diskreten und ereignisorientierten Simulators für Materialflußsysteme vorgenommen. Die Vorteile, die sich durch die Objektorientierung für die Softwareentwicklung ergeben, wurden ausführlich behandelt.

Ein besonderes Gewicht wurde bei der objektorientierten Analyse auf den Simulatorkern mit der Simulationssteuerung gelegt. Es wurde hervorgehoben, daß der für diese Arbeit als Basis dienende Simulator FSS und das dahinter stehende Simulationsverfahren sich deutlich von den bekannten ereignisorientierten Simulationsverfahren unterscheiden. Der Simulator benutzt keine der sonst verwendeten üblichen Ereignislisten, sondern arbeitet auf der Basis von diskreten Zeiträumen.

Es wurde anhand eines einfachen Beispiels gezeigt, daß dieses Verfahren zwar durchaus die gleichen Modellierungsmöglichkeiten wie Verfahren mit einer Ereignisliste besitzt, aber bzgl. der Rechenzeiten wesentlich schlechter abschneidet. Dieses Ergebnis konnten auch vorgenommene Verbesserungen und Weiterentwicklungen des Konzeptes nicht wesentlich ändern.

Die Kernidee dieser Arbeit bestand nun darin, eine weitere, jedoch signifikante Rechenzeitreduzierung durch eine parallele Ausführung des relativ rechenzeitintensiven sequentiellen Verfahrens zu erreichen. Das prinzipielle Problem der inhärenten Sequentialität der Ereigniszeitpunkte stellte dabei das größte zu überwindende Hindernis dar. Zur Umsetzung dieser Kernidee wurde das Konzept eines Parallelsimulators entworfen, der ohne eine Ereignisliste jedoch mit zentraler Synchronisation nach jedem Ereigniszeitpunkt ein entsprechend partitioniertes Modell simuliert. Im Zuge der objektorientierten Realisierung dieses Konzepts wurden die Vorteile des objektorientierten Entwicklungsansatzes und speziell der Vererbung ausführlich demonstriert. Das resultierende parallele Simulationsverfahren wurde auf einem lokalen Rechnernetz, das als virtueller Parallelrechner betrieben worden ist, getestet.

Die durchgeführten Experimente basierten auf einem bekannten Literaturbeispiel für sequentielle Verfahren und einem Modell, dessen Komplexität größeren, in der Praxis eingesetzten Modellen entspricht. Die erzielten Ergebnisse scheinen einerseits bei kleinen Modellen ernüchternd zu sein. Andererseits können die Ergebnisse bei großen Modellen als vielversprechend umschrieben werden. Die Rechenzeiten des sequentiellen Simulators FSSS konnten durch die Parallelisierung nahezu linear mit der Anzahl der eingesetzten Prozessoren reduziert werden. Das parallele Verfahren FSSP hält bei großen Modellen unter den hier gegebenen „Laborbedingungen" auch einem Vergleich mit sehr schnellen, sequentiellen Simulatoren stand. Ein eigentlich wünschenswerter Vergleich mit anderen bausteinorientierten, parallelen Simulationsverfahren für Materialflußsysteme konnte allerdings nicht durchgeführt werden, da derartige Systeme nach Kenntnis des Autors (noch) nicht existieren.

Die Forschungsarbeit zu diesem Thema kann mit dieser Arbeit nicht als abgeschlossen gelten. Im Gegenteil, es lohnt sich sicherlich, das vielversprechende Konzept auszubauen und weiter zu optimieren. Von Interesse ist insbesondere die objektorientierte Implementierung und die Portierung auf einen echten Parallelrechner. Erst auf einem echten Parallelrechner kann überprüft werden, ob sich die in dieser Arbeit notwendigerweise „errechneten" Rechenzeitreduzierungen auch wirklich erreichen lassen. Ferner muß sich das entwickelte Konzept über die Anwendung in der Materialflußsimulation hinaus auch parallelen Simulationsverfahren stellen, die mit einer dezentralen Synchronisation und Ereignislisten arbeiten. Der notwendige Aufwand für die Erstellung einer gemeinsamen Testumgebung, in der entsprechend komplexe Modelle berechnet werden können, wird nicht zu vernachlässigen sein.

Ein weiteres, sehr interessantes Forschungsproblem, das sich im Zuge der vorgenommenen Parallelisierung ergeben hat, betrifft die Aufteilung eines Simulationsmodells in nahezu gleich große Teilmodelle. Dieses Partitionierungsproblem ist keineswegs trivial. Die Komplexität eines Modells hängt nämlich nicht nur von der Anzahl der Bausteine ab; sie wird vielmehr stark von der Anzahl der auftretenden Ereignisse beeinflußt. Diese Anzahl läßt sich jedoch nicht ohne weiteres vorhersehen. Das Problem der Modellpartitionierung konnte in dieser Arbeit methodisch nur sehr rudimentär gelöst werden; insofern eröffnen sich auch hier interessante Perspektiven für weiterführende Untersuchungen.

Literaturverzeichnis

A

AMELING, W.: Digital Parallel Processing Systems for Simulations. In: CELLIER, F. (Hrsg.): Progress in Modelling and Simulation, 1982, S. 407-430.

ANSI: Study Group on Database Management Systems: Interim Report. In: FDT 7 (1975) 2, ACM, New York.

B

BAILIN, S.C.: An Objects-Oriented Requirements Specification Method. In: CACM 32 (1989) 5, S. 608-623.

BALZERT, H.: Methoden der objektorientierten Systemanalyse. Bibliographisches Institut - Wissenschaftsverlag, Mannheim u.a. 1995.

BANKS, J., AVILES, E., MCLAUGHLIN, J.R. und R.C. YUAN: The simulator: New member of the simulation family. In: Interfaces 21 (1991) 2, S. 76-85.

BEHDJATI, A., BAGDON, S., FLEISCHER, P. und P. SCHLÜTER: Objektorientierte Sprachen im Vergleich. In: Softwaretechnik-Trends 11 (1991) 4, S. 11-31.

BEN ARI, M.: Grundlagen der Parallelprogrammierung. Carl Hanser-Verlag, München, Wien 1985.

BERARD, E. V.: Essays on object-oriented software engineering. Vol. 1. Prentice-Hall, Englewood Cliffs, New Jersey 1993.

BIBURGER, F.: Die Planung der Produktion im Automobilbau - eine Fallstudie. In: GEHRING, H.: Seminar Wirtschaftsinformatik - Entscheidungsunterstützende Systeme SS 94, FernUniversität Hagen, 15.-17. Juni 1994.

BILES, W. u.a.: Statistical Considerations in Simulation on a Network of Microcomputers. In: Proceedings of the Winter Simulation Conference, Dec. 11-13, 1985, S. 388-393.

BOCK, S. und R. MEYER: Rechnergestützte Simulation komplexer Fertigungssysteme in der Automobilindustrie. Diplomarbeit, Universität Bremen, Fachbereich 3, Studiengang Informatik 1988.

BOCK, S. und R. MEYER: Akzeptanz der Simulationstechnik - Ergebnis einer Umfrage. In: Simulationstechnik - 8. Symposium in Berlin, September 1993. Vieweg Verlag, Braunschweig 1993, S. 95-98.

BOEHM, B. W.: Software Engineering. In: IEEE Transactions on Computers 25 (1976a) 12, S. 1226-1241.

BOEHM, B. W., BROWN, J. R. und M. LIPOW: Quantitative Evaluation of Software Quality. International Conference on Software Engineering (1976b), S. 592-605.

BOEHM, B.W.: A Spiral Model of Software Development and Enhancement. In: ACM Sigsoft, Software Engineering Notes 11 (1986) 4, S. 22-42.

BOOCH, G.: Objektorientierte Analyse und Design - Mit praktischen Anwendungsbeispielen. Addison-Wesley, Bonn u.a. 1994.

BREITENECKER, F. und I. HUSINSKY (Hrsg.): EuroSim - Simulations News Europe: Comparison 2: Flexible Assembly System (1991) 3.

BROWN, R.: Calendar Queues: A Fast O(1) Priority Queue Implementation for the Simulation Event Set Problem. In: CACM 31 (1988) 10, S. 1220-1227.

BRYANT, R.E.: Simulation on a Distributed System. In: Proceedings of the 1st International Conference on Distributed Computing Systems. IEEE, Silver Spring, 1979, S. 544-552.

BURKHARDT, S.: Parallele Rechnersysteme: Programmierung und Anwendung. Verlag Technik GmbH, Berlin, München 1993.

C

CHANDY, K.M. und J. MISRA: Distributed Simulation: A Case Study in Design and Verification of Distributed Programs. In: IEEE Transactions on Software Engineering 5 (1979a) 5, S. 440-452.

CHANDY, K. u.a.: Distributed Simulation of Networks. In: Computer Networks 3 (1979b), S. 105-113.

COAD, P. und E. YOURDON: Object-Oriented Analysis. Prentice-Hall Inc., Englewood Cliffs, New Jersey 1991a.

COAD, P. und E. YOURDON: Object-Oriented Design. Prentice-Hall Inc., Englewood Cliffs, New Jersey 1991b.

COMFORT, J.: The Design of a Multi-Microprocessor Based Simulation Computer - I. In: Proceedings of the 15th Annual Simulation Symposium, 1983, S. 45-53.

D

DAHL, O.J. und K. NYGAARD: Simula - an ALGOL-Based Simulation Language. In: CACM 9 (1966) 9, S. 671-678.

DAVIES, R.M. und R.M. O'KEEFE: Simulation modelling with Pascal. Prentice Hall International, Hertfordshire 1989.

DEMARCO, T.: Structured Analysis and System Specification. Yourdon Inc., New York 1978.

DIJKSTRA, E.W.: Cooperating Sequential Processes. Academic Press, New York 1968.

DILLON, T. und P.L. TAN: Object-Oriented Conceptual Modelling. Prentice Hall of Australia Pty. Ltd., Sydney 1993.

DIN 19 226: Regelungs- und Steuerungstechnik; Begriffe, Allgemeine Grundlagen - Teil 1. Beuth Verlag GmbH, Berlin 1983.

DIN 66 261: Sinnbilder für Struktogramme nach Nassi-Shneiderman. Beuth Verlag GmbH, Berlin 1985.

DOLEZALEK, C.M. und H.J. WARNECKE: Planung von Fabrikanlagen. Springer-Verlag, Berlin u.a. 1981.

E

EMBLEY, D.E., KURTZ, B.D. und S.N. WOODFIELD: Object-Oriented Systems Analysis - a Model-Driven Approach. Prentice Hall, Englewood Cliffs, New Jersey 1991.

EZZEL, B.: Object-Oriented Programming in Turbo Pascal 5.5. Addison-Wesley, Reading/ Mass. 1989.

F

FELDMANN, K. und B. SCHMIDT: Simulation in der Fertigungstechnik - Fachberichte Simulation. Bd. 10. Springer-Verlag, Berlin u.a. 1988.

FLYNN, M.J.: Very high-speed computing systems. In: Proceedings of the IEEE 54 (1966) 12, S. 1901-1909.

FORRESTER, J.W.: Grundzüge einer Systemtheorie. Th. Gabler-Verlag, Wiesbaden 1972.

FRANKLIN, M.A., WANN, D.F. und K.F. WONN: Parallel Machines and Algorithms for Discrete Event Simulation. In: International Conference on Parallel Processing, 1984.

G

GABRIEL, R. und H.P. RÖHRS: Datenbanksysteme. Konzeptionelle Datenmodellierung und Datenbankarchitekturen. Springer-Verlag, Berlin u.a. 1994

GAL, T. und H. GEHRING: Betriebswirtschaftliche Planungs- und Entscheidungstechniken. De Gruyter-Verlag, Berlin/ New York 1981.

GANE, C. und T. SARSON: Structured Systems Analysis: Tools and Techniques. Prentice Hall Inc., Englewood Cliffs, New Jersey 1979.

GEHRING, H.: Simulation. In: GAL, T. (Hrsg.): Grundlagen des Operations Research, Band 3. Springer-Verlag, Berlin u.a. 1987.

GEHRING, H.: Datenbanksysteme. Kurs Nr. 817. FernUniversität Hagen, Hagen 1993.

GEHRING, H., MEYER, R. und R. HESSE: Fertigungslinien im Automobilbau PC-gestützt optimieren, Teil 1: Modellierung. In: ZwF 88 (1993a) 6, S. 279-281.

GEHRING, H., MEYER, R. und R. HESSE: Fertigungslinien im Automobilbau PC-gestützt optimieren, Teil 2: Simulation. In: ZwF 88 (1993b) 7-8, S. 311-313.

GILOI, W.K.: Rechnerarchitektur. Springer-Verlag, Berlin u.a. 1981.

GOLDBERG, A. und D. ROBSON: Smalltalk-80. The language and its implementation. Addison-Wesley, London 1983.

GOSH, J.B.: Asynchronous Control of Discrete Event Simulation. In: MILLER, A. (Hrsg.): Proceedings of the 18th annual Simulation Symposium. March 13-15, 1985 in Tampa. IEEE Computer Society Press, Florida 1985.

GRAMS, T.: Simulation. Strukturiert und objektorientiert programmiert. Bibliographisches Institut Wissenschaftsverlag, Mannheim u.a. 1992.

GROßESCHALLAU, W.: Materialflußrechnung. Springer-Verlag, Berlin u.a. 1984.

H

HEEPEN, V.M.: Die Anwendung des Tabu Search Verfahrens zur Ergebnisoptimierung von Simulationsmodellen des Produktionsbereichs. Diplomarbeit, FernUniversität Hagen, Fachbereich Wirtschaftswissenschaft, Lehrgebiet Wirtschaftsinformatik 1994.

HEIDELBERGER, P.: Statistical Analysis of Parallel Simulations. In: Proceedings of the 1986 Winter Simulation Conference. S. 290-295.

HENDERSON-SELLERS, B. und J.M. EDWARDS: The Object-Oriented Systems Life Cycle. In: CACM 33 (1990) 9, S. 142-159.

HENDERSON-SELLERS, B.: A Book of Object-Oriented Knowledge. Prentice Hall, Englewood Cliffs, New Jersey 1992.

HERKERT, B.: Implementierung und Evaluierung von Algorithmen und Datenstrukturen für Ereignislisten. Diplomarbeit, FernUniversität Hagen, Fachbereich Wirtschaftswissenschaft, Lehrgebiet Wirtschaftsinformatik 1995.

HOCKNEY, R.W.: MIMD Computing in the USA - 1984. In: Parallel Computing (1985) 2, North-Holland.

J

JACOBSEN, I., CHRISTERSON, M., JONSSON, P. und G. ÖVERGAARD: Object-Oriented Software Engineering. Addison Wesley, Wokingham, England 1992.

JEFFERSON, D. und H. SOWIZRAL: Fast Concurrent Simulation using the Time Warp Mechanism, Part I: Local Control. Rand Note N-1906-AF, Rand Corporation, Santa, Monica, CA., 1982.

JEFFERSON, D. und H. SOWIZRAL: Fast Concurrent Simulation using the Time Warp Mechanism. In: Proceedings of the Conference on Distributed Simulation. SCS, San Diego, 1985, S. 63-69.

JONES, W.: Implementation of Time (Panel). In: WILSON, J., HENRIKSEN, J. und S. ROBERTS (Hrsg.): Proceedings of the 1986th Winter Simulation Conference (1986), S. 409-416.

K

KAUDEL, F. J.: A Literature Survey on Distributed Discrete Event Simulation. In: Simulation 18 (1987) 2, S. 11-21.

KIEBACK, A., LICHTER, H., SCHNEIDER-HUFSCHMIDT, M. und H. ZÜLLIGHOVEN: Prototyping in industriellen Software-Projekten: Erfahrungen und Analysen. Gesellschaft für Mathematik und Datenverarbeitung, GMD-Studien Nr. 184, Sank Augustin 1991.

KINGSTON, J. H.: Analysis of Algorithms for the Simulation Event List. Ph. D. thesis, Basser Dept. of Computer Science, University of Sydney 1984.

KOHLAS, J.: Simulationsmethoden. In: NOLTEMEIER, H. (Hrsg.): Computergestützte Planungssysteme. Physica (1976), S. 223-246.

KREUTZER, W.: Grundkonzepte und Werkzeugsysteme objektorientierter Systementwicklung - Stand der Forschung und Anwendung. In: Wirtschaftsinformatik 32 (1990) 3, S. 211-227.

KUHN, A., REINHARDT, A. und H.-P. WIENDAHL: Handbuch Simulationsanwendungen in Produktion und Logistik. Vieweg Verlag, Braunschweig 1993.

L

LUCAS, M. und S. RÖMMERMANN: Konzeption einer Standardsoftware zur stochastischen Simulation komplexer Fertigungsprozesse in der Automobilindustrie. Diplomarbeit, Universität Bremen, Fachbereich 3, Studiengang Informatik 1987.

LUKSCH, P.: Parallelisierung ereignisgetriebener Simulationsverfahren auf Mehrprozessorsystemen mit verteiltem Speicher. Verlag Dr. Kovac, Hamburg 1993.

M

MATTERN, F. und H. MEHL: Diskrete Simulation - Prinzipien und Probleme der Effizienzsteigerung durch Parallelisierung. In: Informatik Spektrum (1989) 12, S. 198-210.

MARTIN, J. und J. ODELL: Object Oriented-Analysis and Design. Prentice Hall. Englewood Cliffs, New Jersey 1992.

MILLER, G.A.: The magical number seven, plus or minus two: Some limits on our capacity for processing information. In: Psychological Review 63 (1956) March, S. 81-97.

MILLER, G.A.: The magic number seven after fifteen years. In: KENNEDY, A. (Ed.): Studies in Long Term Memory. Wiley, 1975.

MÖSSENBÖCK, H.: Objektorientierte Programmierung in Oberon-2. Springer-Verlag, Berlin usw. 1993.

MEYER, B.: From Structured Programming to Object-Oriented Design: The Road to Eiffel. In: Structured Programming 10 (1989) 1, S. 19-39.

MEYER, B.: Objektorientierte Softwareentwicklung. Carl Hanser Verlag, München, Wien 1990.

MYERS, G. J.: Composite/Structured Design. Van Nostrand Reinhold Company, New York u.a. 1978.

N

NAUR, P. und B. RANDELL (Hrsg.): Software Engineering. Report on a conference sponsored by the NATO Science Committee. Garmisch, Germany, 7th to 11th October 1968. Scientific Affairs Division NATO, Belgium, Brussels 39, January 1969.

NAUR, F.L.: Software Engineering - wie es begann. In: Informatik-Spektrum 16 (1993) 5, S. 259-260.

NERSON, J.M.: Applying Object-Oriented Analysis and Design. In: CACM 35(1992) 9.

NOCHE, B. und S. WENZEL: Marktspiegel Simulationstechnik in Produktion und Logistik. Verlag TÜV Rheinland GmbH, Köln 1991.

NORTON, P.: Die Norton Utilities Version 5.0. Benutzerhandbuch. Symantec Deutschland GmbH, Hamburg 1990.

NYGAARD, K.: Basic Concepts in Object Oriented Programming. In: SIPLAN Notices 21 (1986) 10, S. 128-132.

NYGAARD, K. und O.J. DAHL: The Development of the Simula Language. In: R.W. WEXELBLAT (Hrsg.): History of Programming Languages, Sonderausgabe der SIGPLAN Notices 13 (1978) 8, S. 245-272.

P

PAGE, B.: Diskrete Simulation - Eine Einführung mit Modula-2. Springer-Verlag, Berlin u.a. 1991.

PARNAS, D.L.: On the criteria to be Used in Decomposing Systems into Modules. In: CACM 15 (1972a) 12, S. 1053-1058.

PEACOCK, H. J., WONG, J. W. und E.G. MANNING: Distributed simulation using a network of processors. In: Computer Networks 3 (1979), S. 44-56.

PEACOCK, K. J., MANNING, E. G. und J. W. WONG: Synchronisation of distributed simulation using broadcast algorithms. In: Computer 13 (1980) 4, S. 3-10.

R

REED, D.A., MALONY, A. und B. D. MCCREDIE: Parallel discrete event simulation using shared memory. In: IEEE Transactions on Software Engineering 14 (1988) 4, S. 541-553.

REISER, M. und N. WIRTH: Programming in Oberon. Steps beyond Pascal and Modula-2. Addison-Wesley, Reading/ Mass. 1992.

RODE, M.: Produktionslogistik. Analyse und Strukturierung durch Simulation. Verlag TÜV Rheinland, Köln 1990.

RUBIN, K.S. und A. GOLDBERG: Object Behavior Analysis. In: CACM 35 (1992) 9.

RUMBAUGH J., BLAHA, M., PREMERLANI, W., EDDY, F. und W. LORENSEN: Object Oriented Modelling and Design. Prentice Hall, Englewood Cliffs 1991.

RENTSCH, T.: Object-Oriented Programming. In: SIGPLAN Notices 17 (1982) 9, S. 51.

S

SCHADER, M. und M. RUNDSHAGEN: Objektorientierte Systemanalyse - Eine Einführung. Springer-Verlag, Berlin u.a. 1994.

SCHEER, A.-W.: EDV-orientierte Betriebswirtschaftslehre. Grundlagen für ein effizientes Informationsmanagement. 4. Auflage. Springer-Verlag, Berlin u.a. 1990.

SCHNEIDER, H.-J. (Hrsg.): Lexikon der Informatik und Datenverarbeitung. 3. Auflage. R. Oldenbourg Verlag, München, Wien 1991.

SCHRIBER, T.: The Nature and Role of Simulation in the Design of Manufacturing Systems. In: Simulation in CIM and Artificial Intelligence Techniques. Publication of the Society for Computer Simulation (SCS) 1987.

SHLAER, S. und S. J. MELLOR: Object Oriented Systems Analysis - Modelling the World in Data. Prentice Hall, Englewood Cliffs, New Jersey 1988.

SHLAER, S. und S. J. MELLOR: Object Lifecycles - Modelling the World in States. Prentice Hall, Englewood Cliffs, New Jersey 1991.

SMITH, M.D. und D.J. ROBSON: A framework for testing object-oriented programs. In: Journal of Object Oriented Programming (JOOP) 6 (1992), S. 45-53.

SNEED, H.M.: Objektorientiertes Testen. In: Informatik-Spektrum 18 (1995) 1, S. 6-11.

SPIES, W.: Entwicklung einer rechnergestützten Systematik zur Simulation von Produktionsabläufen. VDI Verlag, Düsseldorf 1991.

SPILLNER, A.: Kann eine Krise 25 Jahre dauern? In: Informatik-Spektrum 17 (1994) 1, S. 48-52.

SPLANEMANN, R.: Teilautomatische Generierung von Simulationsmodellen aus systemneutral definierten Unternehmensdaten. Verlag Mainz, Wissenschaftsverlag, Aachen 1995.

STEIN, W. : Objektorientierte Analysemethoden - Vergleich, Bewertung, Auswahl. Bibliographisches Institut-Wissenschaftsverlag, Mannheim u.a. 1994.

STROUSTRUP, B. (Übersetzung FRÜHAUF, T.): Die C++ Programmiersprache. 3. unveränderter Nachdruck. Addison-Wesley, Bonn u.a. 1991.

SULLY, P.: Modelling the World with Objects. Prentice Hall International (UK) Ltd., London 1993.

T

TAYLOR, D.A.: Object-Oriented Informations Systems. John Wiley, New York u.a. 1992.

THIM, C.: Rechnerunterstützte Optimierung von Materialflußstrukturen in der Elektronikmontage durch Simulation. In der Reihe: FELDMANN, K. (Hrsg.): Fertigungstechnik - Erlangen. Nr. 25, Hanser-Verlag, Wien 1992.

TIMMER, S.: Die Planung der Produktion im Automobilbau - eine Fallstudie. In: GEHRING, H.: Seminar Wirtschaftsinformatik - Entscheidungsunterstützende Systeme SS 94, FernUniversität Hagen, 15.-17. Juni 1994.

TOCHER, K.D.: The Art of Computer Simulation. English Universities Press, London 1962.

TROTTENBERG, U.: Lassen sich Superrechner oder massiv parallele Systeme durch Multiworkstations ersetzen? - Fragen, Fakten und ein Ergebnis. In: Der GMD-Spiegel (1993) 1, S. 72-73.

V

VALIANT, L. G.: A bridging Model for Parallel Computation. In: Communications of the ACM 33 (1990) 8, S. 103-111.

VDI (Hrsg.): Materialflußuntersuchungen. In: VDI-Richtlinien, VDI Nr. 3300, VDI-Verlag, Düsseldorf 1973.

VDI (Hrsg.): Anwendung der Simulationstechnik zur Materialflußplanung. In: VDI-Richtlinien, VDI Nr. 3633, VDI-Verlag, Düsseldorf 1992, S. 1-15.

W

WAGNER, F. und J. WARSCHAT: IAOSSAS - Ein Werkzeug zur methodisch korrekten statistischen Auswertung von Simulationsergebnissen. In: KAMPE, G. und M. ZEITZ (Hrsg.): Fortschritte in der Simulationstechnik. Band 9:

Simulationstechnik - 9. Symposium in Stuttgart, Oktober 1994. Vieweg Verlag, Braunschweig 1994, S. 631-635.

WECK, M. (Hrsg.): Simulation in CIM. Springer-Verlag, Köln 1991.

WENZEL, S.: Neue Simulationskonzepte und Instrumente. In: Simulation: von Systemen in Logistik, Materialfluß und Produktion. VDI-Verlag, Düsseldorf 1993.

WILKIE, G.: Object-Oriented Software Engineering: The Professional Developer's Guide. Addison-Wesley, Reading/ Mass. u.a. 1993.

WIRFS-BROCK, R., WILKERSON, B. und L. WIENER: Designing Object-Oriented Software. Prentice Hall, Englewood Cliffs, New Jersey 1990.

WIRTH, N.: Compilerbau. 4. durchges. Auflage. Teubner-Verlag, Stuttgart 1986.

WIRTH, N.: Gedanken zur Softwareexplosion. In: Informatik-Spektrum 17 (1994) 1, S. 5-10.

Y

YOURDON, E. und L.L. CONSTANTINE: Structured Design, Fundamentals of a Discipline of Computer Program and Systems Design. Prentice Hall, Englewood Cliffs, New Jersey 1979.

Anhang

Anhang 1: Syntax der FSS-Sprache

Die Beschreibung der Modellierungssprache des entwickelten FertigungsSimulations-Systems erfolgt in einer Backus-Naur-Form (vgl. hierzu auch SCHNEIDER 1991, S. 74 oder WIRTH 1986). Es wird der Sprachumfang für Modelle, Werkstückgruppen, Experimente und Suchräume definiert. Bei einer Eingabe von Modelldaten über die Benutzeroberfläche von FSS werden die Daten von FSS in der im folgenden beschriebenen Sprache abgespeichert. Die Experimentbeschreibung wird nur von der Batchversion des FSS-Simulators eingelesen. Die Manipulation von Suchproblemdaten wird in der FSS-Benutzeroberfläche nicht unterstützt, diese Daten werden von einem speziellen Optimierungsprogramm eingelesen. Da die Ablage der Daten in Form von Textdateien erfolgt, können diese Daten auch sehr einfach mit einem Texteditor unter Umgehung der FSS-Benutzeroberfläche in dieser Sprache erfaßt und manipuliert werden. In der folgenden Beschreibung sind terminale Symbole unterstrichen.

A1.1 Modellbeschreibung

```
Modellbeschreibung ::=
MODELL
MODELLNAME := <Modellname>
[<Kommentar>] |
[<Arbeitseinheitbeschreibung>] |
[<Boxensystembeschreibung>] |
[<Heberbeschreibung>] |
[<Sortierpufferbeschreibung>] |
[<Streckenbeschreibung>] |
[<Vereinigungsweichenbeschreibung>] |
[<Verzweigungsweichenbeschreibung>]
ENDE MODELL


<Arbeitseinheitbeschreibung> ::=
ELEMENT ARBEITSEINHEIT
NAME          := <Arbeitseinheitenname>
BEZEICHNUNG   := <String>
PROTOKOLL     := JA | NEIN
ZAEHLSTELLE   := JA | NEIN
WSINIT        := JA | NEIN
BEZEICHNUNG   := <String>
VORGAENGER    := <Modellelementname> | EINGANG
NACHFOLGER    := <Modellelementname> | AUSGANG
VERSORGUNG    := [<Modellelementname>]
STATUS        := 0..2
TAKTZEIT      := <Cardinal>
KAPAZITAET    := <Cardinal>
WERKERGRUPPE  := <Cardinal>
WERKERANZAHL  := <Cardinal>
[ WERKSTUECKUMWANDLUNG
    WECHSEL <Intervallnr >:= <von Werkstnr.> <nach Werkstnr.> <Wahrsch.>
  ENDE]
```

```
[ MONTAGELISTE GRUNDTYP  TYP(MONTIERT/DEMONTIERT)
    (DE)MONTIERT <Intervallnr> := <Grundtyp> <(De)Montiert>
  ENDE]
[ EMPIRISCHE TAKTVERTEILUNG
    TAKTVERT <Intervallnr> := <Untere Grenze> <Obere Grenze> <Wahrsch.>
   [TAKTVERT <Intervallnr> := <Untere Grenze> <Obere Grenze> <Wahrsch.>]
  ENDE]
  <Empirische Laufverteilungsbeschreibung>
  <Empirische Stoerverteilbeschreibung>
ENDE ARBEITSEINHEIT


<Boxensystembeschreibung> ::=
ELEMENT BOXENSYSTEM
NAME         := <Boxensystemname>
BEZEICHNUNG  := <String>
VORGAENGER   := <Modellelementname>
NACHFOLGER   := <Modellelementname>
QUELLKAP     := <Cardinal>
SENKKAP      := <Cardinal>
ANZBOXEN     := 0..32
TAKTZEIT     := <LongCardinal>
PAUSENINT    := <Cardinal>
PAUSENLAENGE := <Cardinal>
[ EMPIRISCHE TAKTVERTEILUNG
    TAKTVERT <Intervallnr> := <Untere Grenze> <Obere Grenze> <Wahrsch.>
   [TAKTVERT <Intervallnr> := <Untere Grenze> <Obere Grenze> <Wahrsch.>]
  ENDE]
  <Empirische Laufverteilungsbeschreibung>
  <Empirische Stoerverteilbeschreibung>
TRANSPORTSYSTEM := <FTS_Beschreibung> | <Drehscheibe_Beschreibung>
ENDE BOXENSYSTEM


<FTS_Beschreibung> ::=
  FTF         := 0..32
  FAHRZEIT    := <LongCardinal>
  EINAUSZEIT  := <LongCardinal>
  <Empirische Laufverteilungsbeschreibung>
  <Empirische Stoerverteilbeschreibung>
ENDE TRANSPORTSYSTEM


<Drehscheibe_Beschreibung> ::=
  TRANSPORTSYSTEM DREHSCHEIBE
  FOERDERZEIT := <Cardinal>
  DREHZEIT    := <Cardinal>
  EINAUSZEIT  := <Cardinal>
  BEREITZEIT  := <Cardinal>
  <Empirische Laufverteilungsbeschreibung>
  <Empirische Stoerverteilbeschreibung>
ENDE TRANSPORTSYSTEM


<Heberbeschreibung> ::=
ELEMENT HEBER
NAME        := <Hebername>
BEZEICHNUNG := <String>
PROTOKOLL   := JA | NEIN
VORGAENGER  := <Modellelementname>
NACHFOLGER  := <Modellelementname>
FOERDERZEIT := <LongCardinal>
  <Empirische Laufverteilungsbeschreibung>
  <Empirische Stoerverteilbeschreibung>
```

Anhang 1: Syntax der FSS-Sprache 213

```
ENDE HEBER


<Sortierpufferbeschreibung> ::=
ELEMENT SORTRIERPUFFER
NAME         := <Sortierpuffername>
BEZEICHNUNG  := <String>
PROTOKOLL    := JA | NEIN
VORGAENGER   := <Modellelementname>
NACHFOLGER   := <Modellelementname>
EINAUSZEIT   := <LongCardinal>
KAPAZITAET   := <Cardinal>
STRATEGIE    := KEINE | FCFS | KDZ | KOZ | LDZ | LIFO | MDB| MVK | REI
[MAX_VERWEIL := <LongCardinal>]
[BEZOGENE AE := <Arbeitseinheitenname>]
[WERKSTUECK-REIHENFOLGE
     <Intervallnr> := <Stuecklistennr> |
     [<Intervallnr> := <Stuecklistennr>]
  ENDE]
[STUECKLISTEN
  LISTENNR := <Stuecklistennr>
     WERKSTUECK := <ausgehende Wstnr.>
     POSITION <Intervallnr> := <eingehende Wstnr.> <Anzahl> |
     [POSITION <Intervallnr> := <eingehende Wstnr.> <Anzahl>]
ENDE STUECKLISTE]
<Empirische Laufverteilungsbeschreibung>
<Empirische Stoerverteilbeschreibung>
ENDE SORTIERPUFFER


<Streckenbeschreibung> ::=
ELEMENT STRECKE
NAME         := <Streckenname>
BEZEICHNUNG  := <String>
PROTOKOLL    := JA | NEIN
VORGAENGER   := <Modellelementname>
NACHFOLGER   := <Modellelementname>
FOERDERZEIT  := <LongCardinal>
KAPAZITAET   := <Cardinal>
PULKGROESSE  := <Cardinal>
AUSLAGERUNG  := JA | NEIN
<Empirische Laufverteilungsbeschreibung>
<Empirische Stoerverteilbeschreibung>
ENDE STRECKE


<Vereinigungsweichenbeschreibung> ::=
ELEMENT VERZWEIGUNGSWEICHE
NAME           := <Vereinigungsweichenname>
BEZEICHNUNG    := <String>
PROTOKOLL      := JA | NEIN
VORGAENGER  1  := <Modellelementname> [<Anteil>]
VORGAENGER  2  := <Modellelementname>
NACHFOLGER     := <Modellelementname>
FOERDERZEIT    := <LongCardinal>
<Empirische Laufverteilungsbeschreibung>
<Empirische Stoerverteilbeschreibung>
ENDE VEREINIGUNGSWEICHE


<Verzweigungsweichenbeschreibung> ::=
ELEMENT VERZWEIGUNGSWEICHE
NAME         := <Verzweigungsweichenname>
BEZEICHNUNG  := <String>
```

```
PROTOKOLL      := JA | NEIN
VORGAENGER     := <Modellelementname>
NACHFOLGER   1 := <Modellelementname> [<Anteil>]
[WERKSTUECKE NACH <Nachfoler 1 Name>
    NACH <Intervallnr> := <Wstnr.> |
    [NACH <Intervallnr> := <Wstnr.>]
  ENDE]
UMLEITUNG      := JA | NEIN
NACHFOLGER   2 := <Modellelementname>
FOERDERZEIT    := <LongCardinal>
<Empirische Laufverteilungsbeschreibung>
<Empirische Stoerverteilbeschreibung>
ENDE VERZWEIGUNGSWEICHE


<Empirische Laufverteilungsbeschreibung> ::=
  EMPIRISCHE LAUFVERTEILUNG
    LAUFVERT <Intervallnr>  := <Untere Grenze> <Obere Grenze> <Wahrsch.>
   [LAUFVERT <Intervallnr>  := <Untere Grenze> <Obere Grenze> <Wahrsch.>]
  ENDE


<Empirische Stoerverteilbeschreibung> ::=
  EMPIRISCHE STOERVERTEILUNG
    STOERVERT <Intervallnr>  := <Untere Grenze> <Obere Grenze> <Wahrsch.>
   [STOERVERT <Intervallnr>  := <Untere Grenze> <Obere Grenze> <Wahrsch.>]
  ENDE
```

A1.2 Werkstückgruppenbeschreibung

```
<Werkstückgruppenbeschreibung> ::=
WERKSTUECKGRUPPE
WERKSTUECKGRUPPENNAME := <String>
ENDE WERKSTUECKGRUPPE
MODELL
MODELLNAME := <String>
ENDE MODELL
WSAUFLISTUNG TYP HFGK WAHRSCH[%] MKST[GE] BKST[GE] RKST[GE] WKST[GE] ERL[GE]
 WS <Cardinal>  := <Wstnr> <Card.> <Wahrsch.> <Card.> <Card.> <Card.> <Card.> <Card.>
[WS <Cardinal>  := <Wstnr> <Card.> <Wahrsch.> <Card.> <Card.> <Card.> <Card.> <Card.>]
ENDE WERKSTUECKAUFLISTUNG
```

A1.3 Experimentbeschreibung

```
<Experimentbeschreibung> ::=
DATENAUSGABE            := 0 | 1
AUSGABEINTERVALL        := <LongCardinal>
MODELL                  := <Modellname>
MODELLENDUNG            := MFS | FS4
GRUPPE                  := <Werkstückgruppenname>
GRUPPEENDUNG            := WST | FSS
SIMDAUER                := <LongCardinal>
EINDAUER                := <LongCardinal>
[STOER <Intervallnr>    := <Modellelementname> <Beginn> <Dauer>]
[START                  := <LongCardinal>]
[AB                     := <LongCardinal>
 BIS                    := <LongCardinal>]
[TRACE                  := 0..2]
STOPUHR                 := JA | NEIN
[NAME                   := <String>
 SHARED                 := <String>
```

Anhang 1: Syntax der FSS-Sprache 215

```
NR                         := <LongCardinal>
ANZ                        := <LongCardinal>
VERBUNDEN                  := <LongCardinal>
DELAY                      := <LongCardinal>
KOMMUNIKATION              := DATEIBASIERT | NACHRICHTENBASIERT]
ENDE
```

A1.4 Suchproblembeschreibungen

```
Suchproblembeschreibung ::= SUCHPROBLEMBESCHREIBUNG <Block> ENDE-PROBLEM
<Block>                 ::= <Anweisung> [<Anweisung>]
<Anweisung>             ::= <Elementanweisung> | <Maximierung> |
                            <Verfahren> | <Zielfunktion> |
                            <Versuchsbeschreibung> | <Protokollausgabe>
<Maximierung>           ::= MAXIMIERUNG := JA | NEIN
<Verfahren>             ::= VERFAHREN := ENUMERATION | TABUSEARCH
<Zielfunktion>          ::= ZIELFUNKTION := GESAMTAUSBRINGUNG
<Protokollausgabe>      ::= PROTOKOLL := <String>
<Versuchsbeschreibung>  ::= VERSUCHSBESCHREIBUNG := <String>
<Elementanweisung>      ::= ELEMENT <Ae_anweisung> | <Bx_anweisung> |
                            <Sp_anweisung> | <St_anweisung> | <Stoerbeginn>
<Ae_anweisung>          ::= <Arbeitseinheitenname> := KAPAZITAET | TAKTZEIT
                            <Bereichsangabe>.
<Bx_anweisung>          ::= <Boxensystemname> := ANZAHLFTF | BXAE
                            <Bereichsangabe>
<Sp_anweisung>          ::= <Sortierpuffername> := KAPAZITAET | STRATEGIE
                            <Bereichsangabe>
<St_anweisung>          ::= <Streckenname> := KAPAZITAET | FOERDERZEIT
                            <Bereichsangabe>.
<Stoerbeginn>           ::= SB <Modellelementname> := STOERBEGINN
                            <Bereichsangabe>
<Bereichsangabe>        ::= VON <LongCardinal> BIS <LongCardinal> SCHRITT
                            <LongCardinal> RANG <LongCardinal>
```

A1.5 Bedeutung von nichtterminalen Symbolen der FSS-Modellsprache

```
<(De)Montiert>             ::= 1..9999
<Anteil>                   ::= 0..100
<Anzahl>                   ::= 1..1000
<Arbeitseinheitenname>     ::= AE <Ziffer> <Ziffer> <Ziffer>
<Beginn>                   ::= <LongCardinal>
<Boxensystemname>          ::= BX <Ziffer> <Ziffer> <Ziffer>
<Buchstabe>                ::= A|B|C|...|Z
<Dauer>                    ::= <LongCardinal>
<Hebername>                ::= HE <Ziffer> <Ziffer> <Ziffer>
<ausgehende Wstnr.>        ::= 1..9999
<Card.>                    ::= <Cardinal>
<Cardinal>                 ::= -1..32768
<eingehende Wstnr.>        ::= 1..9999
<Grundtyp>                 ::= 1..9999
<Intervallnr>              ::= 1..10
<Kommentar>                ::= : <String>
<LongCardinal>             ::= 0..99999999
<Modellelementname>        ::= AE | BX | HE | SP |
                               ST | VE | VZ <Ziffer> <Ziffer> <Ziffer>
<Modellname>               ::= <String>
<nach Werkstnr>            ::= 1..9999
<Obere Grenze>             ::= <LongCardinal>
<Sortierpuffername>        ::= SP <Ziffer> <Ziffer> <Ziffer>
<Streckenname>             ::= ST <Ziffer> <Ziffer> <Ziffer>
```

```
<String>                    ::= <Buchstabe> | <Ziffer>
<Stuecklistennr>            ::= 1..50
<Untere Grenze>             ::= <LongCardinal>
<Vereinigungsweichenname>   ::= VE <Ziffer> <Ziffer> <Ziffer>
<Verzweigungsweichenname>   ::= VZ <Ziffer> <Ziffer> <Ziffer>
<von Werkstnr>              ::= 1..9999
<Wahrsch.>                  ::= 0..100
<Wstnr.>                    ::= 1..9999
<Ziffer>                    ::= 0 | 1| 2| 3| 4| 5| 6| 7| 8| 9
```

Anhang 2: Fallbeispiel „EuroSim"

Bei dem EuroSim-Modell handelt es sich um ein hypothetisches Materialflußsystem einer flexiblen Montage. Es wurde von BREITENECKER und HUSINSKY (1991) als Basis für einen Vergleich von verschiedenen Systemen zur Simulation von Materialflußproblemen in der Zeitschrift „EuroSim" veröffentlicht. Da dieser Literaturvergleich im Bereich der Materialflußsimulation sehr populär geworden ist, dient das verwendete Problembeispiel in dieser Arbeit auch als ein Beispiel für die Berechnung und den Vergleich von Simulationszeiten.

In diesem Anhang wird allerdings nicht auf die Rechenzeiten sondern nur auf das in der Literatur beschriebene Problem eingegangen. Dieses wäre zwar für den reinen Rechenzeitvergleich nicht notwendig, hat aber den Vorteil, daß das Modellierungsproblem relativ genau beschrieben wird. Ferner wird ein Eindruck vermittelt, welchen Funktionsumfang der Simulator FSS hat. Die Modellbildung für das Materialflußsystem „EuroSim" wird im folgenden in Anlehnung an Abb. 34 zur Vorgehensweise bei Simulationsuntersuchungen vorgenommen.

A2.1 Problemformulierung und Datenerhebung

In Abb. 92 ist das Materialflußsystem als Modell schematisch dargestellt. Es besteht aus den 8 identisch aufgebauten Arbeitseinheiten bzw. Subsystemen A1-A6. Die acht Subsysteme sind über ein Fördersystem in einem Kreislauf miteinander verbunden. Die zu bearbeitenden Werkstücke treten im Subsystem A1 in die Anlage ein und verlassen die Anlage dort auch wieder. Sie werden jeweils auf Paletten transportiert und je nach aktuellem Bearbeitungszustand zu den Stationen Ax (mit x = 1, 2, 3, 4, 5, 6) zur Bearbeitung geschleust. Dazu müssen sie die Verzweigungsweiche VZ und die Warteschlange bzw. Strecke ST 1 passieren. Danach werden sie wieder in den Kreislauf über die Vereinigungsweiche VE abgegeben. Sie haben hierbei Vorrang vor den von der Strecke ST 2 kommenden Paletten. Findet eine Bearbeitung in der Station Ax nicht statt oder tritt ein Stau in ST 1 auf, so werden sie an dieser Station über die Strecke ST 2 vorbeigeschleust.

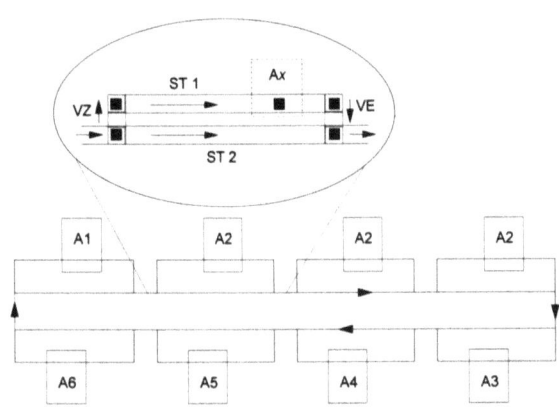

Abb. 92. Schematische Darstellung des Modells „EuroSim" (nach BREITENECKER und HUSINSKY 1991, S. 28).

Zwischen zwei Subsystemen beträgt der Abstand 0,4 m, außer bei den Verbindungen von Subsystem A2 nach Subsystem A3 und Subsystem A6 nach Subsystem A1. Dort können die Paletten direkt verschoben werden. Tab. 23 zeigt die Bearbeitungsdauer jeder Station, die Länge von ST 1 bzw. Warteschlange vor der Station sowie die Länge der Strecke ST 2. Da die Bearbeitung eines Werkstücks in Arbeitseinheit A2 länger dauert als in den anderen Stationen, sind im Materialflußsystem drei identische Stationen A2 vorgesehen.

Die Reihenfolge der Bearbeitung von Werkstücken an den Arbeitseinheiten erfolgt nach einer komplexen Steuerungsstrategie: Die Werkstücke können ausgehend von A1 entweder zuerst die Arbeitseinheit A2 und dann A3, A4, A5 durchlaufen oder genau umgekehrt. Dabei ist die Reihenfolge innerhalb von A3, A4 und A5 aber nicht fest vorgeschrieben. Die Arbeitseinheit A6 dient als Ersatz für eine der Arbeitseinheiten A3, A4 oder A5. Sie wird durchlaufen, wenn eine der Arbeitseinheiten A3, A4 oder A5 aufgrund von Staubildung vor der jeweiligen Station nicht durchlaufen werden konnte. Werkstücke, die alle Arbeitsgänge durchlaufen haben, also einmal in A2 und A3, A4, A5 bearbeitet worden sind, werden bei A1 von den Paletten entladen und aus dem Materialflußsystem ausgeschleust. Ist eine Bearbeitung eines Werkstücks innerhalb eines Kreislaufs nicht möglich gewesen, so läuft es an der Arbeitseinheit A1 vorbei und kann erneut bearbeitet werden. Alle Förderbänder laufen mit einer Geschwindigkeit von 18 m/ Min., die Weichen benötigen für den Transport 2 Sek. und die Palettenlänge beträgt 0,36 m. In der Anlage treten *keine* Störungen auf. Es liegt also *kein* stochastisches Materialflußproblem vor.

Tab. 23. Daten des Materialflußsystems „EuroSim".

Station	Bearbeitungs-dauer (Sek.)	Länge der von ST 1 bzw. der Warteschlange vor Station (m)	Länge von ST 2 (m)
A1	15	1,2	2,0
A2	60	0,8	1,6
A3	20	0,8	1,6
A4	20	0,8	1,6
A5	20	0,8	1,6
A6	30	1,2	2,0

Die Simulation soll mit einem leeren Materialflußsystem beginnen und 10 Stunden dauern, in denen eine Einschwingphase von 2 Stunden enthalten ist.

A2.2 Zielsetzung

Dieser Literaturvergleich dient zwei wesentlichen Zielen: Zum einen sollen die beteiligten Simulationssysteme hinsichtlich ihrer Möglichkeit, Subsysteme zu definieren, bewertet werden und zum anderen sollen sie komplexe Kontrollstrategien abbilden können. Darüber hinaus soll für das Materialflußsystem die optimale Anzahl von umlaufenden Paletten bei gleichzeitig minimaler Durchlaufzeit zum Erreichen der Maximalausbringung der Anlage bestimmt werden.

A2.3 Strukturanalyse und Modellbildung

Das gesamte System setzt sich aus 8 ähnlichen Subsystemen zusammen. Es ist also sinnvoll zuerst die Eigenschaften dieser Subsysteme zu untersuchen.

Um Paletten in das Materialflußsystem einzuschleusen, kann man entweder vor Beginn einer Simulation die Füllstände der Strecke initialisieren oder die Paletten generieren. Bei einer Generierung von Paletten enthält das Simulationsmodell einen Modellteil, der in der Realität so nicht existiert. Durch diesen Modellteil läßt sich jedoch später sehr komfortabel die Anzahl der Paletten im System steuern.

Als Palettengenerator wird eine Arbeitseinheit gewählt. Die Arbeitseinheit hat kein Vorgängerelement. Sie dient als Quelle. Während der Einschwingzeit kann man diese Arbeitseinheit mit einer Taktzeit von einer Zeiteinheit (ZE) mitlaufen lassen. Durch Simulation einer gezielten Störung dieser Arbeitseinheit ab n Zeiteinheiten lassen sich auf diese Weise $n - 1$ Paletten in die nachfolgende Strecke schieben, die ausreichend dimensioniert sein sollte, um eine Abnahme der Paletten aus der Arbeitseinheit sicherzustellen. Da A1 die Be- und Entladung vornehmen soll, ist der „Palettengenerator" in der Nähe dieser Station zu positionieren.

Die Entnahme von Werkstücken von den Paletten kann auf die Art und Weise wie sie in Abb. 93 dargestellt ist, modelliert werden. Dabei kann man sich die Eigenschaft zunutze machen, daß Arbeitseinheiten als Montage- bzw. Demontagestation ausgelegt werden können (siehe Bearbeitungsstation A1 bzw. AE000 in Abb. 93).

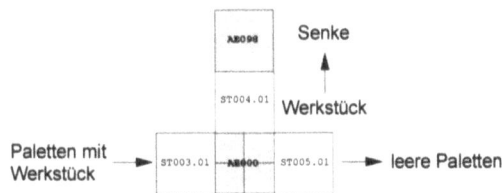

Abb. 93. Entnahme der Werkstücke von den Paletten.

Dann läßt sich ein zweiter Vorgänger bzw. Nachfolger anbinden. In Abb. 94 sind alle Parameter der Arbeitseinheit zu Entnahme der Werkstücke von den Paletten angegeben. Bei allen anderen Stationen sind keine besonderen Modellierungen vorzunehmen, da es sich um einfache Bearbeitungsvorgänge handelt. Es fehlt aber noch die Implementierung der Bearbeitungsreihenfolge bzw. die Steuerungsstrategie in dem Materialflußsystem. Die Verzweigungsweichen besitzen die Möglichkeit, in Abhängigkeit von den ankommenden Werkstücken diese nach links oder rechts weiterzuleiten. Gefertigt wird allerdings nur eine Werkstückart. Jedoch läßt sich der Bearbeitungszustand eines unfertigen Werkstückes als ein neues Werkstück definieren. Die Arbeitseinheiten können ein Werkstück nach einem Arbeitsgang umbenennen. Es ist folglich ein geeigneter Werkstückcode zu ermitteln, der die gewünschte Reihenfolge der Bearbeitungen dokumentieren und somit als Steuerungsinformation dienen kann. In Tab. 24 ist dieser vierstellige Code in Form einer Entscheidungstabelle dargestellt. In Tab. 25 sind Beispiele für die Codierung angegeben.

```
 1 ELEMENT ARBEITSEINHEIT     1
 2 NAME              := AE000
 3 PROTOKOLL         := NEIN
 4 ZAEHLSTELLE       := JA
 5 WSINIT            := JA
 6 BEZEICHNUNG       := A1
 7 VORGAENGER        := ST003.01
 8 NACHFOLGER        := ST005.01
 9 VERSORGUNG        := ST004.01
10 STATUS            :=           2     : 1=MONTAGE 2=DEMONTAGE
11 TAKTZEIT          :=         150 ZE
12 KAPAZITAET        :=           1 E
13    WERKSTUECKUMWANDLUNG VON_TYP NACH_TYP WAHRSCHEINLICHKEIT
14       WECHSEL    1      :=      2345  1000         100
15    ENDE
16    MONTAGELISTE  GRUNDTYP   TYP(MONTIERT/DEMONTIERT)
17       (DE)MONTIERT  1       :=    1000  2345
18    ENDE
19 ...
20 ENDE ARBEITSEINHEIT
```

Abb. 94. Beschreibung der Arbeitseinheit zur Entnahme der Werkstücke von den Paletten.

Tab. 24. Entscheidungstabelle zur Steuerung der Bearbeitungsschritte anhand des Werkstückcodes.

	Regel	1	2	3	4	5	6	7	8	9	10
Bedingung	Werkstück gleich 1345	J	-	-	-	-	-	-	-	-	-
	Werkstück gleich 1000	-	J	-	-	-	-	-	-	-	-
	Werkstück gleich 2000	-	-	J	-	-	-	-	-	-	-
	Werkstück gleich 1300, 2300	-	-	-	J	-	-	-	-	-	-
	Werkstück gleich 1040, 2040	-	-	-	-	J	-	-	-	-	-
	Werkstück gleich 1005, 2005	-	-	-	-	-	J	-	-	-	-
	Werkstück gleich 1045, 2045	-	-	-	-	-	-	J	-	-	-
	Werkstück gleich 1305, 2305	-	-	-	-	-	-	-	J	-	-
	Werkstück gleich 1340, 2340	-	-	-	-	-	-	-	-	J	-
	Werkstück gleich 2345	-	-	-	-	-	-	-	-	-	J
Aktion	A2 durchlaufen und Werkstücktyp kann auf 2xxx gesetzt werden	X	X	-	-	-	-	-	-	-	-
	A3 oder A6 durchlaufen und Werkstücktyp kann auf x3xx gesetzt werden.	-	X	X	-	X	X	X	-	-	-
	A4 oder A6 durchlaufen und Werkstücktyp kann auf xx4x gesetzt werden.	-	X	X	X	-	X	-	X	-	-
	A5 oder A6 durchlaufen und Werkstücktyp kann auf xxx5 gesetzt werden.	-	X	X	X	X	-	-	-	X	-
	A1 durchlaufen, Werkstücktyp kann auf 1000 gesetzt werden.	-	-	-	-	-	-	-	-	-	X

Anhang 2: Fallbeispiel „EuroSim"

Tab. 25. Beispiele für die Codierung der Werkstücke.

Werk-stückcode	Bedeutung
1300	Das Werkstück hat A3 durchlaufen und muß als nächstes A4 oder A5 in beliebiger Reihenfolge durchlaufen und danach A2.
1045	Das Werkstück hat A4 und A5 durchlaufen und muß als nächstes A3 durchlaufen und danach A2.
2000	Das Werkstück hat A2 durchlaufen und muß als nächstes noch A3, A4 und A5 in beliebiger Reihenfolge durchlaufen
2040	Das Werkstück hat A2 und A4 durchlaufen und muß als nächstes A3 und A5 in beliebiger Reihenfolge durchlaufen

Die Reihenfolge der Bearbeitungen ist bei der gewählten Codierung nachträglich nicht nachvollziehbar. Dies ist aber auch nicht notwendig. Laut Aufgabenstellung ist bei A2 lediglich wichtig, daß nur ein entweder unbearbeitetes Werkstück (Nr. 1000) oder ein bereits bei A3, A4 und A5 bearbeitetes (Nr. 1345) zur Bearbeitung kommt. Dies läßt sich durch die in Abb. 95 dargestellte Entscheidung erreichen, die bei der Verzweigungsweiche vor A2 zur Ausführung kommt. Die Abbildung in die FSS-Modellierungssprache wird in Abb. 96 gezeigt. Vor den anderen Bearbeitungsstationen kommen an den Verzweigungsweichen entsprechende Steuerungsstrategien zur Ausführung.

```
1 WENN
2   das Werkstück die Nr. 1345 oder 1000 hat
3 DANN
4   verzweige zu A2
5 ANDERNFALLS
6   fahre über ST2 an A2 vorbei.
```

Abb. 95. Steuerungsstrategie an den Verteilweichen vor den Arbeitsstationen A2.

```
 1 ELEMENT VERZWEIGUNGSWEICHE    56
 2 NAME           := VZ001.02
 3 PROTOKOLL      := NEIN
 4 VORGAENGER     := ST100.01
 5 NACHFOLGER  1  := ST002.02
 6   WERKSTUECKE NACH ST002.02
 7     NACH_1      1 := 1000
 8     NACH_1      2 := 1345
 9   ENDE
10 UMLEITUNG      := JA    :UMLEITUNG DER WS IST ERLAUBT
11 NACHFOLGER  2  := ST004.02
12 FOERDERZEIT    :=             20 ZE
13 ...
14 ENDE VERZWEIGUNGSWEICHE
```

Abb. 96. Abbildung der Steuerungsstrategie als FSS-Verzweigungsweiche.

Tab. 26 gibt nochmals in Form einer Entscheidungstabelle einen Überblick über alle Steuerungsstrategien der Werkstücke bei den Verzweigungsweichen vor den Stationen A1 bis A6, sofern bei freier Kapazität die Werkstücke in den Stationen bearbeitet werden können. Ist dies nicht der Fall, so ist es durch die Angabe des speziellen Parameters in Zeile (10) der Abb. 96 bei der Verzweigungsweiche erlaubt, die Werkstücke umzuleiten, d.h. an den Bearbeitungsstationen vorbeizuleiten.

Tab. 26. Entscheidungstabelle zur Abbildung der Steuerungsstrategie.

	Regel	1	2	3	4	5	6
Bedingung	Werkstück gleich 1000	J	-	-	-	-	-
	Werkstück gleich 1345	-	J	-	-	-	-
	Werkstück gleich x0xx	-	-	J	-	-	-
	Werkstück gleich xx0x	-	-	-	J	-	-
	Werkstück gleich xxx0	-	-	-	-	J	-
	Werkstück gleich 2345	-	-	-	-	-	J
Aktion	Werkstück nach A1 weiterleiten	-	-	-	-	-	X
	Werkstück nach A2 weiterleiten	X	X	-	-	-	-
	Werkstück nach A3 weiterleiten	X	-	X	-	-	-
	Werkstück nach A4 weiterleiten	X	-	-	X	-	-
	Werkstück nach A5 weiterleiten	X	-	-	-	X	-
	Werkstück nach A6 weiterleiten	X	-	X	X	X	-

Die Parametrisierung der benötigten Strecken ergibt sich wie folgt: Die Förderbänder laufen mit 18 m/ Min. Das entspricht 0,3 m/ Sek. Bei den Paletten wird die ursprüngliche Länge von 0,36 m auf 0,4 m erhöht, da zwischen den Paletten im System ein Mindestabstand angenommen wird. Für eine Strecke mit der Kapazität 1 (eine Palette) ergibt sich eine Förderzeit von 0,4 m dividiert durch 0,3 m/ Sek., also 1,3 Sek. Da die Elemente der von FSS nur mit ganzzahligen Werten initialisiert werden können, wählt man als Zeitbasis 1 Sek. = 10 ZE. Für die oben angegebene Strecke folgt somit ein Wert von 13 ZE. Für die Weichen ergibt sich ein Wert von 20 ZE entsprechend 2 Sek. Das endgültige Simulationsmodell ist in symbolischer Darstellung Abb. 97 zu entnehmen.

Anhang 2: Fallbeispiel „EuroSim"

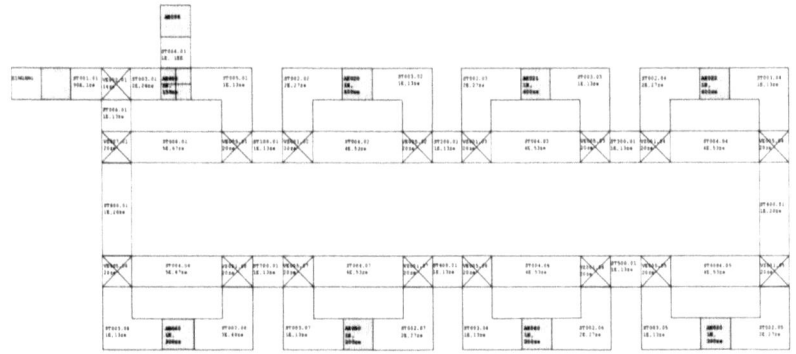

Abb. 97. Symboldarstellung des Simulationsmodells „EuroSim".

A2.4 Modelltest und -validierung

Für die Modellvalidierung eignen sich für das Modell „EuroSim" theoretische Vergleiche. Überlegt man sich die theoretische Maximalausbringung, so läßt sich bei totaler Vernachlässigung möglicher Pufferstaus das ganze System reduzieren auf die in Abb. 98 dargestellte Struktur.

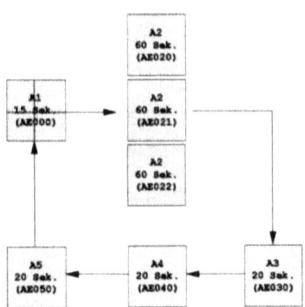

Abb. 98. Reduzierte Systemstruktur des Simulationsmodells „EuroSim", wenn die Stationen der Engpaß sind.

Entscheidend im Materialfluß ist das schwächste Glied. Die Stationen A2 ergeben, da parallel zusammengeschaltet, eine Taktzeit von $60/3 = 20$ Sek. A1 hat eine Taktzeit von 15 Sek., alle anderen Stationen 20 Sek. Somit ergibt sich ein theoretisch minimaler Takt von 20 Sek., wenn man voraussetzt, daß vor jeder Maschine immer Paletten warten. Alle Stationen, außer A1, sind dann ständig in Betrieb!

Bei einer Simulation mit 480 Min. Dauer, das entspricht 28800 Sek., muß sich somit eine maximale Ausbringung von 28800/ 20 = 1440 Einheiten ergeben. Das Ergebnis der Simulation darf diesen Wert nicht überschreiten. In den durchgeführten Testläufen wurde dieser Wert nur aufgrund der Einschwingphase um eine oder zwei Werkstücke überschritten.

Die maximale, theoretische Ausbringung wurde durch die Betrachtung der Stationen A1 bis A6 als Engpaßfaktoren ermittelt. Nimmt man jetzt die Paletten als Engpaßfaktor, so erhält man bei nur einer Palette die theoretische Minimalausbringung. In diesem Fall ergibt sich die in Abb. 99 dargestellte Struktur.

In diesem Fall werden alle Stationen streng sequentiell durchlaufen. Für die reinen Bearbeitungszeiten ergeben sich somit 135 Sek. Zusätzlich müssen hier auch die Laufzeiten auf den Förderbändern sowie die Verschiebeaktionen berücksichtigt werden. Der Fahrweg der Palette verläuft über die Arbeitsstation A2. Die Ersatzstationen A2 werden nicht benötigt. Die Route einer Palette ist somit eindeutig. Tab. 27 gibt einen Überblick.

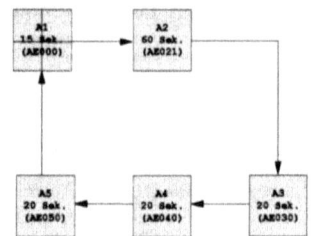

Abb. 99. Reduzierte Systemstruktur des Simulationsmodells „EuroSim", wenn die Paletten der Engpaß sind.

Tab. 27. Minimale Durchlaufzeit einer Palette.

Bausteintyp	Modell Dauer in ZE	Original Dauer in Sek.
Verzweigungsweichen	160	16
Vereinigungsweichen	174	16
Förderbänder	503	49,3

Somit ergibt sich eine theoretische Minimaldurchlaufzeit von 160 ZE + 174 ZE + 503 ZE + 1350 ZE = 2187 ZE entsprechend ca. 219 Sek. Teilt man die Simulationsdauer

Anhang 2: Fallbeispiel „EuroSim" 225

von 288000 ZE durch diesen Wert so erhält man aufgerundet einen Wert von 132 Paletten. Im Testlauf ergab sich ein Wert von 133 Paletten bei 217 Sek. Durchlaufzeit. Diese Abweichung ist auf die zusätzliche Vereinigungsweiche beim Palettengenerator und geringfügige Differenzen bei den Förderdauern zurückzuführen. Sie liegt in einem tolerierbaren Bereich.

Die vorgenommene Validierung hat zu einem ausreichendem Vertrauen in das Simulationsmodell geführt, so daß im weiteren mit der Planung der Simulation begonnen werden kann.

A2.5 Experimentplanung

Im vorliegenden Fall heißt dies, daß die Palettengenerierung solange modifiziert wird, bis eine Palettenanzahl gefunden wird, die ein Optimum darstellt. In Abb. 100 ist die zugehörige Experimentplanung auf Basis einer Enumeration angegeben. Zeile 2 beschreibt das gewählte Suchverfahren, die Enumeration. Zeile 3 gibt an, wieviel Stichproben pro Parameterkombination zu simulieren sind. Da es sich beim EuroSim-Modell um ein deterministisches Modell handelt ist die Anzahl auf den Wert 1 gesetzt. Zeile 4 gibt die Datei mit den Versuchs- bzw. Experimentdaten an (s.u.). Zeile 5 und Zeile 6 sind für dieses Beispiel ohne Bedeutung. In Zeile 7 wird festgelegt, in welche Datei die Simulationsergebnisse geschrieben werden. Die Zeilen 8 bis 10 geben an, wie Parameter geändert werden sollen. Bei dem Baustein AE099, dem Palettengenerator, wird bei jedem Experiment das Laufzeitende variiert, um so die unterschiedliche Anzahl von Paletten im System zu erzeugen.

```
 1 SUCHPROBLEMBESCHREIBUNG
 2 VERFAHREN        := ENUMERATION
 3 STICHPROBEN      := 1
 4 VERSUCHSDATEI    := EURO.EXP
 5 MAXIMIERUNG      := JA
 6 ZIELFUNKTION     := GESAMTAUSBRINGUNG
 7 PROTOKOLL        := EURO.ERG
 8 BAUSTEIN AE      := LAUFZEITENDE VON 2 BIS 62 SCHRITT 1 RANG 1
 9   BAUSTEINLISTE AE099 ENDE
10 ENDE-PROBLEM
```

Abb. 100. Beispiel einer Suchdatei.

A2.6 Simulationsdurchführung

Bei dem gegebenen Anwendungsbeispiel kann die Simulation im Batchbetrieb durchgeführt werden. Wie zuvor in der Simulationsplanung festgelegt, soll ein Bereich von 1 bis 61 Paletten enumeriert werden. Die Ergebnisdaten werden dann sequentiell in einer Datei festgehalten und können anschließend ausgewertet werden. Die Protokollierung von Daten erfolgt erst nach einer Einschwingphase. Durch die Aufspaltung der Simulation in eine Einschwing- und Simulationsphase erreicht man, daß sich das System zu Beginn der Simulationsphase in einem stationären Zustand befindet. In diesem Anwendungsbeispiel "EuroSim" ist die Einschwingzeit mit 120 Min. vorgegeben. In Abb. 101 ist ein Beispiel für eine Experimentdatei abgebildet.

```
 1 DATENAUSGABE      := 1
 2 AUSGABEINTERVALL  := 1000
 3 MODELL            := EURO
 4 GRUPPE            := EURO
 5 SIMDAUER          := 288000
 6 EINDAUER          := 72000
 7 START             := 1
 8 AB                := 0
 9 BIS               := 0
10 TRACE             := 0
11 STOPUHR           := NEIN
12 ENDE
```

Abb. 101. Beispiel einer Experimentdatei.

```
 1 Simulator    : P0502
 2 Max. Elemente:    300
 3 Modellname   : EURO.MFS
 4 WS-Gruppe    : EURO.WST
 5 Einschwingen :      72000
 6 Simulation   :     288000
 7 Startzahl    : 1
 8 Stoppuhr     : FALSE
 9 Datenausgabe :   1000
10 Lauf         :      4 (   61)
11 Simulator    :      66006 ZE ( 18.34 %),     222 E,
12
13 Status       : Einschwingphase...
14
15
..
24
25
```

Abb. 102. Beispiel einer Bildschirmausgabe unter MS-DOS.

Basierend auf den Daten für die Abarbeitung des Suchproblems aus Abschnitt 2.5 wird jedes Experiment mit den vorgenommen Einstellungen ausgeführt: In Zeile 1 wird der Simulator angewiesen während der Simulation statistische Daten auf den Bildschirm alle 1000 ZE (siehe Zeile 2) auszugeben. Das zu simulierende Materialflußsystem wird in Zeile 3 definiert. In Zeile 4 wird die zugehörige Werkstückgruppe vereinbart. In Zeile 5 und 6 werden die Simulationsdauer und die Einschwingdauer angegeben. Die

Anhang 2: Fallbeispiel „EuroSim"

Zeilen 7 bis 11 sind für dieses Beispiel nicht weiter relevant. In Abb. 102 ist eine beispielhafte Bildschirmausgabe unter dem Betriebssystem MS-DOS dargestellt.

In Zeile 1 wird die Version des Simulators angezeigt. Zeile 2 gibt an, wieviel Elemente in den Primärspeicher geladen werden können. Zeile 3 und 4 geben den Namen des simulierten Modells und der Werkstückgruppe an. Zeile 5 zeigt die Einschwingdauer in Zeiteinheiten, Zeile 6 die Simulationsdauer in Zeiteinheiten. In Zeile 7 wird die Startzahl für den Pseudozufallszahlengenerator ausgegeben. Zeile 10 gibt die Nummer des aktuellen Laufes von den gesamten Läufen bzgl. der Abarbeitung des Suchproblems an. In Zeile 11 wird die aktuelle Simulationszeit und die bisherige Gesamtausbringung aller Senken (bzw. Zählstellen) des Modells ausgegeben. Schließlich wird in Zeile 13 eine Statusmitteilung angezeigt.

A2.7 Ergebnisbewertung

In Tab. 28 sind die Ergebnisse der Simulationsläufe aufgelistet. Abb. 103 zeigt den Verlauf der Ausbringungsmenge in Abhängigkeit von der Palettenanzahl grafisch.

Tab. 28. Tabellarische Auflistung der Ergebnisse für das Modell „EuroSim".

Anzahl Paletten	Ausbringung in E	Anzahl Paletten	Ausbringung in E
0	0	12	1152
1	132	13	1248
2	266	14	1344
3	395	15	1440
4	480	...	...
5	480	52	1440
6	600	53	1442
7	720	54	248
8	840	55	212
9	960	56	0
10	960	...	...
11	1056	61	0

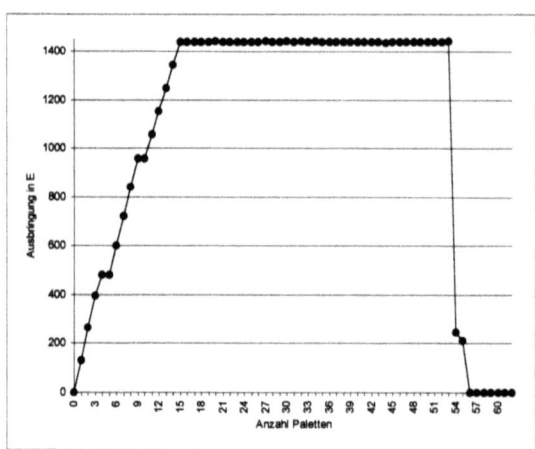

Abb. 103. Grafische Darstellung der Ergebnisse für das Modell „EuroSim".

Das Optimum wird bei 15 Paletten mit einer Durchlaufzeit von 258 Sek. erreicht. Erhöht man die Anzahl der Paletten, so ergibt sich bis 53 Paletten eine Maximalausbringung, die Durchlaufzeiten steigen kontinuierlich. Die Schwankungen des Graphen um den Wert 1440 (theoretische Maximalausbringung) sind dabei eher zufällig und hängen von der gewählten Einschwingdauer der Simulation ab. Da aus der Einschwingphase noch halbfertige Werkstücke im Umlauf sind, kann der theoretische Maximalwert hier geringfügig überschritten werden.

A2.8 Lösungsvorschlag

Jede Anzahl von Paletten, die zwischen 15 und 53 liegt, führt zu einer optimalen Ausbringung der Anlage. Bei 15 Paletten wird eine minimale Durchlaufzeit von ca. 258 Sek. erreicht. Aus wirtschaftlicher Sicht wird ein möglichst kleiner Wert anzustreben sein. Selbstverständlich muß dabei eine möglichst hohe Auslastung der Maschinen garantiert sein. Beide Forderungen erfüllt der Wert von 15 Paletten.

Anhang 3: Detaillierte Experimentergebnisse und Berechnungen

Tab. 29. Rechenzeitvergleich zwischen FSS Version 1.3 und FSSS.

	A	B	C
1	Experimentnr.	1	2
2	Experimentdatum	03.01.99	03.01.99
3	Simulatorversion	1.3	P9901
4	Simulationsdauer in Min.	1000	1000
5	Einschwingdauer in ZE	0	0
6	Startzahl für Zufall	-	-
7	Gesamtausbringung in E	772	767
8	Rechnername	JULIA	JULIA
9	Leistungsindex SysInfo	421	421
10	Absolute Gesamtrechenzeit in Sek.	22	12
11	Relative Gesamtrechenzeit in %	100	54

Tab. 30. Fallbeispiel „EuroSim": Detaillierte Ergebnisse.

	A	B	C	D	E	F	G	H	I	J	K	L	M	N	O	P
1	Experimentnr.	4	5				6				7					
2	Experimentdatum	30.03.1999	28.05.1995			15.08.1995					15.08.1995					
3	Simulatorversion	P9901	P0519			P071800					P071600					
4	Simulationsdauer in ZE	288000	288000			288000					288000					
5	Erschwingdauer in ZE	72000	72000			72000					72000					
6	Startzahl für Zufall	-	-			-					-					
7	Gesamtausbringung bei AE000 in E	1440	1440			1440					1440					
8	Durchlaufzeit in ZE	2578	2578			2578					2578					
9	Rechnername	JULIA	CHRIS	ANNA		SARAH	SILVA	FRITZ	DORA	SARAH	DORA	SILVA	SILKE	DIRK	FRITZ	MARIO	ANNA
10	Leistungsindex SysInfo	421	285	285		70	70	132	285	70	285	70	70	132	132	108	285
11	Anz. Zeitnahme	2	2861270	2737726		1180133	948194	957672	950464	879625	647821	647791	647761	652521	652509	652487	645335
12	Gesamtrechenzeit in Sek.	43	7938	7935		7243	7231	7211	7230	17458	17501	17498	17463	17496	17496	17505	17504
13	Absolute Simulatorkernzeit in Sek.	0	44	43		118	94	58	25	86	16	59	59	40	40	39	17
14	Normierte Simulatorkernzeit in Sek.	259	179	175		118	94	109	102	86	65	59	59	75	75	60	69
15	Aktualisierungszeit in Sek.	0	37	36		93	70	45	19	66	12	41	42	30	30	28	13
16	Ereignisberechnung in Sek.	0	4	4		15	12	7	3	11	2	8	8	5	5	5	2
17	Sonstige Zeit in Sek.	0	3	3		10	12	6	3	9	2	10	9	5	5	6	2
18	Gesamtrechenzeit/ Ereignis in MSek.	4	112	112		102	102	102	102	246	247	247	246	247	247	247	247
19	Anz. Bausteine	62	35	29		21	15	15	15	14	8	8	8	8	8	8	8
20	Anz. Ereignisse	70830	70870	70870		70885	70885	70885	70885	70870	70870	70870	70870	70870	70870	70870	70870
21	Anz. Aktualisierungen (AEFS)	43911460	2480450	2055230		1488585	1063275	1063275	1063275	992180	566960	566960	566960	566960	566960	566960	566960
22	Anz. Wertenäherungsereignisse	0	72409	31225		85911	131644	162092	181926	75264	135812	70844	62165	72848	78250	98127	105457
23	Minimaler Ereignisabstand in ZE	1	1	1		1	1	1	1	1	1	1	1	1	1	1	1
24	Mittlerer Ereignisabstand in ZE	4	4	4		4	4	4	4	4	4	4	4	4	4	4	4

Tab. 31. Fallbeispiel „EuroSim": Berechnung der Aufteilung der Rechenzeiten für die Synchronisierung und die Simulationsdurchführung.

	A	B	C	D	E	F	G	H	I
1	Experimentnr.	Anzahl Prozessoren	Simulatorkernzeit in Sek.	Anzahl Bausteine	Zeit/ Baustein in Sek.	Hochgerechnete Simulatorkernzeit in Sek.	Hochgerechnete Synchronisationszeit in Sek.	Anteil Simulationsdurchführung in %	Anteil Synchronisierung in %
2	4	1	259	62	4,2	259	0	100	0
3	5	2	179	31	5,8	358	99	72	28
4	6	4	118	15	7,9	488	229	53	47
5	7	8	86	8	10,8	667	408	39	61

Tab. 32. Fallbeispiel „PAL": Detaillierte Ergebnisse.

	A	B	C	D	E	F	G	H	I	J	K	L	M	N	O	P
1	Experimentnr.	9	10			11						12				
2	Experimentdatum	30.03.1999	22.08.1995			15.08.1995						23.08.1995				
3	Simulatorversion	P9901	P071800			P071800						P071800				
4	Simulationsdauer in ZE	10000	10000			10000						10000				
5	Einschwingdauer in ZE	10000	10000			10000						10000				
6	Startzahl für Zufall	1	1			1						1				
7	Anzahl Paletten	200/186	200/186			200/186						200/186				
8	Gesamtausbringung bei AE300 in E	341	345			347						341				
9	Durchlaufzeit bei AE 288 in ZE	2722	2766			2775						2692				
10	Rechnername	JULIA	SARAH	SILVA	SARAH	SILVA	DORA	ANNA	SARAH	SILVA	DORA	SILKE	DIRK	FIRTZ	MARIO	ANNA
11	Leistungsindex SysInfo	421	70	70	70	70	70	285	285	70	70	285	70	132	132	108	285
12	Anz. Zeitnahme	2	2209575	2171613	1151814	1164566	1162144	1096665	648137	593518	691327	679995	616672	634401	591137	634573
13	Gesamtrechenzeit in Sek.	100	1622	1633	2824	2831	2842	2844	11296	11287	11290	11286	11301	11305	11298	11295
14	Absolute Simulatorkernzeit in Sek.	0	318	329	165	171	41	34	84	88	22	85	45	46	49	21
15	Normierte Simulatorkernzeit in Sek.	601	318	329	165	171	167	138	84	88	89	85	85	87	76	86
16	Aktualisierungszeit in Sek.	0	259	271	132	142	34	19	68	69	17	67	85	36	38	16
17	Ergebnisberechnung in Sek.	0	52	51	30	24	6	4	14	16	4	15	35	8	9	4
18	Sonstige Zeit in Sek.	0	7	7	4	4	1	1	3	2	2	3	1	2	2	1
19	Gesamtrechenzeit/ Ereignis in MSek.	6	83	84	145	145	146	146	578	578	578	578	579	579	578	578
20	Anz. Bausteine	379	190	191	96	96	100	92	51	46	53	50	50	51	45	50
21	Anz. Ereignisse	19560	19521	19521	19513	19513	19513	19513	19532	19531	19530	19531	19531	19531	19531	19531
22	Anz. Aktualisierungen (AE,FS)	7413240	3708990	3728511	1873248	1873248	1951300	1795196	996132	898426	1035090	976550	976550	996081	878895	976550
23	Anz. Warten Simulatoreregnisse	0	159005	7210	73785	1266	226408	250199	1240069	1338488	1120732	1202835	1456310	1360734	1499852	1466699
24	Minimaler Ereignisabstand in ZE	1	1	1	1	1	1	1	1	1	1	1	1	1	1	1
25	Mittlere Ereignisabstand in ZE	1	1	1	1	1	1	1	1	1	1	1	1	1	1	1

Tab. 33. Fallbeispiel „PAL": Berechnung der Aufteilung der Rechenzeiten für die Synchronisierung und die Simulationsdurchführung.

A	B	C	D	E	F	G	H	I
Experimentnr.	Anzahl Prozessoren	Simulatorkernzeit in Sek.	Anzahl Bausteine	Zeit/ Baustein in Sek.	Hochgerechnete Simulatorkernzeit in Sek.	Hochgerechnete Synchronisationszeit in Sek.	Anteil Simulationsdurchführung in %	Anteil Synchronisierung in %
9	1	601	380	1,6	601	0	100	0
10	2	329	190	1,7	658	57	91	9
11	4	171	95	1,8	684	83	88	12
12	8	88	48	1,8	697	96	86	14

Glossar

Aggregation
Synonyme: Gesamtheit-Teil Struktur, Layering, Whole-Part Struktur,

Die Aggregation beschreibt eine Beziehung zwischen zwei →Objekten. Ein Objekt einer →Klasse kann ein oder mehrere Objekte einer anderen Klasse enthalten. So enthält ein Objekt der Klasse „Liste" z.B. Objekte der Klasse „Listenelemente". Die Aggregation ist ein Spezialfall der →Assoziation, da im Gegensatz zur Assoziation bei der Aggregation eine Rangfolge zwischen den Klassen festgelegt wird, die sich z.B. durch „ist enthalten in" oder „ist ein Teil von" beschreiben läßt.

Attribut
Synonyme: Datenelement, Instanzvariable, Merkmal, Eigenschaft

Attribute sind Variablen, für die in jedem →Objekt lokaler Speicherplatz reserviert ist. Die Werte dieser Variablen repräsentieren den aktuellen Zustand eines Objekts und können für jedes Objekt verschieden sein. Die Werte sind nur von →Methoden veränderbar. Attribute werden häufig auch als „Instanzvariablen" bezeichnet.

Assoziation
Synonyme: Instanzverbindung, Beziehung

Die Assoziation stellt eine ungerichtete und gleichberechtigte Beziehung zwischen den →Objekten zweier verschiedener oder ein und derselben →Klasse her. Durch die Assoziation wird zum Ausdruck gebracht, daß die Objekte der einen Klasse ihre Aufgaben nur gemeinsam mit einem oder mehreren Objekten einer anderen (oder derselben) Klasse erfüllen können.

Botschaft
Synonym: Nachricht

Botschaften sind →Nachrichten.

Cluster

Ein Cluster beschreibt eine als einheitlich Ganzes zu betrachtende Menge von Einzelteilen. In der DV-Welt beschreibt ein Cluster ursprünglich eine Anhäufung von Peripheriegeräten. Unter einem Cluster wird aber auch eine Menge miteinander in Verbindung stehender Rechner verstanden.

Dynamisches Binden

Dynamisches Binden ist die Zuordnung von einer →Methode (bzw. eines Methodenrumpfes) zu einem Methodenaufruf bei einer empfangenen →Nachricht zur Ausführungszeit.

Entscheidungsparameter

Synonyme: Aktionsparameter, Optimierungsparameter

Die Entscheidungsparameter sind diejenigen Variablen, dessen Werte im Verlaufe eines Berechnungsverfahrens geändert werden dürfen.

Erben

Synonym: Unterklasse

Erben einer →Klasse sind wiederum Klassen, die die Spezifikation und Implementierung der vererbenden, übergeordneten Klasse (Oberklasse) übernehmen und sie erweitern oder modifizieren.

Experiment (Simulations-)

„Ein Experiment ist die gezielte empirische Untersuchung des Verhaltens eines →Modells durch wiederholte →Simulationsläufe mit systematischer Parametervariation." (VDI, 1993, S. 3)

Granularität

Die Granularität bezeichnet bezüglich der parallelen Ausführung von Algorithmen die Größe eines Abschnitts, der ohne die Kommunikation mit anderen Teilabschnitten ausgeführt werden kann.

Hash-Verfahren

Das Hash-Verfahren ist ein Zugriffsverfahren auf Daten in einem Speicher. Auf der Grundlage einer Analyse des Datenmaterials wird eine Hashfunktion f (Schlüsseltransformationsfunktion) aufgestellt. Die Funktion f liefert für einen Primärschlüssel die Adresse des Speicherblocks. Im Falle der Mehrdeutigkeit der Hashfunktion, d.h., für verschiedene Primärschlüssel erhält man die gleiche Speicheradresse, ist eine Überlauforganisation notwendig.

Instanz

Synonym: Objekt

Instanzen einer →Klasse sind die von ihr erzeugten →Objekte zur Laufzeit.

Instanzvariablen

Synonym: Attribut

Instanzvariablen sind →Attribute.

Klasse

Synonyme: Objekt, Objektklasse, Objekttyp

Eine Klasse beschreibt die Eigenschaften sowie die Struktur und das Verhalten einer Gruppe von gleichartigen →Objekten. Sie dient als Muster für Objekte desselben Typs. Die Beschreibung einer Klasse umfaßt mindestens

- den Namen der Klasse,
- die →Vererbungsbeziehungen,
- die Datenelemente der Objekte (→Attribute) und
- die Realisierung aller auf den Objekten anwendbaren →Methoden; Ausnahmefall ist hierbei die →abstrakte Klasse.

Klasse, abstrakte

Abstrakte →Klassen sind unvollständige Beschreibungen gleichartiger →Objekte. Sie dienen der Vermeidung von →Redundanz und der frühzeitigen Festlegung von Schnittstellen zwischen Klassen. Von abstrakten Klassen werden keine Objekte erzeugt.

Klassenattribute

Klassenattribute sind →Attribute, die für alle →Objekte einer →Klasse den gleichen Wert haben. Sie sind vergleichbar mit globalen Variablen bei konventionellen Programmiersprachen.

Klassenmethoden

Klassenmethoden werden nicht von einzelnen →Objekten einer →Klasse ausgeführt sondern von bzw. in der Klasse insgesamt.

Metaklasse

Die Metaklasse einer →Klasse ist die Beschreibung der →Klassenmethoden dieser Klasse.

Methode

Synonyme: Operation, Service

Methoden realisieren die auf →Objekten einer →Klasse anwendbaren Operationen (Funktionen und Prozeduren). Eine Aktionsfolge legt das Verhalten der Operationen fest. Die Methoden sind dabei berechtigt, auf die →Attribute des Objektes zuzugreifen und deren Werte zu verändern. Methoden werden durch →Nachrichten aktiviert bzw. aufgerufen und benutzt.

Methode, abstrakte

Abstrakte Methoden bezeichnen →Methoden, die nur einen Methodenkopf aber keinen bzw. einen leeren Methodenrumpf aufweisen. Abstrakte Methoden werden durch →abstrakte Klassen vereinbart und sind nicht sinnvoll ausführbar. Sie dienen lediglich der Vereinbarung von Schnittstellen.

Modell

„Ein Modell ist eine vereinfachte Nachbildung eines geplanten oder real existierenden Originalsystems mit seinen →Prozessen in einem anderen begrifflichen oder gegenständlichen →System. Es unterscheidet sich hinsichtlich der untersuchungsrelevanten

Eigenschaften nur innerhalb eines vom Untersuchungsziel abhängigen Toleranzrahmens vom Vorbild." (VDI, 1993, S. 3)

Multitasking

Multitasking beschreibt das (quasi bzw. scheinbare) gleichzeitige Abarbeiten verschiedener Programme auf einem Einzelprozessorrechner.

Nachricht

Synonyme: Aufruf, Auftrag, Botschaft, Message

Die Kommunikation zwischen →Objekten wird mittels Austausch von Nachrichten abgewickelt. Eine Nachricht setzt sich aus dem Empfängerobjekt und der auszuführenden →Methode zusammen. Das Senden einer Nachricht veranlaßt das Empfängerobjekt, den zur Nachricht passenden Methodenrumpf (Funktion oder Prozedur) auszuführen, bei dessen Ausführung weitere Nachrichten an andere Objekte gesendet werden können. Eine Nachricht kann als Programmaufruf verstanden werden.

Normalisierung

Die Normalisierung ist eine Teilaufgabe des Datenbankentwurfs. Sie hat die Vermeidung von Inkonsistenzen bei Tabellenaktualisierungs-Operationen zum Ziel. Die durch die Normalisierung erzeugten Normalformen verbessern die Datenbankkonsistenz, erzeugen aber durch eine Vielzahl von Tabellen einen höheren Navigationsaufwand und verschlechtern die Performance.

Objekt

Synonyme: Instanz, Klasseninstanz

Objekte sind Ansammlungen von Daten, die auf →Nachrichten durch Ausführung von →Methoden reagieren. Sie beschreiben konkrete und abstrakte Dinge eines zu modellierenden Anwendungsgebietes. Ein Objekt setzt sich hierbei aus
- →Attributen (Datenelemente) und
- den auf ihnen ausführbaren →Methoden (Operationen)

zusammen. Ein Objekt bildet eine abgeschlossene Einheit, die nur über die ihr zugeordneten Operationen manipuliert werden kann (Prinzip der Datenkapselung). Objekte werden durch →Klassen beschrieben. Sie werden dann auch als →Instanzen dieser

Klassen bezeichnet. Objekte existieren zur Laufzeit eines →objektorientierten Softwaresystems und sind die interagierenden Einheiten dieses Systems. Durch den Austausch von Nachrichten und die Reaktion mit der Ausführung von Methoden und dem weiteren Versand von Nachrichten darauf erhält man ein ablaufendes Programm.

Objekt, persistentes

Persistente Objekte sind →Objekte, die nicht nur in der sie erzeugenden Ausführung eines Softwaresystems, sondern auch in anderen Ausführungen desselben oder eines anderen Softwaresystems verwendet werden können.

Operation

Synonyme: Methode, Service

Eine Operation ist eine →Methode.

Paradigma

Ein Paradigma ist ein Denkmuster bzw. eine Sichtweise eines Sachverhaltes und beschreibt, „wie man etwas macht".

Polymorphismus

Synonyme: Overloading, Vielgestaltigkeit

Polymorphismus ist die Fähigkeit, Referenzen auf →Objekte einer Klassenhierarchie zu bilden, deren Hierarchiestufe zur Übersetzungszeit eines Programms nicht bekannt ist. Die Hierarchiestufe wird erst zur Laufzeit, d.h. beim Empfang einer →Nachricht ermittelt, und abhängig davon die entsprechende →Methode auf diese →Nachricht mittels des →dynamischen Bindens aktiviert.

Prozeß

Ein Prozeß ist die Gesamtheit von aufeinander einwirkenden Vorgängen in einem →System, durch die Materie, Energie oder auch Information umgeformt, transportiert oder auch gespeichert wird.

Pseudocode

Pseudocode ist ein Hilfsmittel zur Formulierung eines Algorithmus in Form und in Anlehnung an eine höhere Programmiersprache.

Recordtyp, varianter

Ein varianter Recordtyp ist eine Datenstruktur, die Variationen erlaubt. Dies bedeutet, daß die Recordfelder alternative Datenstrukturen beinhalten können. Für die Auswahl einer Alternative benötigt man ein Variantenmarkierfeld (engl. tag-field) innerhalb des Records, anhand dessen die gewählte Datenstruktur bestimmt werden kann. Die Verwendung varianter Records ist ein Indiz für die potentielle Einsatzmöglichkeit objektorientierter Techniken, wie z.B. Klassenbildung und →dynamisches Binden.

Redundanz

Synonym: Überfluß

Redundanz bezeichnet im Rahmen der Softwareentwicklung das mehrmalige Vorhandensein derselben Information in einem Datenbestand.

Semaphor

Synonym: Zeichenträger

Das Semaphorkonzept wurde von DIJKSTRA (1968) vorgestellt. Ein Semaphor ist eine von mehreren Prozessen genutzte gemeinsame, ganzzahlige Variable, die nur mit den Methoden P und V verändert werden kann. Die Methode P *(semaphorvariable)* dient zum passieren des gemeinsamen Bereichs und die Methode V *(semaphorvariable)* dient zum Verlassen des gemeinsamen Bereichs. Semaphoren stellen somit einen Mechanismus zur Kontrolle des Zugriffes auf Ressourcen, die mehreren Prozessen zur Verfügung stehen, aber zu jedem Zeitpunkt von höchstens einem dieser Prozesse tatsächlich verwendet werden können.

Service

Synonym: Methode, Operation
Ein Service ist eine →Methode.

Simulation

„Simulation ist das Nachbilden eines →Systems mit seinen dynamischen →Prozessen in einem experimentierfähigen →Modell, um zu Erkenntnissen zu gelangen, die auf die Wirklichkeit übertragbar sind." (VDI, 1993, S. 3).

Simulationslauf

„Ein Simulationslauf ist die Nachbildung des Verhaltens eines →Systems mit einem spezifizierten ablauffähigen →Modell über einen bestimmten (Modell-)Zeitraum, auch Simulationszeit genannt, wobei gleichzeitig die Werte untersuchungsrelevanter Zustandsgrößen erfaßt und ggf. statistisch ausgewertet werden." (VDI 1993, S. 3)

Simulator

Ein Simulator ist ein Programm, das die Durchführung einer →Simulation lediglich über die Wahl von einigen Simulationsparametern ermöglicht. Eine tiefergehende Programmierung ist nicht notwendig.

Softwaresystem, objektbasiert

Objektbasierte Softwaresysteme sind ablauffähige Softwaresysteme, die aus untereinander durch →Nachrichten kommunizierenden →Objekten bestehen.

Softwaresystem, objektorientiert

Ein objektorientiertes Softwaresystem ist ein →objektbasiertes Softwaresystem, wobei darüber hinausgehend die statische Beschreibung des objektorientierten Softwaresystems aus einer durch →Vererbung strukturierten Menge von →Klassen besteht.

Speed-Up

Der Speed-Up ist definiert als der Quotient aus der Rechenzeit für die Ausführung eines Programms auf einem Einzelprozessor- und einem Mehrprozessorsystem:

$$\text{Speed-Up} = \frac{\text{Rechenzeit(Einzelprozessor)}}{\text{Rechenzeit(Mehrprozessor)}}$$

Bei der Angabe eines Speed-Up's für Parallelverfahren im Vergleich zu sequentiellen Verfahren sollte die gemessene Zeit auf dem Einzelprozessor auf Basis des schnellstens sequentiellen Verfahrens erfolgen, auch wenn dieses bei seiner Parallelisierung evtl. schlechter abschneidet als langsamere sequentielle Verfahren, die parallelisiert werden.

Subjekt

Synonyme: Subsystem, Cluster, Class Category

Ein Subjekt besteht aus →Klassen und eventuell weiteren Subjekten. Subjekte dienen der Aufteilung komplexer OO-Modelle in überschaubarere Teilmodelle. Sie stellen somit ein Abstraktionskonzept auf der Anwendungsebene dar, indem die Anwendung in (wenige große) Teilbereiche aufgeteilt wird.

System

Ein System ist die abgegrenzte Anordnung von Komponenten, die miteinander in Beziehung stehen (DIN 19 226). Das Zusammenwirken der Komponenten dient einem Ziel.

Vererbung

Synonyme: Generalisierungs-/Spezialisierungs-Struktur, Typerweiterung

Die Vererbung ist ein Strukturierungsprinzip bei der Klassenbildung. Neue →Klassen können durch Erweiterung bzw. Modifikation bereits bestehender Klassen (die in dieser Funktion auch als „Oberklassen" bezeichnet werden) definiert werden. Eine neue Klasse (die in dieser Funktion auch als „Unterklasse" bezeichnet werden) erbt dabei die →Attribute und →Methoden der bestehenden (Ober)Klasse. Der Unterschied zu einer oder mehreren bestehenden (Ober)Klassen wird in der jeweiligen neuen (Unter)Klasse definiert. Die Vererbung führt zu einer hierarchischen Anordnung von Klassen, die sich über mehrere Stufen erstrecken kann.

Sachverzeichnis

2
2-Phasen-Ansatz 114

3
3-Phasen-Ansatz 114

A
Abstraktion 15; 67; 73; 84; 243
Aggregation 23; 37; 39; 235
Aktualisierungsproblem 122
Anwendungsgebietskomponente 46
Assoziation 23; 34; 41; 235
Attribut 24; 235
autonome Prozesse 145

B
Baseball-Modell 48
Basiselemente 20
Benutzeroberfläche 46
Benutzt-Beziehung 41
Betriebssystem, Multitasking 142
Binden, dynamisches 20; 42; 236
Botschaft *Siehe* Nachricht
BSP-Modell 149
bulk synchronisation *Siehe* BSP-Modell

C
C++ 18
Client-/Serverbeziehung 41
Cluster 153; 235; 243
Cluster-Modell 48
Codeoptimierung 127

D
Darstellungsbruch 5
Datenabstraktion 14
Datenbank, Non-Standard 8
Datenflußdiagramm 9
Datenpartitionierung 148; 155
Datentyp, abstrakter 14; 19; 23
DFD *Siehe* Datenflußdiagramm
Diagramm, objektorientiertes 21
Dualitäts-Eigenschaft 150

E
Echtzeitsteuerungskomponente 47
Effizienz 60; 61
Eigenschaften 65
  indikative 65
  relationale 65
Elemente
  Eigenschaften 65
Empfänger 148
Engpaß 56
Entscheidungsparameter 135; 152; 236
Erbe 36; 236
ER-Diagramm 9
Ereignis 117; 151
  chronologische Abfolge 152
  Zeitraum 117
Ereignisliste 117; 161
  Datenstruktur 136
Erweiterbarkeit 16
Experiment 67

F
Falsifikation 87
feingranular 145
Fertigung 58
Fontänenmodell 48
FSS 128
Funktion *Siehe* Methode
Funktionsabstraktion 14
Funktionspartitionierung 148; 155; 162

G
Geheimnisprinzip 19; 27
Generalisierungs-/ Spezialisierungsstruktur
  Siehe Vererbung
Granularität 145; 147; 236
  Programmebene 147
  Prozeßebene 147
grobgranular 145; 147
Güter 59

H
Hash-Verfahren 115; 236
Hierarchisierung 15; 31

I
Instanz 22; 237
Instanzvariable 24; 237
Interaktion 22; 29; 99

K

Kapazitätsengpässe 56
Klasse 22; 237
  abstrakte 23; 237
  Attribute 23; 24; 238
  Meta- 24; 238
  Methoden 23; 26; 238
  Ober- 30
  Unter- 30; 236
Kommunikation 148; 162
  asynchron 148
  auf gemeinsamen Speicher basierend 140
  implizite 140
  Modell 149
  Rechnernetz 145
  synchron 149
Kommunikationszeit 143; 146; 178
Konflikt
  Modellaktualisierung 124
  Synchronisation 158
  Vererbung 32

L

Labormodell 67
Lager 59
Layoutplanung 60
Logiksimulation 135
Lokalitätseigenschaft 147

M

Makrokomponente 51
massiv parallel 145; 195
Master 140
Materialfluß 57; 62; 78
  Ordnungsstufe 57
Materialflußsystem 55
  Anforderungen 60
  Bewertung 61
  Dimensionierung 60
  fertigen 58
  Funktionen eines 58
  innerbetriebliches 57
  lagern 59
  Organisation 59
  transportieren 58
Mehrprozessorrechner 137; 140
Message *Siehe* Nachricht
message passing based *Siehe* Kommunikation, nachrichtenbasiert

Metaklasse 24; 238
Methode 25; 40; 238
  abstrakte 27; 238
  objektorientierte Entwicklungs- 16; 51
  vererben 27
Mikrokomponente 52
Modell 66; 238
  dynamisches 21; 40
  EuroSim 131; 181; 216
  objektorientiertes 96
  Schichten 45
  Simulations- 75
  statisches 21; 30
  Validierung 87
Modellaktualisierung
  Konflikt 124
Modellfunktionen 155; 162
Modellpartitionierung 148; 155; 156; 162; 175; 181; 182; 193
Modularisierung 10; 15
Moduldiagramm 10
Modulkonzept 23
Multitasking 239

N

Nachfahre 20
Nachricht 40; 41; 239
Nebenfunktion 56
Normalisierung 9; 239

O

Oberklasse 30
Objekt 22; 239
  persistent 22; 240
objektbasiert 19; 96; 242
Objektklasse 237
Objektorientierung 20; 51; 242
  Methoden 16
Objekttyp 237
Operation 238
Optimierung 70; 71; 93; 152
Overloading 240

P

Paradigma 240
  objektorientiertes 14
Parallelität
  auf Anweisungsebene 145
  auf Programmebene 145

Sachverzeichnis

bei Simulationsverfahren 150
Ebenen der Hardware- 138
feingranulare 145
grobgranulare 145
massive 141; 145; 195
Parallelrechner 137; 140
homogen 140
inhomogen 140
Koppelung 140
Skalierbarkeit 143
symmetrisch 140
virtueller 141; 142
Parallelrechnern
asymmetrisch 140
Parallelverarbeitung 136; 146
Ebenen 147
feingranulare 152; 153
grobgranulare 152
Klassifizierungsmuster 155
reproduzierbare 149
Synchronisation 148
persistentes Objekt 240
Phasen
Brüche 50
einer Simulationsstudie 81
Konzepte 5; 6; 48
Strukturbruch 12
Übergänge 12; 50
Polymorphismus 41; 240
Produktionsfaktor 60
Produktionsmittel 60
Produktionsprozeß 56
Produktionssystem 55; 56
Produktionsverfahren, effizientes 61
Programmiersprachen 14; 16
Programmierung
objektbasiert 19
objektorientiert 5; 19
strukturierte 14
Prototyping 6
Proceduraufruf *Siehe* Nachricht
Prozeduren *Siehe* Methode
Prozessorfarm 143
Prozeß 66; 240
autonomer 145
Pseudocode 27; 150; 241

Q

Quasi-Parallelität 142

R

Rechenzeit 124; 146; 149; 150; 176
Gesamt- 178
Simulatorkernzeit 177
Rechenzeitmessung 143; 146; 176; 180
Rechenzeitreduzierung 125; 126; 127; 133; 135; 136; 137; 139; 144; 146; 147; 152; 153; 155; 162; 173; 177; 194; 196
Rechnerarchitektur 137
Rechnernetz 143; 162
Kommunikationsleistung 145
Record, varianter 241
Redundanz 23; 25; 241

S

Scale-Up 195
Schichtenmodell 45; 46
Sekundärspeicherzugriffszeit 143; 146
semantische Lücke 14
Semaphor 140; 166; 241
Sender 148
Sequentialität, inhärente 151
Service 238
Chart 27
shared memory based 140
SIMULA 16
Simulation 74; 76; 242
asynchron 116
Aufwand 135
Datenbank 7
Durchführung *Siehe* Simulationslauf
Effizienz 78; 93; 109; 125
eng gekoppelt 157
ereignisorientiert 18; 59
Experiment 75; 236
Korrektheit 124
Kosten 135
Lauf 76; 242
lose gekoppelt 157
Modell, unternehmensweites 136
ohne Ereignisliste 117
Optimierung 70
parallel 137; 150
dezentrale Synchronisation 157
zentrale Synchronisation 162
Rechenzeitreduzierung 125
stochastische 135
synchrone 117
Simulationsuhr 120
Simulationszeit 117; 150; 156
Simulator 53; 242

DOSIMIS 131; 179
FSS 7; 95; 96; 128; 137
   Modellsprache 211
   Kernrechenzeit 177
   Subjekte 96
Slave 140
Smalltalk 17
Software
   Engineering 5; 15
   Entwicklung 5; 14
      Prinzipien 15
   Erweiterbarkeit 13
   Krise 15
   objektbasiert 242
   objektorientiert 242
   Qualitätskriterien 15
Speed-Up 185; 196; 242
Speicher, gemeinsamer 140; 164
Spiralmodell 6
Sprachmittel, parallele 149
Steuerungsstrategie 56; 60
Struktogramm 27; 150
Strukturierung 15; 19
Subjekt 21; 28; 45; 243
Superstep 148; 167; 170
Synchronisation 162
Synchronisierung
   Konflikt 158
   konservative 158
   optimistische 160
System 64; 66; 75; 243
   dynamisches 65
   statisches 65
   technisches 53; 55
Systemanalyse 5
   Blickwinkel 8
   Defizite 5
   objektorientiert 5
   strukturiert 5; 10
   unzureichende Übertragbarkeit 13
Szenario 45

T

Time Warp-Verfahren 153

Transport 58

U

Übergangsfunktion 44
Übertragbarkeit, unzureichende 5; 50
Unterklasse 30; 236
Unterstützungsfunktionen 155; 162

V

Validierung 87
Variable *Siehe* Attribut
Vektorrechner 140
Verarbeitungskomponente 46
Verbindungselemente 156
Verbindungsnetzwerk
   Übertragungsleistung 143
Vererbung 30; 243
   Konflikt 32
   mehrfache 32
   wiederholte 33
Vererbungsbeziehung 19
Vererbungshierarchie 20; 41
Verfeinerung 15; 85; 104
Verklemmung 159
Versifikation 87
Vielgestaltigkeit 240 *Siehe* Polymorphismus
von Neumann-Architektur 138
Vorfahre 20

W

Wasserfallmodell 6; 48
Wiederverwendbarkeit 16
Wirtschaftlichkeit 61
Workstation-Cluster 143; 153

Z

Zeitmessung *Siehe* Rechenzeitmessung
Zeitscheibenverfahren 142
Zustand 44
Zustandsdiagramm 44

Persönliche Erklärung

Hiermit versichere ich, daß ich die vorliegende Dissertation selbständig und ohne unerlaubte Hilfe angefertigt und andere als die in der Dissertation angegebenen Hilfsmittel nicht benutzt habe. Alle Stellen, die wörtlich oder sinngemäß aus veröffentlichen oder nicht veröffentlichten Schriften entnommen sind, habe ich als solche kenntlich gemacht.

Stefan Bock

Stefan Bock)
Bremen, den 29. Dezember 1999

Lebenslauf

Name   Stefan Bock

Adresse   Grambker Heerstr. 122
                 28719 Bremen

Geburtsdatum 5. Januar 1964

Geburtsort   Bremen

Schulbildung

1970 - 1974		Grundschule Oderstraße in Bremen
1974 - 1983		Gymnasium am Leibnizplatz in Bremen

Studium

Okt. 1983 - Dez. 1988   Studium der Informatik an der Universität Bremen mit dem Schwerpunkt „Angewandte Informatik" und dem Abschluß als Diplominformatiker

Beruflicher Werdegang

Mai 1990 - Okt. 1990   Befristet beschäftigt und zuständig für das Krankenhausinformationssystem der Roland-Klinik Bremen

Nov. 1990 - Dez. 1995   Wissenschaftlicher Angestellter an der FernUniversität Hagen am Lehrgebiet Wirtschaftsinformatik

Jan. 1996 - Mär. 1999   Projektingenieur bei der Stahlwerke Bremen GmbH im Bereich Informationssysteme

Seit April 1999   Unternehmensberater bei der Uzuner Management Consulting GmbH im Bereich SAP R/3

Stefan Bock

MIX
Papier aus verantwortungsvollen Quellen
Paper from responsible sources
FSC® C105338

If you have any concerns about our products,
you can contact us on
ProductSafety@springernature.com

In case Publisher is established outside the EU,
the EU authorized representative is:
**Springer Nature Customer Service Center GmbH
Europaplatz 3, 69115 Heidelberg, Germany**

Printed by Libri Plureos GmbH
in Hamburg, Germany